정치란 무엇인가?

What is Politics?

함재봉(咸在鳳)

한국학술연구원 원장. 연세대학교 정치외교학과 교수(1992-2005), 프랑스 파리 유네스코 본부(UNESCO) 사회과학국장(2003~2005), 미국 서던캘리포니아대학교(University of Southern California) 한국학연구소 소장 겸 국제관계학부 및 정치학과 교수(2005-2007), 랜드연구소(RAND Corporation) 선임 정치학자(2007-2010), 아산정책 연구원 이사장 겸 원장(2010-2019) 등을 역임했다. 미국 칼튼대학교(Carleton College)에서 경제학 학사학위(1980), 존스홉킨스대학교(Johns Hopkins University)에서 정치학 석사 및 박사학위(1992)를 취득하였다.

블로그 https://blog.naver.com/hahmchaibong
페이스북 https://www.facebook.com/hahmchaibong
유튜브 함재봉TV - 역사와 시사
카카오톡 오픈채팅 한국사람사랑방

함재봉의 개념사 1

정치란 무엇인가?

What is Politics?

함재봉

목차

머리말

「개념사」시리즈는 우리가 살고 있는 세상을 이해하고 분석하는데 사용하는 주요 개념들의 역사를 추적한다. 첫 번째가 「정치(politics, 폴리틱스)」다. Politics는 원래 고대 그리스어 polis에서 유래한 고유명사다. 특정한 시기에 특정한 사람들이 특정한 목적으로 만들었고 고유의 인간관, 세계관, 가치체계, 제도, 그리고 행동양식을 요구한다. 이 책은 「정치」가 언제, 어디서, 어떻게, 왜 만들어졌고 어떻게 전수되어 오늘 우리가 사용하게 되었는지 추적한다.

영국의 정치학자 마이클 오크숏은 「교육이란 잠시 긴박한 현실로부터 벗어나 인류가 자신을 이해하기 위해서 영원토록 이어오고 있는 대화의 내용을 들어보라고 초대 받는 것」이라고 하였다.[1] 이 책은 한국 정치의 긴박한 현실을 이해하기 위해 그 긴박한 현실로부터 잠시 벗어나 인류가 「정치」를 이해하기 위해 시작한 대화의 내용을 같이 경청해 보자는 초대장이다.

서문

◆

「정치」낯설게 하기

정치적 동물

정치 대 복수

정치 대 경제

정치가 없는 정치

정치의 역사

서문

「정치」 낯설게 하기

정치적 동물

아리스토텔레스는 『정치학』이라는 책에서 「인간은 정치적 동물(그리스어: Zoon politikon, 영어: political animal)이다」라는 유명한 명제를 제시한다. 그런데 이 명제만큼 자주 인용 되면서 동시에 잘못 해석되는 명제도 드물다. 가장 흔한 오역은 「정치적」을 「사회적」이라고 읽는 것이다.[1] 인간이 「사회성」이 강한, 그래서 서로 협력도 잘하고 공동체를 형성해서 살 줄 아는 동물이라는 점을 강조하고자 했다는 해석이다. 키케로, 토마스 아퀴나스 역시 「정치적」을 「사회적」으로 읽는다. 그러나 아리스토텔레스는 「정치적」인 것과 「사회적」인 것을 명확하게 구별한다.

인간이 벌이나 다른 어떤 사회적인 동물보다 정치적이란 것은 자명하다.[2]

벌은 「사회적」인 동물인 반면 인간은 「정치적」인 동물이다.

또 다른 오역은 「정치적」을 「권력지향적」이고 「권모술수에 능하다」로 해석하는 것이다. 이 해석에 의하면 「정치」는 저속한 행위이며 아리스토텔레스는 인간을 정쟁만 일삼고 권력만 추구하는 저속한 동물로 치부했다는 해석이다. 그러나 아리스토텔레스는 정치를 저속한 것으로 보기는커녕 「권위 있고 다른 모든 것을 주도하는 예술」이라 한다.[3] 그리고 「정치」라 불리는 예술(arts)을 펼치는 정치공동체는 인간이 만든 공동체 중 최고 수준의 공동체라고 한다.

> 모든 공동체가 좋은 것을 추구한다면, 그 중 가장 높고 다른 모든 것을 아우르는 정치공동체는 다른 공동체들보다 더 높은 정도의 좋은 것을 추구할 뿐만 아니라 가장 좋은 것을 추구한다.[4]

아리스토텔레스가 「인간은 정치적인 동물이다」라고 한 것은 인간이 다른 동물들은 할 수 없는, 「정치」라는 예술을 펼칠 줄 아는 존재이며 이를 위하여 인간이 만들 수 있는 최고의 공동체인 「폴리스」라는 「정치 공동체」, 「공적 영역」을 조직할 줄 아는 존재임을 선언하는 것이다. 이것은 무슨 소린가? 「정치」가 어떻게 예술이 될 수 있으며 「정치공동체」가 어떻게 인간이 만든 최고의 공동체가 될 수 있다는 말인가? 도대체 「정치」란 무엇인가?

정치 대 복수

한국에는 「정치(politics)」가 없다. 「복수(revenge, vendetta)」만 있을 뿐이다. 한국의 정권교체는 복수극이다. 전직 대통령들은 암살되거나, 자살하거나, 감옥에 간다. 복수는 또 다른 원한을 낳고 그 한을 풀기 위해서 세를 불리고 표를 모아 선거에서 이김으로써 「한풀이」를 한다. 민주주의의 상징인 「수평적 정권교체」는 한국정치의 전근대성, 원시성이 가장 적나라하게 드러나는 순간이다.

복수는 인간사회의 가장 원초적인 규범(norm)이다. 동서고금을 막론하고 「정의」는 「복수」와 동일시 되었다. 반면 민주주의는 「사적인 복수(private vendetta)」를 금하고 「공적인 차원(public sphere)」의 사법질서를 통해 정의를 구현하고자 하는 체제다. 복수는 민주사회에서는 용납될 수 없는 야만적인 행위다. 그러나 한국 정치는 복수의 악순환일 뿐이다.

한국은 「절차적 민주주의」를 정착시켰다. 그러나 투표 결과도 자신이 지지한 후보나 당이 패배한 경우에는 승복하지 않는다. 법원의 판결도 자신이 바라던 것과 다르면 받아들이지 않는다. 내가 기대했던 것과 다른 투표 결과는 「부정선거」 때문이고 내가 원했던 것과 다른 판결은 판사가 「편파적」이었기 때문이라고 한다. 표결, 판결과는 무관하게 내가 믿는 「진실」은 따로 있다. 해결책은 어떻게 해서든 정권을 교체해서 「부정선거」를 저지른 세력과 「편파적인 판정」을 한 사법부를 「청산」하는 것뿐이다. 한국의 민주주의는 복수의 도구에 불과하다.

정치 대 경제

한국에서는 정쟁이 극에 달하면 그에 대한 처방으로「정책 대결」을 하자고 한다. 그런데「정책」이란 것은 경제 정책뿐이다. 부동산, 최저임금, 기본소득, 수출, 금리, 복지, 노사관계, 비정규직, 공항, 항만, 도로, 지하철, 철도, 산업정책, 재벌정책 등 대통령 후보들이나 대통령, 국회의원, 시장과 시의회 의원들, 도지사들과 도의회 의원들이 관심을 갖는 문제는「경제」문제뿐이다. 실제로 한국의 정치인들은 모두「민생」을 책임지겠다고 공언한다. 그것이 정치인의 가장 큰 임무이자 역할로 생각한다.「민생」도 물론 중요하다. 국가의 존재 이유 중 하나다. 그러나「민생」은 어디까지나 먹고 사는 문제, 즉「경제」다.

경제는 경제전문가들과 경제주체들이 제일 잘 안다. 경제를 일으키고 발전시키는 것도 기업가(entrepreneur)들의 몫이다. 정치인의 역할은「성장」이냐「분배」냐 등의 큰 틀만 잡아줄 뿐 경제는 경제 주체들에게 맡겨 경제논리, 시장논리에 따라 운영하도록 해야 발전한다. 정치논리에 따라 정치인들이 경제에 개입하면 시장은 왜곡되고「민생」은 오히려 도탄에 빠진다.「경제」는「경제인」들에게 맡기고「정치인」들은「정치」를 해야 하는 이유다. 이는 비단「자유시장경제」논리 때문만이 아니다. 개념상으로도「정치」는「경제」와 엄연히 구별되는 별개의 영역이다. 그러나 대부분의 한국 정치인들은「경제」만 논 할 뿐「정치」는 모른다.

정치가 없는 정치

정치가 가능하기 위해서는 두 개의 선결 조건이 있다. 첫째는 「민주주의(democracy)」, 둘째는 「공화주의(republicanism)」다. 「민주주의」는 「누가」 정치에 참여 하는가의 문제이고 「공화주의」는 「어떻게」 정치를 하는가의 문제다. 왕정이나 귀족정, 독재, 군정 하에서는 특정 권력 계층의 일방적인 통치행위와 그들 간의 권력투쟁만 있을 뿐 정치는 없다. 민주주의에서는 공동체의 구성원 전체가 정치에 참여하여 자신들을 손수 다스린다. 군주, 엘리트, 특권층 등 권력을 전담하고 책임지는 계층 없이 시민 모두가 권력을 공유하고 행사하고 책임지는 「자치」 체제다. 정치는 공동체 구성원들이 자신들의 공동체를 운영해 나가는 방법을 모색하는 행위다. 정치가 민주주의에서만 가능한 이유다.

정치의 두 번째 선결조건은 「공화주의」다. 공화주의는 「공적 영역(public sphere)」을 만들어 냄으로써 특정 계층이나 집단이 권력을 사유화하는 것을 방지하는 장치다. 복수는 개인이나 집안, 씨족, 학파, 당파 등의 단위에서 작동하는 규범이다. 경제는 개인과 가족, 기업이 먹고 사는 문제다. 이는 모두 「사적 영역(private sphere)」의 문제들이다. 반면 정치는 「사적인 원한(private feud)」이나 「사적인 이해관계(private interest)」를 초월하여 「공적 영역(public sphere)」, 「국가(republic)」의 차원에서 「공화(共和)」와 「공영(共營, commonwealth)」, 「정의」를 추구하는 행위다. 아무리 민주주의가 시민 모두의 정치참여를 보장 하더라도 참여가 공적 영역의 형성으로 이어지지 않는다면 그 민주주의는 껍데기에 불과하고 「인민 민주주의」와 같은 폭정과 전체주의로 전락한다. 정치가 공화주의에서만 가능한 이유다.

통치 → 사적 영역 → 정쟁, 복수
정치 → 공적 영역 → 합의, 정의

한국은 「공적 영역」 저개발 국가다. 「나라」, 「민족」, 「통합」, 「공동체」를 위한다는 거창한 구호는 난무하지만 정당이고 정치인이고 「공동체」를 위하여 개인적인 원한을 누르고 사적인 이해관계를 희생하는 모습은 찾아보기 힘들다. 정치에 대한 환멸과 냉소주의, 무관심이 점차 심화되고 있는 것도 「정치」의 이름으로 권력투쟁, 정쟁, 권모술수, 중상모략, 정치 공학을 통한 복수만 반복되기 때문이다. 나라와 공동체의 「공익」을 생각하는 것보다는 개인, 집안, 지역, 파벌, 정당의 「사익」을 취하기 위한 적나라 한 투쟁만 전개한다. 민주주의가 복수와 이권 챙기기의 도구로 전락하고 공적 영역이 부재한 상황에서 정치가 설 자리는 없다.

정치가 없으니 한국이 직면하고 있는 문제들은 해결이 불가능하다. 한국은 이념 갈등, 빈부 갈등, 노사 갈등, 세대 갈등, 종교 갈등, 남녀 갈등으로 사분오열 되어 있다. 국가 정통성 문제, 5.16과 5.18, 천안함과 세월호, 과거사와 역사교과서 문제, 한미관계, 한일관계, 남북관계 등 국가의 정체성, 국기의 문제로 분열되어 반목하고 있다. 정쟁과 복수로는 풀 수 없는 문제들이다. 「진영 논리」에 입각하여 정권교체를 하여 아무리 「개혁」을 하고 「청산」을 하여도 풀리지 않는다. 경제적 보상으로도 풀리지 않는 갈등들이다. 「공적 영역」에서 「정치」를 통해서만 풀 수 있는 갈등들이다.

정치의 역사

정치는 어렵다. 개념도 어렵고 실천하기는 더 어렵다. 정치는 특유의 제도가 필요할 뿐만 아니라 특이한 세계관을 전제로 하는 매우 독특한 행위다. 정치를 제대로 하고 있는 나라가 한 손에 손꼽을 정도로 적은 이유다. 「민주주의」와 「정치」란 자연스러운 것도, 당연한 것도 아니다. 경제가 발전하여 물질적인 조건이 충족된다면 저절로 열리는 새로운 단계가 아니다. 인류가 진화하고 사회가 발전하면 응당 도달하게 되는 역사의 종착점도 아니다. 「민주주의」와 「정치」는 인류의 절대 다수에게 너무나도 친숙한 전제주의나 가부장제와는 근본적으로 다른 제도, 사고방식과 행동양식, 세계관과 가치관을 의식적으로 함양하고 실천할 수 있을 때만 만들어지고 유지할 수 있는 지극히 「인위적」인 체제다. 민주 정치는 만들기도, 실천하기도, 지속하기도 어렵다.

「정치」, 즉 「폴리틱스(politics)」는 고대 그리스인들이 발명했다. 「폴리틱스」는 「폴리스(polis)」라는 고대 그리스 특유의 공동체에서 하는 것이었다. 「폴리스」는 오늘날 「민주주의(democracy)」 또는 「공화정(republic)」이라 불리는 제도를 통하여 운영되던 공동체였다. 「폴리틱스」는 다양한 신분과 계급 출신 사람들을 모두 평등한 「시민」으로 간주하고 그들의 다양한 가치관과 이념, 편견과 신앙을 조화시키면서 「공화」와 「공영(commonwealth)」, 즉 함께 번영 할 수 있는 체제를 만드는 행위를 일컬었다.

그리스인들이 「폴리스」를 발명하여 「민주주의」를 꽃피우면서 「폴리틱스」를 하고 있을 당시 여타 문명권의 제국, 왕국, 공국, 부족국가 들은 「가부장제(patriarchalism)」와 「전제주의(despotism)」에서 헤어나지 못하고 있었다. 왕이나 제사장, 귀족이나 사대부 같은 극소수의 특권층이 모든 권력을 장악하고 절대 다수의 「백성」, 「평민」, 「인민」들을 일방적으로 「통치」하는 체제였다. 소위 「기축시대(Axial Age)」에 등장한 세계 문명 중 중국, 인도, 페르시아, 팔레스타인 문명은 모두 전제 왕정이었다.[5] 기원전 5세기의 그리스인들이 유례가 없던 「민주주의」와 「공화정」을 발명하고 「정치」를 하였다는 것은 놀라운 사실이다. 「폴리스」와 「폴리틱스」가 인류역사상 얼마나 예외적이고 경이로운 발명품인지는 아무리 강조해도 모자란다.

그러나 고대 그리스의 민주주의는 200년 밖에 지속되지 않았다. 아테네의 클라이스테네스(Cleisthenes, 기원전 570-?)가 기원전 508년 민주주의를 수립하여 「제 2차 그리스-페르시아 전쟁(기원전 480-479)」에서 승리하고 페리클레스(기원전 495경-429)시대의 황금기를 누리지만 이내 「펠로폰네소스 전쟁(기원전 431-404)」을 일으키면서

클라이스테네스   페리클레스

기울다가 기원전 322년 마케도니아에 정복 되면서 그리스의 민주
주의는 역사의 뒤안길로 사라진다. 공화정은 로마가 이어간다. 기
원전 509년에 설립되어 기원전 27년까지 지속된 로마 공화국은 유
럽과 소아시아, 북아프리카를 정복하면서 초강대국으로 부상하지
만 결국 기원전 27년 로마 원로원이 카이사르(기원전 100.7.12.–기원
전 44.3.15.)의 양자 옥타비아누스(기원전 63.9.23.–서기 14.8.19.)에게
「아우구스투스(Augustus)」의 칭호를 부여함으로써 공화정은 무너지
고 제정 로마가 시작된다.

　공화정은 로마 공화국의 멸망 이후 1,500년간 인류 역사에서 자
취를 감춘다. 공화정이 다시 꽃피는 것은 르네상스 이탈리아에서다.
특히 피렌체에서는 귀차르디니(Francesco Guicciardini, 1483.3.6., 피
렌체–1540.5.22.), 마키아벨리(Niccol Machiavelli, 1469년 5.3.–1527 6.

코시모 1세 데 메디치

마키아벨리

21.) 등의 사상가들이 나와 공화주의를 부활시킨다. 그러나 이도 잠시, 1569년 교황 비오 5세(재위: 1566.1.7.-1572.5.1.)가 코시모 1세 데 메디치(Cosimo I de' Medici, 1519.6.12.-1574년 4.21.)를 「투스카니 대공국」의 대공으로 선포하면서 피렌체의 공화정은 무너지고 메디치 가문의 세습통치가 시작된다.

「미국의 독립선언서」

민주주의와 공화정이 다시 부활한 것은 18세기 후반부 영국의 북아메리카 식민지 동부 연안에 산재해 있던 13개 작은 정착촌들에서

「미국의 독립선언」 트럼블(John Trumbull의 1819년) 작품

다. 1776년 독립혁명 당시 총인구가 2백 5십만에 불과했던 북아메리카 정착민들은 오합지졸과도 같았던 「민병대」로 당시 세계 초강대국이었던 영국을 격퇴한 후 왕정 대신 민주주의와 공화주의를 택한다. 로마 공화정이 무너진 지 1,800년, 피렌체 공화국이 무너진 지 300년 만이었다. 건국부터 민주주의와 공화정을 도입 한 나라는 미국이 처음이었다. 미국의 「국부」들은 그리스, 로마, 피렌체의 민주주의와 공화정을 철저하게 연구하여 당시 세계 유일의 민주공화국을 건설한다.

　민주주의가 다른 나라로 퍼지기 시작한 것은 20세기에 들어서다. 미국이 제 1차 세계 대전(1914–1918)에서 독일제국, 오스트리아–헝가리 제국, 오스만–투르크 제국 등 전제주의를 격퇴하고 제 2차 세계대전(1938–1945)에서 나치독일, 파시스트 이탈리아, 군국주의 일본을 격퇴하고 냉전(1947-1991)을 통하여 소련의 공산전체주의를 격퇴하면서 확산된다. 그럼에도 불구하고 진정한 민주주의와 공화주의를 실천하고 있는 나라는 극소수다. 그나마 미국이라는 특이한 나라가 있어서 민주주의를 강력하게 밀고 있기 때문이다. 한국에서 민주주의와 공화주의가 제대로 이행이 안되고 정치가 제대로 이루어지지 않는 것은 어찌 보면 당연한 일이다. 그런 의미에서 한국이 절차적으로나마 민주주의를 도입한 것은 놀라운 성취다. 그러나 아직도 한국의 민주주의는 갈 길이 멀다. 민주주의가 무엇인지, 공화주의가 무엇인지, 그리고 민주주의와 공화주의를 작동시키는 「정치」가 무엇인지 새삼 되새겨야 하는 이유다.

공화정의 역사

국가명	시기	이론가
고대 아테네	기원전 508~기원전 322	플라톤, 아리스토텔레스
로마 공화국	기원전 509~기원전 27	리비우스, 키케로
피렌체 공화국	1115~1569	마키아벨리, 귀차르디니
미국	1776~현재	제퍼슨, 매디슨, 해밀턴, 제이

제 1 장

◆

경제란 무엇인가?

이코노믹스

가부장제와 전제주의

온정주의

노예, 잉여, 여가

자유

제1장

경제란 무엇인가?

이코노믹스

고대 그리스에서는 「경제」문제를 해결한 사람들만이 「정치」를 할 수 있었다. 「정치」와 「경제」는 섞일 수도 없고 섞여서도 안 되는, 극단적으로 상호 대비되는 영역이기 때문이다. 「경제」, 「이코노믹스(Economics)」의 어원은 「이코스(oikos)」다. 「이코스」는 그리스어로 「가계」, 「집안」을 뜻한다. 「이코노믹스」는 「이코스」, 「가계, 집안에서 하는 일」이다. 가계, 집안에서 하는 일이란 인간의 생물학적인 생존을 위하여 필수인 의식주의 문제를 해결하는 일, 즉 「경제」다.

Oikos: 이코스, 가계,집안	Economics: 이코노믹스, 가계,집안에서 하는 일

18세기 산업혁명이 일어나기 전까지 인류는 농업으로 먹고 살았

다. 농경사회의 기본적인 생산단위는 「이코스, 가계, 집안」이었다. 농사를 지어 식구들이 먹을 것을 장만하고 베틀로 옷감을 짜서 식솔들이 입을 옷을 장만하고 가족들이 함께 살 수 있는 집을 짓는 등 의식주는 모두 「이코스, 가계, 집안」에서 해결하였다. 이는 신분과 계급을 불문하고 공통된 현상이었다. 「농민」들은 물론 농노나 노예, 천민 누구나 할 것 없이 모두 가족 단위로 경제활동을 하였다. 「왕실」도 「가족」이었고 「명문세가」 역시 가족이었다. 「왕국」은 「왕실」이라는 한 집안의 재산이었다. 「영주」들의 「영토」 역시 「가문」 소유였다. 모든 「국가」는 「가산제국가(家産制國家)」였다. 전근대 봉건사회에서 생존의 문제를 해결해주던 곳은 「가족」, 「가문」, 「문벌」이었다. 혈연집단이 강했던 이유다.[1]

가부장제와 전제주의

전근대의 농업은 생산성이 매우 낮은 「자급농업(subsistence farming)」이었다. 대부분의 가계는 간신히 먹고 살 수 있을 정도의 곡식밖에 생산할 수 없었다. 「경제발전」이란 개념은 없었다. 중국 송(宋)대(960-1279)의 「강남농법」처럼 획기적인 농업기술의 발달로 인하여 생산성이 증가하는 경우도 간혹 있었지만 인구의 급격한 증가와 농경지의 한계로 이내 자급농업으로 전락하는 것이 전근대 농업사회의 특징이었다.[2]

「논갈이」　　　「타작」　　　「기와 이기」

「어장」　　　「빨래터」　　　「자리 짜기」

「대장간」　　　「길쌈」　　　「담배 썰기」

　농사는 허리가 휘는 노동이었다. 농번기에는 모를 심고 잡초를 뽑고 병해충, 가뭄, 홍수와 싸워야 했고 「농한기」에는 집을 짓고 수리하고 옷을 만들고 음식을 장만하고 농기구와 가재도구들을 만들어야 했다. 김홍도의 그림들은 노동이 끊이지 않는 농민들의 고된 삶을 그리고 있다. 무위도식하면서 즐기고 있는 양반들도 간혹 보이지만 모든 그림의 주인공은 살기 위하여 쉬지 않고 각양 각색의 노동을 하는 보통사람들이다. 고된 노동은 일년 사시사철 반복해야 간신히 「목에 풀칠」할 수 있었다. 죽을 때까지 끊임없이 반복 되는 노동은 피하고 싶은 것이었다. 강제성 없이는 이루어지지 않았다. 전근대 농경사회에서 「가부장제(patriarchy)」가 보편적이었던 이유다. 「가부장(patriarch)」은 식솔들에 대한 「전제적(despotic)」인 권력을 행사하면서 노동을 시켰다. 그래야만 가족이 생존해 나갈 수 있었다.

고대 그리스인들 역시 「경제(economy)」를 운영하기 위해서는 식솔들에게 고된 노동을 강제할 수 있는 강력한 권력이 필수라고 생각했고 이러한 권력의 형태를 「전제주의(despotism)」라 불렀다. 「데스폿(despot)」, 즉 「전제군주」, 「폭군」의 그리스어원은 「despotes」로 「주인」, 「가부장」이라는 뜻이다. 「전제주의」란 가부장이 식솔들에게 노동을 강제할 때 행사하는 권력이다. 「가부장」은 「전제적」인 권력을 쥐고 식솔과 노예들을 부리면서 「이코노미, 경제」를 운영하는 존재다. 「가부장주의(patriarchalism)」는 「despotes」의 라틴어 번역인 「patriarch」에서 나온다.

가부장	그리스어: despot	라틴어: patriarch	전제군주
가부장주의	그리스어: despotism	라틴어: patriarchy	전제군주

온정주의

「가부장제」나 「전제주의」를 무조건 나쁜 것으로 생각하는 경향이 있다. 그러나 가부장제와 전제주의는 동서고금을 막론하고 사람들이 가장 익숙해하고 좋아하는 권력 형태인 「온정주의(paternalism)」의 원천이다. 온정주의는 다른 어떤 권력의 형태보다 공동체와 개인 간의 강력한 유대감과 소속감, 그리고 「질서」를 제공한다. 「삼강오륜」, 「사대자소(事大字小)」는 모두 가부장제와 전제주의에 기반한 온정주의 질서다. 엄격한 위계질서를 바탕으로 「윗 사람」은 「아랫 사람」을 「자애롭게」 대하고 「아랫 사람」은 「윗 사람」을 「섬기는」 질서다.

서구 봉건사회 역시 전적으로 「가부장적」, 「전제적」 권력에 기반한다. 그리스나 키프로스, 콘스탄티노플 등 동방교회(Eastern Orthodox Church)의 「수좌주교(首座主教, archbishop)」는 그리스말로 「Despot」, 영어로는 「Patriarch」라 부른다. 「가부장」이다. 봉건 교회의 수장은 자애로운 아버지가 집안을 다스리듯 교인들을 친자식 대하듯 사랑으로 감싸면서 다스리는 사람이다. 서방 교회 역시 마찬가지다. 로마 가톨릭 교회의 수장인 「교황」은 영어로 「Pope」라 부른다. 이탈리아어로는 「Il papa」, 그리스어로는 「파파스(πάππας)」, 라틴말로는 「파파(papa)」, 즉 「아빠」다. 한국에서는 「교황」이란 거창한 호칭을 갖고 있지만 천주교회의 수장인 Pope는 「아빠」다. 「마가복음」 14:36 에 예수가 십자가에 못 박히기 전 기도에서 「아빠(abba), 아버지여 당신께는 모든 것이 가능하오니 이 잔을 내게서 거두어주시옵소서. 그러

나 나의 원대로 마옵시고 아버지의 뜻대로 하옵소서」라고 하는 장면
이 나온다.[3] 중세교회는 신을, 그리고 신의 대리인인 교황을 「아빠」
로, 「아버지」로 생각했다. 「수도원장」을 뜻하는 「abbot」역시 아버지
를 뜻하는 「abbas」에서 나온 말이다. 「성부(聖父, Holy Father)」로도
불리는 교황은 아버지가 집안을 다스리듯 교회 구성원들을 다스린
다. 이때 「다스린다」는 것은 물론 대등한 사람들끼리 서로를 다스린
다는 뜻이 아니라 가부장이 전제적인 권위를 행사한다는 말이다.
「순명」이 가톨릭 교회의 핵심 가치 중 하나인 이유다.

교황	Pope	Il Papa	abba	아빠

대부분의 한국 사람들은 의식, 무의식적으로 여전히 「인자한 아버
지」를 주축으로 하는 「가부장제」를 갈망한다. 「자애로운 아버지」, 가
족을 위해서 모든 것을 희생하고 평생 묵묵히 일하다 쓸쓸하게 죽는
「아버지」에 대한 존경과 그리움은 시, 소설, 영화 등에서 무수히 배
어난다. 정치권력 역시 마찬가지다. 자애롭고 지혜로운 「아버지」 같
은 지도자, 「세종」과 「영－정조」와 같은 성군들이 나타나서 모든 갈
등을 「덕」으로 덮고 가르치면서 감히 대들 수 없는 「참된」 권위로 「백
성」을 「자식처럼」, 나라를 「가족처럼」 「다스려」주기 바란다. 나라는
어버이 같은 임금이, 학교는 어버이 같은 선생이 다스려주기 바란
다. 임금도, 선생도 아버지의 일종으로 보는 「군－사－부 일체」의 사
상이야말로 「가부장적」 세계관의 극치다.

2014년 「세월호 사건」 직후 교황 프란치스코가 방한했다. 진상규명을 요구하며 광화문 광장에 모여 있던 유족들을 비롯한 비통한 시민들에게 진정한 위로를 해 준 것은 이때 잠시 다녀간 프란치스코 교황 뿐이었다. 가톨릭 신자가 아닌 대부분의 국민들도 생중계 되는 교황의 일거수일투족을

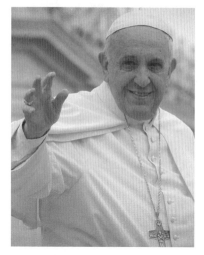

교황 프란치스코

따르면서 마음의 위안을 찾았다. 「가부장제」, 「전제주의」를 가장 완벽하게 구현하고 있는 교황이 늘 인자한 「어른」, 「아버지」를 그리는 한국 사람들에게 종교를 초월하여 크나큰 감격과 위안을 주었다. 한국 사회가 얼마나 뿌리 깊게 봉건적이고 가부장적인지 극명하게 보여준 예다.

노예, 잉여, 여가

전근대 농경사회에서 「목에 풀칠」하기 위해 「등골이 휘도록」하는 노동에서 벗어나는 방법은 다른 사람에게 대신 노동을 시키는 방법 밖에 없었다. 생산성 증가도, 잉여(surplus)도 전무한 상황에서 임금

을 주고 노동을 시킬 재원도 없었다. 전근대 농경사회에서 노예가 없어서는 안 될 존재였던 이유다. 조선에 그토록 노비가 많았던 이유다. 미국의 노예제도도 산업혁명이 일어나지 않은 미국 남부에 잔존하던 전형적인 농경사회의 모습이었다.

고대 그리스의 경제를 떠받친 것도 노예였다. 호메로스(기원전 8세기경), 헤시오도스(기원전 7세기경) 등의 작품에는 「드모스(dmōs)」라 불리는 노예들이 등장한다. 전쟁의 보상으로 잡아온 포로들이었다. 기원전 6-5세기경 전성기를 구가하던 아테네에는 8만명의 노예가 있었던 것으로 추산된다. 한 가구 당 2-3명에 해당하는 숫자다. 스파르타에는 「헤일로타이(helot)」라 불리는 농노들이 있었다. 헤로도토스에 의하면 기원전 5세기경 스파르타에는 시민 1명당 2명의 노예가 있었다. 당시 스파르타의 인구를 5만으로 추산하면 10만명에 이르는 숫자다. 아테네와 스파르타의 번영은 노예가 없이는 불가능했다. 아리스토텔레스도 노예가 필수라고 생각했던 이유다.

어떤 사람들이 다른 사람들을 지배하는 것은 필요할 뿐만 아니라 편리하다. 어떤 사람들은 태어나는 순간부터 타인의 지배를 받을 운명을 타고 태어난다.[4]

전쟁은 농사를 지을 수 있는 경작지를 넓히는 동시에 실제로 경작을 할 수 있는 노예와 농노를 확보하는 수단이었다. 전근대 사회에서 「정복전쟁」은 「경제발전」을 위한 필수 수단이었다.

노예와 농노를 소유한「가부장(despot)」들은「전제적인 권력(despotic power)」을 휘두르면서 이들에게 노동을 시킨다. 노예주들은 노동에 모든 힘과 시간을 쏟아 붓지 않아도 의식주를 해결할 수 있게 된다. 뿐만 아니라「경제」를 잘 운영하는 가부장들은 기본적인 의식주만 해결하는 것이 아니라「잉여(surplus)」를 창출하기 시작한다.「잉여」란 노동하지 않고도 누릴 수 있는「의식주」다. 그리고「잉여」는 노동을 하지 않아도 되는「여가」, 즉「레저(leisure)」를 가능케 한다.「레저」는「시간이 날

기원전 520년 경의 고대 그리스 물병. 올리브를 따고 있는 노예들을 그리고 있다.

기원전 380-370년에 만들어진 장례식에서 사용된 물병(Funerary loutrophoros). 수염을 기른 노예가 주인의 방패를 들고 있는 모습이다.

때 하는 것」이다. 어원은「무엇을 허락하다」라는 뜻의 라틴어「리체르(licere)」다.[5] 한국에서「레저스포츠」, 즉「레포츠」란「여가」를 활용해서 하는 스포츠를 말한다. 우리말로는「취미로 하는 운동」이다.

자유

그리스인들은 노동으로부터 해방된 사람, 「레저」, 「여가」가 생긴 사람을 「자유인」이라 불렀다. 「자유」란 「노동으로부터의 해방」을 뜻했다. 더 이상 생존의 문제에 매달리지 않아도 되는 사람, 의식주를 해결하기 위하여 노동에만 매달리지 않아도 되는 사람, 그런 사람이 「자유인」이다. 「학자」를 뜻하는 「스칼라(scholar)」, 「학교」를 뜻하는 「스쿨(school)」의 어원은 「여가」를 뜻하는 고대 그리스어 「skholé」다. 학문은 「여가」가 있어야 할 수 있다. 생존을 위한 노동에서 벗어나지 못하는 사람이 「학문」을 할 수 없다. 「독서인」을 뜻하는 「사(士)」역시 노동을 하지 않고 「책만 보는 사람」이 될 수 있어야 학자, 선비가 탄생한다. 조선이 「선비」와 「사대부」의 나라가 될 수 있었던 것은 거대한 노비 계층이 「잉여」와 「레저」를 창출해 주었기 때문이다.

「인문학」은 영어로 「liberal arts」라고 한다. 「자유의 예, artes liberales」가 그 어원이다. 노동으로부터 해방된 사람, 먹고 사는 문제부터 자유로운 사람, 그래서 여가를 얻은 사람이 누리는 학문, 예술을 뜻한다. 잉여와 여가를 창출함으로써 경제문제를 해결한 「자유인」들은 「정치」, 「폴리틱스」의 영역인 「폴리스」, 즉 「도시국가」로 갈 자격을 획득한다.

skholé	여가
Scholar	학자
Liberal arts/artes liberales	자유의 예(藝) = 인문학

제 2 장

◆

정치란 무엇인가?

폴리틱스

공적 영역

프로 대 아마추어

탁월함

용기

올림픽

부패

민주주의

말(言說)

연설

인문학

정치적인 삶

제2장

정치란 무엇인가?

폴리틱스

「폴리틱스(politics)」의 어원은 「폴리스(polis)」다. 폴리스는 그리스어로 「도시(city)」 또는 「도시국가(city-state)」를 뜻한다. 「이코노믹스」가 「이코스」 즉, 가계나 집안에서 하는 일이라면 「폴리틱스」는 「폴리스」, 즉 도시국가에서 하는 일이다.

Oikos: 이코스, 가계,집안	Economics: 이코노믹스, 가계,집안에서 하는 일
Polis: 폴리스, 도시, 도시국가	Politics: 폴리스, 도시, 도시국가에서 하는 일

가부장(despotes)은 폴리스로 오는 순간 「폴리테스(polites)」, 즉 「시민」이 된다. 폴리스의 시민(polites)들은 「폴리테이아(politeia)」라고 하

아테네의 「아크로폴리스(acropolis)」. 「아크로」는 「높다」는 뜻. 아크로폴리스는 「높이 있는 폴리스」라는 뜻

는 자유인들의 공동체를 만든다. 「폴리테이아」는 영어로는 「pub-lic realm,」 한국말로는 「공적 영역」으로 번역한다. 「폴리테이아」는 플라톤의 대표적인 저작인 『공화국』의 그리스어 원제이기도 하다. 로마의 정치인이자 대 문호 키케로(Marcus Tullius Cicero, 기원전 106.1.3.-기원전 43.12.7.)는 「폴리테이아」를 라틴어로 「레스푸블리카(res publica)라 번역하였고 이것이 영어로 번역되면서 「리퍼블릭(republic)」, 즉 「공화국」이 되었다. 「폴리틱스(정치)」는 「폴리스(도시국가)」로 간 자유인들이 「폴리테스(시민)」가 되어 「폴리테이아(공적 영역)」, 즉 「공화국」을 건설하고 유지하는 일이다.

이코스	폴리스
가부장, depotes	자유인, 시민, polites

공적 영역

공적 영역은 사적 영역, 즉 경제, 집안, 가계의 영역에 반대되는 영역이다. 이코노믹스는 「사익(私益, private interest)」을 추구하는 행위라면 폴리틱스는 「공익(公益, public interest)」을 추구하는 행위다.

사적영역	Private realm	경제
공적영역	Public realm	정치

고대 그리스인들이 공적인 영역에서의 삶을 사적인 영역에서의 삶보다 비할 수 없이 좋고(good) 값진 것(valuable)으로 여겼다. 그리스 말로 「사(私)」는 「이디오티코스(idiotikós)」다. 「이디오티코스」는 영어로 「바보」, 「모자라는 사람」을 뜻하는 「이디옷(idiot)」의 어원이다. 영어로 「사」를을 뜻하는 「private」의 라틴어 어원은 「혼자」, 「개인」을 뜻하는 「privus」, 그리고 「상실하다」, 「빼앗다」를 뜻하는 「privare」다. 영어로 「privation」은 「결여」, 「박탈」, 「몰수」, 「상실」을 뜻한다. 그리스인들에게 「사적」 영역은 모자라는, 어리석은, 고립된, 외로운, 결여된 상태를 뜻했다. 실제로 집안에서 「가부장」은 대등한 사람이 없는 절대적인 존재였다. 생존의 문제를 해결하기 위해서 필요한 체제였지만 가계, 경제의 영역에만 머무는 한 「가부장」은 「동료, (peer)」가 없는 고립된, 외로운 존재였다. 그리스인들은 의미 있는 삶, 이상적인 삶이란 자신과 동등한 「자유인」들과 함께 영위하는 「공적」인 삶이

라고 생각했다. 폴리스는 이러한 이상적인 공동체의 삶을 가능케 해 주는 장이다. 그렇다면 공적 영역의 삶이란 어떤 것인가?

프로 대 아마추어

경제는 「생물학적인 생존」을 위한 「수단」이다. 생존이 목적이고 경제는 그 수단이다. 수단이란 그 자체가 목적이 아니라 다른 목적을 달성하기 위한 방편을 뜻한다. 필요해서 하는 것일 뿐 그 자체가 좋아서 하는 것이 아니다. 반면 「공적인 것」은 수단이 아니다. 공적인 것을 추구하는 이유는 그것이 좋기 때문이다. 다른 이유나 목적이 없다. 사익을 추구하는 수단이 되는 순간 그것은 더 이상 공적인 것이 아니다. 공적인 것은 그 자체가 목적이다. 생존이나 다른 목적을 위해서 하는 것이 아니라 그 자체적으로 의미가 있어서 하는 것, 따라서 그 자체가 목적이 되는 것을 「공적인 것」이라고 한다. 수단이 아닌 목적이 되는 것이 공적인 것이다. 그렇다면 수단이 아닌 그 자체가 목적이 되는 행위란 무엇인가?

타이거 우즈(Tiger Woods)는 골퍼다. 나도 골퍼다. 그러나 근본적인 차이가 있다. 잘 치고 못 치는 것만이 아니다. 더 근본적인 차이가 있다. 타이거 우즈는 「프로(professional)」인 반면 나는 「아마추어(amateur)」다. 「프로」란 어떤 일을 먹고 살기 위해서, 즉 「생업」 또는 「직업」으로 하는 사람을 일컫는다. 「프로」 즉, 「프로페셔널(profes-

타이거 우즈: 프로   필자: 아마추어

sional)」의 어원은 「맹세하다」라는 뜻의 라틴어 professus와 중세 영어 profes다. 직업이 점차 특화되고 각자의 장기(長技, trade)가 생겨나면서 자신들의 장기와 실력을 「선포(profess)」 하면서 자신들에게 일을 맡기면 최고 수준의 「장기」를 발휘할 것을 「맹세(vow)」한다는 의미에서 「professional」이 「장인」, 「프로」를 뜻하게 되었다. 타이거 우즈는 먹고 살기 위해서, 의식주를 해결하기 위해서 만일 자신에게 골프를 맡기면 최고 수준의 골프장기를 보여줄 것을 「선포(profess)」한 사람이다. 그래서 「프로」다. 그렇지만 그에게 골프는 어디까지나 생계유지수단에 불과하다. 반면 내가 골프를 치는 이유는 그저 좋아서다. 나는 골프를 침으로써 돈을 벌기는커녕 돈을, 그것도 꽤 많은 돈을 써야 한다. 돈만이 아니다. 시간도 많이 써야 한다. 골프를 자주 치지 못하는 이유다. 그렇다고 골프를 침으로써 다른 뭐가 이루어지는 것도 아니다. 아무런 다른 목적이 없다. 나에게 골프는 수단이 아니다. 그 자체가 목적이다. 나처럼 그냥 골프가 좋아서 돈과 시간을 「허비」하면서 치는 사람, 골프 그 자체가 목적인 사람을 일컬어

Amateur	아마추어	그 일을 사랑하기 때문에 하는 사람
Amare	아마레	사랑하다
Amator	아마토르	연인
Amore	아모레	사랑
Amour	아무르	사랑

「아마추어」라고 한다.

「아마추어(amateur)」라는 말의 어원은 라틴어의 「아마레(amare, 사랑하다), 「amator(연인)」다. 「사랑」을 뜻하는 이탈리아어의 「아모레(amore)」, 불어의 「아무르(amour)」와 같은 어원이다. 즉, 아마추어란 무엇을 사랑해서 하는 사람이다. 어떤 일, 행위를 경제적인 이익을 얻기 위해 하는 것이 아니라 그냥 좋아서 하는 사람이 「아마추어」다. 모든 「취미활동」이 그렇다. 그냥 좋아서 하는 것이다. 주중에는 출퇴근 길에, 업무에 시달리고 시간만 나면 쉬고 싶어 하면서도 주말만 되면 새벽같이 일어나서 골프채나 등산장비, 자전거 등을 챙겨서 가는데 만 몇 시간이 걸리는 먼 곳으로 가서 하루 종일 고된 육체 노동을 한다. 그러면서 「재미 있다」하고 「기분 전환이 된다」고 한다. 취미활동을 사랑하기 때문이다. 그것을 하는 것 자체가 좋기 때문이다. 더 이상의 목적이 없다.

동서고금을 막론하고 돈을 벌기 위해서, 즉 프로로 하는 것 보다는 그 자체가 좋아서, 즉 아마추어로 하는 것을 값진 것으로 친다.

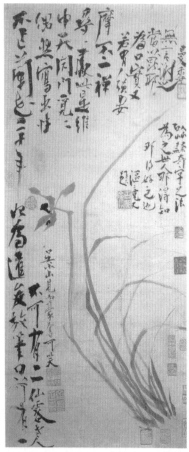

추사 김정희의 「불이선란도(不二禪蘭圖)」   민영익의 노근묵란(露根墨蘭)

조선시대에도 왕실의 도화서 여러 명이 몇 년에 걸친 작업 끝에 완
성한 작품보다 추사 김정희나 흥선대원군, 민영익 등의 「아마추어」
들이 그린 그림을 더 값진 것으로, 「돈으로 환산할 수 없는 것」으로
간주했다. 반면, 돈을 받고 그림을 그리는 것, 생업으로 그림을 그리
는 사람들을 「환쟁이」라고 불리며 업수이 여겼다. 도화서들은 이름

「일월오봉도」 (국립박물관 소장)

도 전하지 않는다. 그림뿐이 아니었다. 각 분야의 「프로」들은 「쟁이」로 불렀다. 「소리쟁이」, 「풍각쟁이」, 「도배쟁이」, 「싸전쟁이」, 「주막쟁이」 등 전통적으로 이윤을 위해서 「장기」를 발휘하는 사람은 신분조차 낮은 것으로 간주했다. 「사농공상」의 이상이야말로 전형적인 「아마추어 정신」에 입각한 가치체계다. 아마추어로서의 삶을 더 귀한 것으로 간주한 이유는 프로로, 즉 돈벌이로 하는 것은 힘든 것, 고역으로 간주하기 때문이다. 타이거 우즈도 쉴 때, 여가가 생겼을 때는 골프를 치지 않는다. 그냥 좋아하는 것을 한다. 그에게 골프는 「일」, 「노동」이기 때문이다. 박세리나 박인비도 쉴 때는 골프 치는 대신 다른 「취미생활」을 즐긴다. 모든 프로 선수들이 그렇다. 물론 가장 행복한 것은 「일」이 곧 「취미」인 사람이다. 예술가, 작가들이 대표적이다. 자기가 좋아서 하는 것, 가장 잘 하고 가장 즐기는 것이 곧 생계수단이 될 수만 있다면 가장 행복한 사람이다.

탁월함

「아마추어」의 세계, 「그 자체적으로 의미 있는 일」들을 찾아낸 고대 그리스인들은 동시에 인간행위의 「탁월함(excellence)」도 발견한다. 「그 자체적으로 의미 있는 행위」들이 「의미」가 있는 것은 재미있어서만이 아니다. 그 자체적으로 의미 있는 행위들은 「탁월함」을 추구한다. 바둑은 잘 두는 사람이 있고 못 두는 사람이 있다. 잘 두는 사람 중에서도 조훈현, 이창호처럼 놀라운 경지의 바둑을 두는 사람들이 있다. 바둑을 두는 사람들은 「기성(棋聖)」의 실력, excellence, 최고수준, 탁월함을 칭송하면서 자신도 그러한 탁월함에 접근해 보려고 부단히 노력한다. 바둑이 그 자체적으로 의미 있는 이유다. 축구를 하는 사람들은 펠레, 마라도나, 메씨(Lionel Messi)나 호나우도(Cristiano Ronaldo), 손흥민 같이 최고수준의 축구를 하는 선수들을 보고 열광하면서 자신들도 그 수준에 도달하기 위해서 노력한다. 축구가 그 자체적으로 재미있고 의미 있는 이유다. 아무리 직장에

펠레 디에고 마라도나 크리티아누 호날두

서 「밥벌이」에 시달리던 사람
들도 주말에 「동호인」들과 새
벽부터 뛰는 이유다. 삶에 의
미를 주고 활력을 준다. 돈을
못 벌더라도 그 자체적으로 가
장 의미 있는 행위다.

리오넬 메씨

예술 역시 마찬가지다. 노래
를 하는 사람들은 조수미를 보고, 바이올린을 연주하는 사람들은 사
라 장(장영주)을 보고, 피아노를 치는 사람들은 조성진의 탁월한 연
주에 열광하면서 자신도 더 잘하기 위해서 노력한다. 모두가 최고
수준에 도달할 수는 없지만 노력하는 과정, 연마하는 과정, 자신을
채찍질하는 과정 그 자체가 삶에 의미를 주고 활력을 불어넣어준다.

그리스인들은 이를 「아르테(Arête)」라고 불렀다. 아르테는 라틴말
로 virtus로 번역된다. virtus는 「용기」, 「남자다움」, 「인격」을 뜻

2013년 박근혜 대통령 취임식에서 애국가를 부르는 조수미

2005년 이탈리아 Festival I suoni delle Dolomiti에서 야외 공연하는 사라 장

조성진

했다. 그 어원인 vir는 라틴 말로 「남자」다. 영어로 virile은 「정력이 넘치는」을 뜻하고 「virility」는 「남성다움」을 뜻한다. Virtus는 영어 단어 virtue의 어원이다. 현대 영어가 virtue를 「덕성」, 「도덕성」과 같은 개념으로 사용하기 때문

흔히 「덕성」으로 번역되지만 원래 의미는 탁월함이다. 탁월함이라는 원래의 뜻을 가장 잘 담고 있는 단어가 「탁월한 기량」을 뜻하는 「비루투오소(virtuoso)」와 「비루투오시티(virtuosity)」다. 「비루투오소」는 거장, 대가, 명인을 뜻하고 「비루투오시티」는 탁월함이다. 거장의 연주, 공연을 「비루투오소 퍼포먼스(virtuoso performance)」라고 한다.

특이하게 「비루투오소 퍼포먼스」는 철저하게 일회성의 행위들이

다. 최고의 음악 콘서트가 주는 감동은 그 현장에 있던 사람들만이 느끼고 공유할 수 있는 것이다. 최고의 운동경기, 연극공연 역시 마찬가지다. 아무리 최고 수준의 동영상 카메라와 마이크를 동원하여 녹화를 하더라도 「현장감」만이 줄 수 있는 감동을 재현할 수는 없다. 연설도 마찬가지다. 페리클레스나 링컨, 처칠, 케네디, 킹, 레이건, 오바

터키 에페소스에 있는 켈수스 도서관 벽의 아르테상

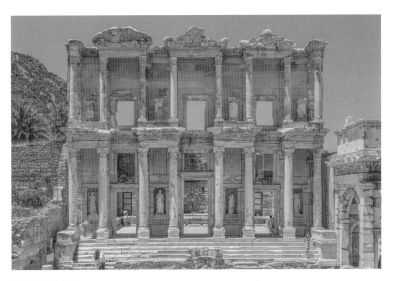

켈수스 도서관 외벽

마 등의 연설은 최고의 음악공연이나 연극, 운동경기 보다 더 큰 감동을 준다. 운동, 연극, 음악 공연, 연설과 같이 탁월함을 요하는 「퍼포먼스」들의 가장 중요한 요소는 그것을 보고 감상하고 같이 감동하고 열광하는 동료 시민들이다. 「비루투오소」들은 동료 시민들 앞에서, 같은 자유인으로서 열연한다. 공적 영역은 이렇게 만들어지고 경험된다. 그리고 이 탁월함의 행위예술들은 어떤 결과물을 도출하기 위해서도, 다른 목적을 달성하기 위한 수단으로 하는 것이 아니다. 「비루투오소 퍼포먼스」는 그것이 운동이든, 연극이든, 음악이든, 연설이든 그 자체로 의미 있고 완결성을 갖는 행위들이다. 이것이 「정치」의 영역이다.

용기

경제적 자립 외에 시민으로서의 삶, 공적 영역에서의 삶, 정치적인 삶이 요구하는 또 다른 조건은 「용기」다. 시민은 생존의 문제로부터 자유로운 사람이다. 죽음을 두려워해서는 안 된다. 집을 떠나 정치의 장으로 가는 것은 용기가 필요하다. 집은 경제의 영역, 즉 생명과 생존의 문제를 챙기는 영역이다. 개인의 안위, 생존을 책임지는 영역을 떠난다는 것은 자신의 안위와 생존에 더 이상 집착하지 않는다는 것을 뜻한다. 다시 말해서 「사적」인 영역을 떠나 「공적」인 영역으로 나가는 사람은 우선 자신의 목숨을 걸 준비가 되어 있어야 한다. 자신의 목숨에 대한 과도한 걱정이나 집착은 진정한 자유를 만끽하는 것을 방해하는 요소다.

고대 그리스인들의 영웅은 「아킬레스」였다. 고대 그리스의 시민들은 전사들이었다. 전사의 기본 덕목은 용기다. 「에우다이모니아(Eudaimonia)」, 즉 「좋은 삶」이란 생존의 문제를 극복하고 노동으로부터 해방되었을 뿐만 아니라 모든 생명체가 본능적으로 갖고 있는 생존욕을 극복함으로써 인간의 생물학적인 상태를 초월하는 것이었다. 「정치」는 「생존」의 문제를 다루는 것이 아니다. 시민의 관점에서 볼 때 집안에서의 삶은 폴리스에서의 「좋은 삶」을 가능케 하는 전제조건에 불과했다. 고대 그리스인들은 자신의 목숨에 대한 과도한 집착이 「노예」의 근성이라고 여겼다. 용기야말로 시민의, 정치인의 가장 중요한 덕목이다.[1] 용기 있는 사람만이 정치 공동체의 일원이 될 수 있었다.[2]

올림픽

아마추어가 탁월함과 용기를 보여줄 수 있는 최고의 무대는 올림픽이었다. 기원전 776년에 시작된 올림픽이야말로 「아마추어 정신」의 상징이었다. 돈을 받고 운동을 직업으로 하는 「프로」들이 아니라 돈은 하나도 안 받으면서 그저 운동이 좋아서 하는 사람들이 참여하는 스포츠 제전이었다. 「생계」를 위해서가 아니라 학생이나 직장인

이 그저 스포츠가 좋아서 공부하고 일하고 남는 시간에 짬을 내어서, 자비를 들여서 운동을 하는 사람들만 참가할 수 있었다. 「참가하는데 의미가 있다」는 말은 그래서 나온 것이다. 고대 그리스인들이 올림픽을 만든 이유다. 「이코스」에서 「이코노믹스」를 잘 해서 잉여를 생산하고 여가를 얻어서 「그 자체적으로 의미 있는 일」, 「수단」이 아닌 「목적」이 되는 일을 하는 것 중 아테네인들이 대표적으로 꼽은 것이 바로 스포츠다.

전사들이었던 고대 그리스 시민들은 전쟁을 하지 않을 때도 끊임없는 격투기로 전쟁훈련을 함과 동시에 그들 특유의 「대결」, 「결투」의 장을 마련한 것이 올림픽이다. 실제로 가장 오래된 올림픽 종목인 「5종경기(pentathlon)」는 멀리 뛰기, 창 던지기, 원반 던지기, 단

고대 그리스 네메아에 있는 「스타디온」. 단거리 달리기 「스타디온」이 열리던 장소. 길이는 180m. 「경기장」이란 뜻의 「스타디움(stadium)」의 어원이다.

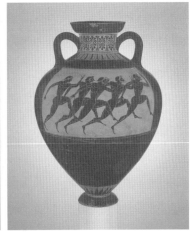

원반 던지기와 창 던지기가 묘사되어 있는 고대 그리스의 물병. 기원전 490년경.

Euphiletos Painter Panathenaic Amphora

거리 달리기(stadion), 레슬링의 순서로 하루 동안 진행되었다. 기원전 776년에서 724년까지의 올림픽은 단거리 달리기인 「스타디온」이 유일한 종목이었다. 4년마다 개최된 초기 올림픽은 「스타디온」의 우승자의 이름이 붙여졌다. 거의 모든 스타디온 우승자의 이름은 아직도 전해지고 있다.[3]

「원반 던지는 사람」(Discobolus, 그리스어: Δισκοβόλος, 디스코볼루스)

고대 올림픽의 「아마추어정신」은 각 종목의 승자들이 받는 「월계관」에서 극명하게 드러난다. 월

「파나티나이코」경기장(그리스어: Παναθηναϊκό στάδιο)

계관들은 오늘날 올림픽 메달 같이 금, 은, 동으로 만들어지지 않았다. 실제로 월계수에서 따온 가지를 엮어서 만들었다. 아무런 금전적 가치가 없었다. 올림픽을 연 이유가 돈 벌기 위한 것이 아니었다. 돈 버는 것, 경제행위는 이코스, 가계, 집안에서 해결하고 온 사람들만이 참여하는 것이 올림픽이었다. 따라서 올림픽 경기에서 「승리」한다고 해서 금전적 보상을 주지도 받지도 않았다. 올림픽은 스포츠가 좋아하는 사람들, 아마추어들끼리 자웅을 겨루는 장이었다. 「Peer(나와 대등한 사람)」앞에서 내가 갈고 닦은 실력을 마음껏 발휘하여 오직 실력 대 실력으로 「대결」, 「결투(agon)」를 벌여서 우월한 사람, 「탁월함(excellence)」을 갖춘 사람이 이기는 것, 그것이 올림픽이었다. 이 「대결」, 「결투」를 그리스인들은 「아곤(agaon)」이라 불렀다. 「고통」, 「사투」로 번역되는 「agony」의 어원이다. 비극에서 주인공을 「protagonist」라고 하고 주인공의 숙적 「antagonist」의 어원이기도 하다.

그리스 문명의 기초는 「투쟁(agon)」이었다. 전투든 스포츠든 그리스인들은 각자가 승리하고 영광을 쟁취하고자 하였고 세상의 칭송과 명성을 얻기를 원했다. 그렇지만 이는 「강자존」, 「약육강식」의 원칙과는 달랐다. 이들은 모든 대결에서 공정한 환경만 보장 된다면 항상 우월한 사람이, 탁월한 사람이 승자가 될 것이라고 믿었다. 그러면서도 이들은 자신들이 한 공동체라는 것을 알았다. 이들의 통합은 「갈등(eris)」을 통해서 「정의(dike)」를 구현할 수 있다는 특유의 신념에서 비롯된다. 이것을 여실히 보여주는 것이 올림픽이다.[4]

오늘날의 올림픽은 아마추어정신을 상실하였다. 대학이나 실업 농구팀, 야구팀, 축구팀이 참가하던 대회에 미국 NBA, MLB 선수들이 참가하여 금메달을 휩쓴다. 골프도 프로선수들이 모든 메달을 휩쓴다. 월드컵은 프로 축구선수들이 모처럼 「국가대항」이라는 틀속에서 자웅을 겨루는 스포츠 제전이다. 반면 올림픽 축구는 아마추어 선수들이 각자의 나라를 대표하여 자웅을 겨루는 장이었다. 그러나 이 역시 점차 프로선수들의 비율을 높이면서 올림픽 고유의 아마추어 정신을 잃어가고 있다.

부패

공적인 영역에 참여하는 「자유인」들은 경제적인 문제로부터 자유로운 사람들이다. 따라서 사익을 추구해서는 안 된다. 공적인 영역에 와서 사익을 추구하는 행위, 정치의 영역에서 경제 행위를 하는 것은 엄격히 구분되는 두 영역을 혼돈하는 것이다. 공적인 영역에서 사익을 추구하는 것을 「부패」라고 한다. 부패는 영어로 「corruption」이다. Corruption 의 라틴어원은 「corrumpere」다. Corrumpere 는 「함께(together)」를 뜻하는 「com」과 「산산이 조각 내다(to break in pieces)」의 「rumpere」의 합성어다. 다시 말해서 두 영역을 혼돈시켜서 파괴한다는 뜻이다. 정치가 「직업」이 되어서는 안 되는 이유다. 정치가 돈을 벌기 위한, 생계를 유지하기 위한 수단이 되는 순간 부패가 일어난다.

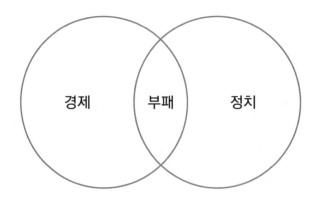

헌정을 처음 채택한 국가들은 초기에는 재산을 소유한 사람들에게만 투표권을 줬다. 미국에서는 1789년 첫 선거 당시 거의 모든 주가 재산을 소유하고 세금을 내는 백인들에게만 투표권을 줬다. 이는 당시 미국 인구의 6%에 불과했다. 흑인 남성들에게도 투표권을 주는 주들도 있었고 뉴저지주는 인종과 관계 없이 미혼 여성과 과부들에게도 투표권을 줬다. 그러나 이는 예외였다. 일본도 메이지 헌법의 제정 이후 1890년 치러진 중의원 선거에서는 1년 이상 일본 본토에 거주하고 15엔 이상의 직접 국세를 내는 25세 이상의 남자에게만 투표권이 주어졌다. 당시 일본 전체 인구의 1.13%에 불과했다.[5] 민주주의와 공화주의의 가장 큰 고민은 공적인 영역의 권력, 즉「공권력」을 이용하여 경제적 이익, 즉「사익」을 취하는 것을 막는 것이었다.

미국 국회는「백만장자 클럽(millionaires」club)」이라 불린다. 2020년 현재 상, 하원 의원 전체의 50%이상이 백만장자다. 하원의장의 공식 연봉은 223,500 달러, 하원 원내총무는 193,400달러, 상원임시의장은 193,400달러, 상, 하 의원은 174,000달러다.[6] 연봉 인상은 2009년이 마지막이었다.[7] 따라서 대부분의 의원들은 연봉으로 생활하는 사람들이 아니다. 이들은 연봉에는 의존할 필요가 없는 부가 제공해 주는 레저, 여가를 이용하여 정치, 즉 공적인 영역에 참여하고 있다. 반면, 한국에서는「돈이 있는데 권력도 가지려고 하느냐」면서 부자들이 정치 하는 것을 반대한다. 그러나 정치를 발명한 고대그리스인들이나 300년 가까이 민주주의를 이어온 미국인들은 개인적인 부를 축적하여 경제적인 문제를 자신의 힘으로 해결한 사람들이 정치의 영역에 들어오도록 하는 것이 부패를 근절하고 공적 영역과 민주 정치를 살리는 가장 확실한 방법이라고 생각했다.

청렴은 가난함을 뜻하지 않는다. 경제 성장률이 「0」이었던 전근대 농업경제에서는 통치계층의 가난이 중요한 덕목이었다. 「제로섬(zero-sum)」 경제에서 왕과 귀족, 사대부들의 사치는 농민을 착취해야만 가능했다. 그러나 산업자본주의 경제에서는 폭발적이고 지속적인 생산성의 증가로 「제로섬」 경제는 사라졌다. 잉여와 여가를 국민 대부분이 누릴 수 있는 사회에서 가난은 오히려 「부패」의 유혹을 뿌리치기 어렵게 만든다. 개인 재산이 충분하기 때문에 「공권력」을 이용하여 개인의 경제적 이익을 추구할 필요 없이 오직 공익의 극대화에만 집중할 수 있는 정치인이 진정으로 「청렴」한 「공직자」다.

민주주의

공익만을 추구하는 폴리스의 작동원리는 이코스의 것과 근본적으로 달랐다. 경제문제를 해결하는데 필요한 권력이었던 「가부장적 권력」, 「전제주의」는 경제문제를 초월한 「시민」들이 모이는 「폴리스」에서는 허용되지 않았다. 폭력을 수반하는 전제권력을 자유인들끼리 휘두를 수는 없었다. 평등한 자유 시민들을 다스리는 방법을 「이소노미아(Isonomia, ἰσονομία)」라 하였다. 「이소스(isos, 그리스어 ἴσος)」는 「같다」, 「동등하다(equal)」의 뜻이고 「노모스(νόμος nomos)」는 「관습(custom), 법(law), 용법(usage)」를 뜻했다. 「이소노미아」란 시민들이 따를 법을 시민 자신들이 만드는 제도다. 「자유인」들의 공동체도 법과 규칙이 있어야 한다. 그런데 남이 만든 법을 따르면 그것은 「자유인」이 아니다. 반면 자유인들을 규율 할 법을 자유인들이 직접 만든다면 그것은 자유를 해치는 것이 아니다. 이소노미아는 「자치(self-rule)」다.

헤로도토스(기원전 484년경-기원전 425년경)는 『역사』 3장 80-82절에 나오는 「헌법 논쟁」이라는 유명한 구절에서 페르시아인들 간의 가상대화를 통하여 「다수의 통치」, 즉 「이소노미아」의 장점을 설파한다.

다수의 통치는 「평등(이소노미아)」이라는 가장 아름다운 이름을 갖고 있으며 군주가 하는 그런 일들을 절대 하지 않는다. 관직은 투표를 통해서 정하고 모든 권력에는 책임이 따르며 모든 결정과정은 공개된다. 따라서 나는 군주제를 폐지하고 다수를 칭송하여야 한다. 왜냐하면 그렇게 한다면 다수를 위해서 모든 것이 가능해지기 때문이다.[8]

한나 아렌트(Hannah Arendt)는 이소노미아를 「무통치(無統治, no rule)」로 번역 한다. 치자와 피치자의 구분이 없기 때문이다. 고대 그리스인들이 알고 있었던 다른 모든 정치체제의 이름에는 「-archy」, 「-cracy」와 같은 접미사가 붙었다. 왕정은 「monarchy」, 무정부는

「anarchy(무정부제)」, 민주정은 「democracy」였다. 그러나 isonomia 만 그런 접미사가 안 붙는다. 이소노미아는 특정인들이 다른 사람을 「통치」하는 것이 아니었기 때문이다. 때문에 아렌트는 고대 아테네의 정치체제를 「민주주의(democracy)」라 하지 않고 「이소노미아」라 한다. 「민주주의」는 민주주의의 적들이 민주주의 역시 평등한 것이 아니라 「데모스(민, 군중)」가 다른 사람들을 통치하는 것이라고 비판하기 위하여 만들어낸 개념이라고 한다.[9]

말(言說)

「이소노미아」, 「민주주의」, 「자치」는 「폭력」을 허락하지 않는다. 「폭력」은 이코스에서 경제문제, 생존의 문제를 해결하기 위해서 「가부장」과 「전제군주」들이 사용하는 것이다. 대등한 자유인들, 시민들 사이에서는 사용 할 수 없다. 따라서 다른 시민으로 하여금 나의 뜻을 따르게 하는 방법은 말을 이용한 「설득(persuasion)」뿐이다.[10] 민주주의는, 정치는 「말」로 하는 것이다. 아리스토텔레스는 「인간은 정치적인 동물이다」라고 한 다음 문장에서 「동물들 중 말을 할 줄 아는 것은 인간뿐이다」고 한다.[11] 「정치」와 「말」은 불가분의 관계다. 「말」이 없으면 「설득」을 할 수 없고 「설득」이 없으면 「정치」가 불가능하다. 말이 필요 없는 관계는 폭력으로 규정되는 관계다. 이를 「전제주의」라 일컫는다.

설득에 사용하는 말을 「수사학(rhetoric)」이라 한다. Rhetoric의 그리스어원은 rhētōr로서 「발표자, 웅변가, 수사학자」를 뜻한다. 그리스인들은 「웅변가의 예(art of an orator)」를 뜻하는 rhētorike tekhnē라는 용어를 사용하였는데 이것이 라틴어로 rhetorice로 번역되었고 영어로는 rhetoric으로 번역되기에 이른다. 「정치」란 「토론」, 「연설」은 물론 선거유세에서 재판에 이르기까지 모두 「말」과 수사로 한다. 동등한 자유시민들끼리 서로를 말로 설득하는 것, 이것이 정치다. 폴리스는 「모든 정치 공동체 중 가장 시끄러운 곳」이라고 했다.[12]

한국에 정치가 없는 이유는 연설이 없기 때문이다. 한국에서는 말을 많이 해도 안되고 말을 잘 해도 안 된다. 「말을 많이 하는 사람」, 「말을 잘하는 사람」, 「언변이 좋은 사람」은 「말만 잘한다」거나 「입만 살았다」고 한다. 입만 살아 있다는 것은 내용이 없는 것, 뭔가 가짜, 사기꾼 같다는 뜻이다. 「밥상머리에서는 말을 해서는 안 된다」고 가르치는 것은 입이 무거운 사람을 진중한 사람, 내실이 있는 사람이라고 생각하기 때문이다. 그래서 그런지 한국의 정치인들은 항상 말문이 막힌다. 할 말이 없다. 어눌하다. 그런데 「말이 막히면 주먹이 나간다」고 한다. 국회에서도 토론 대신 「언성만 높아지고」 「말싸움」만 하다가 「육탄전」을 벌이는 이유다. 말로 토론하고 설득할 수 있는 내용이 없기 때문이다. 그래서 대부분의 한국 정치인들은 기자회견을 하지 않는다. 「국민과의 소통」은 늘 중요한 공약 중 하나지만 일단 당선이 되고 나면 언론은 기피하는 것이 한국 정치인의 전형이다.

한국에서 아직도 말을 기피하는 전통이 깊이 뿌리내려 있는 이유 중 하나는 가부장주의다. 윗사람이 항상 가장 지혜롭고, 경험도 많기 때문에 모든 것을 결정하면 아랫사람들은 따를 뿐이다. 토론, 의견교환은 불필요한 것이다. 특히 「아랫사람」이 「이러쿵 저러쿵 말을 많이 하는 것」은 윗사람의 권위에 도전하는 것, 「잘난체 하는 것」으로 간주한다. 말을 기피하고 못하는 또 다른 이유는 뿌리 깊은 「표의 문자」, 「한문」의 전통 때문이다. 한국 사람들은 말보다는 글을 중시한다. 말은 가볍고 글은 깊이가 있다는 편견이 뿌리깊다. 조선은 중국의 글인 한문만을 사용하였다. 조선인의 말과 글은 전혀 별개였다. 더구나 한문이 담고 있는 방대한 역사, 철학, 문학의 세계에 필적할 만한 조선어의 세계는 없었다. 그리고 한문은 「표의문자」였다. 「의」, 즉 뜻을 가장 정확하게 전달하는 도구라고 생각했다. 조선의 지도층이 세종의 한글 발명 이후에도 한문 만을 고집한 이유다. 조선어 역사, 철학, 문학이 불모지로 남고 조선의 글인 「훈민정음」 뿐만 아니라 조선어가 천시되었던 이유다.

말에 대한 한국 사람들의 경시는 언어에 대한 근본적인 몰이해에서 비롯된다. 말은 그저 「의미」나 「의견」을 전달하는 매체에 불과한 것으로 생각한다. 그나마 글보다도 부정확한 의미 전달의 도구로 간주한다. 그래서 말보다는 글을 선호하는 전통이 생겨났다. 그러나 말은 의미 전달의 도구에 그치는 것이 아니다. 말은 곧 행위다. 언어 철학의 「언어행위이론(Speech Act Theory)」은 우리가 말을 함으로써 어떤 사물이나 상황을 묘사하는 경우도 있지만 말을 하는 것이 곧

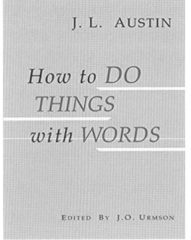

오스틴의 대표 저서인 《말로써 행동하는 방법》 오스틴(J. L. Austin)
(How to Do Things With Words)

행위가 되는 경우도 있음을 보여준다. 즉, 말은 다른 행위들처럼 현실을 바꿀 수 있는 행위의 일종이다.

영국의 언어철학자 오스틴(John Langshaw "J. L." Austin, 1911.3.26-1960.2.8)은 「언어행위(illocution)」에는 「명령」, 「요구」, 「축원」, 「질문」, 「요청」, 「감탄」 등이 있음을 밝혔다. 「감탄」은 감탄사를 냄으로써 이루어지는 행위다. 감탄사와 별개의 감탄이란 행위가 있는 것이 아니다. 「내 방을 치울 것을 약속한다」라는 말은 내가 방을 치우는 것을 묘사하는 것이 아니라 「약속을 하는 것」이다. 약속은 별도의 행위로 성립되는 것이 아니라 내가 「약속한다」고 함으로써 성립된다. 「약속한다」는 말이 곧 「약속」이라는 행위다. 결혼식에서 결혼이 이루어지는 것은 주례가 「이 혼인이 원만하게 이루어진 것을 여러분 앞에 엄숙하게 선언합니다」라고 하는 순간 이루어진다. 주례의 선언, 즉 언사가 곧 결혼을 성립시키는 행위다. 「당신을 체포합니다.」, 「사형을 언도합니다」, 「사과합니다」, 「폐회를 선언합니다」, 「전쟁을 선포합니다」, 「사의를 표명합니다」는 모두 언어행위들이다.

영국과 미국 등 민주주의를 꽃피워온 나라에서는 오랜 수사학의 전통을 갖고 있다. 영국과 미국의 민주주의는 말, 수사학으로 한다. 뛰어난 웅변가들과 토론가들이 늘 나온다. 그리고 이 웅변가들이 말로 상대방을 설득하고 국민을 감동시키면서 나라를 이끈다. 아무리 첨예한 이념논쟁, 정책 논쟁이 있더라도 상대방을 원색적으로 비난하거나 욕을 하기 보다 끝까지 설득하기 위한 이론과 수사를 구사할 줄 아는 사람, 때로 논리가 안 먹히면 격조 있는 농담(joke), 비유 등을 구사하면서 상황을 기분 좋게 넘기고 끝까지 설득할 줄 아는 사람이 민주 정치를 할 수 있다. 정치는 말이다.

연설

민주정치에서 최고의 정치행위는 연설이다. 정치 따로 있고 정치 연설 따로 있는 것이 아니다.

링컨의 「게티스버그 연설」과 「제 2차 취임사」

미국은 「만인은 평등하다」는 이념 하에 민주공화국으로 탄생했지

게티스버그의 링컨(네모 부분)

만 건국 후 85년 만에 흑인 노예제도 폐지 문제로 남북으로 갈라져 「남북전쟁」을 벌인다. 링컨 대통령이 「제 2차 취임사(1865.3.4.)」에서 지적하듯이 「양측은 같은 성경을 읽고 같은 신에게 기도하는 사람들」이었다. 국부 워싱턴(George Washington)과 제퍼슨(Thomas Jefferson), 매디슨(James Madison)의 고향인 버지니아주는 노예제의 존속을 주장하는 남부의 주들을 이끌고 미 연방으로부터 탈퇴한다. 미 육군사관학교의 졸업생들은 남북으로 갈라져 동기생, 선후배들에게 총을 겨눈다. 북군은 남군을 상대로 초토화 작전을 전개하여 남부의 최대 도시인 애틀랜타를 불태우고 남부의 경제를 붕괴시킨다. 이 전쟁으로 미국인 75만명이 죽는다.

이처럼 철천지원수가 되어버린 남과 북을 화해시키고 통일국가

2차 취임사 하는 링컨. 가운데 흰 종이를 들고 있는 인물

로 다시 태어날 수 있는 결정
적인 계기를 제공한 것은 링컨
의 「게티스버그 연설」과 「제 2
차 취임사」였다.

링컨(Abraham Lincoln,
1809.2.12.−1865.4.15., 미국의
제 16대 대통령)의 「게티스버그
연설(1863.11.19.)」은 「동족상
잔」의 비극이었던 「남북전쟁
(1861−1865)」을 할 수 밖에 없

링컨

었던 이유가 「국민의, 국민에 의한, 국민을 위한」 정치가 이 지구상에

1860년 대선출마 선언 직후의 링컨　　　1865년 2월, 암살되기 2달 전의 링컨

서 결코 사라지지 않도록」하기 위함임을 밝힘으로 미국의 건국 이념을 확인하는 동시에 확장시킴으로써 미국이 어떤 나라로 다시 태어나야 하는지 그 비전을 보여줬다. 확성기도, 마이크도, 카메라도 없는 들판에서 단 5분짜리 연설을 통해서였다.

　　암살되기 40일전에 행한「제 2차 취임사」는 노예제를 폐지하기 위해서는 전쟁을 불사할 수 밖에 없었던 이유를 밝히는 동시에 전쟁의 상처를 봉합하고 분단 되었던 나라를 하나로 묶을 수 있는 단초를 마련한다. 연설의 마지막 문장은 미국의 어린이들이 가장 많이 암송하는 구절이다.

　　그 누구에게도 원한을 품지 않고, 모두에게 자비를 베풀면서, 하나님이 우리에게 보여 주시는 정의에 대한 굳은 신념으로 나라의 상처를 치유하고 전쟁에 몸을 바친 분들과 그분들의 미망인과 아이들을 돌보고 우리 사이에, 그리고 모든 나라들 사이에 정의롭고 항구적인 평화를 이룩하고 소중히 가꾸는 과업을 완성하는데 매진합시다.

링컨의 「게티스버그 연설」과 「제 2차 취임사」는 고도의 정치 행위였다. [연설문 전문은 부록 참조]

처칠의 「피, 수고, 눈물, 그리고 땀 연설」(1940.5.13)

윈스턴 처칠은 1940년 5월 13일 총리에 임명된다. 영국은 패망 직전이었다. 프랑스군을 돕겠다며 대륙으로 건너간 영국 육군의 주력 338,000명은 도버해협 프랑스 측 항구인 덩케르크(Dunkirk)에 집결하여 독일군에 포위되어 철수할 배들을 기다리고 있었다. 영국 공군은 나치 공군에 제

처칠

공권을 완전히 **빼앗긴** 상태였다. 미국은 유럽에서의 전쟁에 개입하지 않을 것임을 선언하고 루즈벨트(Franklin Roosevelt) 대통령은 처

독일군 공습 하의 런던

방공호의 런던 시민들

칠의 모든 도움 요청을 거절하였다. 독일과 불가침조약을 체결한 소련을 제외한 전 유럽은 독일이 이미 점령한 상태였다. 영국의 유력 정치인들은 전쟁은 어떻게 해서든 막아야 한다며 독일과의 협상 개시를 줄기차게 요구하고 있었다. 이런 상황에서 처칠은 총리로서의 첫 연설에서 「제가 드릴 수 있는 것은 피, 수고, 눈물, 그리고 땀 밖에 없습니다」라고 한다.

우리 앞에는 가장 엄중한 시련이 가로 놓여있습니다. 우리 앞에 놓여 있는 것은 길고 긴 투쟁과 고통의 세월입니다. 우리의 정책은 무엇인가? 라고 여러분이 물으신다면 저는 말합니다, 전쟁 하는 것입니다. 바다에서, 땅에서, 그리고 하늘에서 하느님께서 우리에게 주실 수 있는 모든 힘과 능력을 총동원하여, 어둡고 슬픈 인간 범죄의 역사에서도 그 유례를 찾아볼 수 없을 만큼 극악무도한 폭정을 상대로 전쟁하는 것입니다. 이것이 우리의 정책입니다. 우리의 목표는 무엇인가? 라고 여러분이 물으신다면 저는 한마디로 답할 수 있습니다. 승리입니다. 어떤 대가를 치르더라도 승리입니다. 어떤 공포가 닥치더라도 아무리 길이 멀고 험해도 승리입니다. 승리 없이는 생존도 없기 때문입니다. [연설 전문은 부록 참조]

처칠의 연설들은 절체절명의 위기에 직면한 영국이 결국 「영국 본토 항공전(Battle of Britain)」을 승리로 이끌고 궁극적으로 2차 세계 대전에서 승리하는 기적을 만들어낸다. 당시 런던 특파원이었던 미국 CBS 방송국의 기자이자 앵커 머로우(William F. Murrow)는 처칠의 연설의 위력을 절감하면서 「그는 영어를 동원하여 전쟁에 투입하였다」고 하였다. 연설은 최고의 정치행위다.[13]

케네디 대통령 취임사(1961.1.20.)

케네디 대통령(John Fitzgerald ("Jack") Kennedy, "JFK", 1917.5.29.-1963.11.22.)의 당선은 당시 젊은 세대에게 공적 영역의 중요성을 부각시키면서 이들을 정치로 끌어들이는 기폭제가 되었다. 당시 청년이었던 빌 클린턴 전 미국 대통령, 반기문 전 유엔사무총장 등 전세계의 수 많은 청년들이 케네디를 보고 그의 연설들을 듣고 공직에 나가서 「공적 영역에 봉사하는 것(public service)」을 꿈꾸게 된다. 특히 그의 취임사는 민주주의란 무엇이고 시민이란 누구인지, 무엇을 해야 하는지 정확히 지적하고 있다.

취임사 하는 케네디

취임사 하는 케네디

그러므로 나의 동료 미국민 여러분, 나라가 여러분을 위해 무엇을 해 줄 수 있는지를 묻지 마십시오. 여러분이 나라를 위해 무엇을 할 수 있는지 물으십시오.

이 유명한 구절은 고대 그리스인들이 설정한 시민과 정치의 이상을 고스란히 반영하고 있다. 나라가 나에게 무엇을 해 줄 것을 바라는 것은 노예다. 시민은 자신이 국가, 공적 영역을 위해서 무엇을 할 수 있을지 늘 고민하고 적극적으로 참여한다. 그리고 시민이 공적 영역에 참여하는 이유는 그가 자유인이기 때문이며 자유인의 삶, 자체적으로 의미 있는 삶을 살기 위해서다.

친애하는 동료 세계 시민 여러분, 미국이 여러분에게 무엇을 해 줄 것인지 묻지 말고, 우리가 함께 인간의 자유를 위해 무엇을 할 수 있을지 물어 보십시오. [연설문 전문은 부록 참조]

킹 목사의 「나에게는 꿈이 있습니다」 연설(1963.8.28)

마틴 루터 킹 목사(Martin Luther King, Jr., 1929.1.15.-1968.4.4.)가 주도한 미국 흑인 민권운동의 극치는 「나에게는 꿈이 있습니다」라는 연설이었다. 킹 목사는 수 많은 민권 단체를 조직하고 시위를 주도하면서 무려 29번 구속되었다. 당시 말콤엑스(Malcom X, 1925.5.19.-1965.2.21.)와 같은 흑인 민권 운동가들은 무장투쟁을 주장했다. 백인들과의 타협과 평화공존을 주장하던 킹 목사는 「엉클톰(Uncle Tom)」, 즉 백인에 아부하는 흑인 노예란 비판을 받았다. 그러나 미국인들에게, 전세계 사람들에게 흑인 민권운동의 당위성을 각인시킨 최고의 정치행위는 킹 목사의 「나에게는 꿈이 있습니다」 연설이었다.

「나에게는 꿈이 있습니다」를 연설 중인 킹 목사

저에게는 꿈이 있습니다. 언젠가는, 이 나라가 뿌리치고 일어나서

「링컨 기념관」과 「워싱턴 기념관」 사이의 「워싱턴 몰(Washington Mall)」에 킹 목사 연설을 듣기 위해 운집한 관중

「우리는 다음과 같은 진리들을 자명한 것으로 받아들인다. 만인은 평등하게 창조 되었다고」라는 강령의 진정한 뜻을 실현시키는 날이 올 것이라는 꿈입니다.

저에게는 꿈이 있습니다. 언젠가는, 조지아주의 붉은 언덕 위에서 노예들의 후손들과 노예소유주들의 후손들이 형제애의 식탁에 함께 앉을 수 있을 것이라는 꿈입니다.

저에게는 꿈이 있습니다. 언젠가는 부정의 열기와 불의의 열기에 허덕이는 미시시피주 조차도 자유와 정의의 오아시스로 바뀔 것이라는 꿈입니다.

저에게는 꿈이 있습니다. 언젠가는 저의 네 어린 자식들이 자신들의 피부색이 아니라 자신들의 인격으로 대접 받는 나라에서 살게 될 것이라는 꿈입니다.

오늘 저에게는 꿈이 있습니다.

저에게는 꿈이 있습니다. 언젠가는 앨라배마에서도, 바로 그 사악한 인종차별주의자들이 있는, 「개입」과 「무효화」라는 말을 내 뱉는 주지사가 있는 바로 그 앨라배마에서도 어린 흑인 소년들과 흑인 소녀들이 어린 백인 소년들과 백인 소녀들과 형제자매로서 손을 맞잡을 수 있을 것이라는 꿈입니다.

오늘 저에게는 꿈이 있습니다.

저에게는 꿈이 있습니다. 언젠가는, 모든 골짜기들은 메워지고, 모든 언덕과 산들은 낮아지고, 거친 곳은 순탄해지고, 굽은 곳은 곧게 펴지고, 하나님의 영광이 드러나고, 모든 사람들이 다같이 그 영광을 보게 될 것이라는 꿈입니다. [연설문 전문은 부록 참조]

로버트 케네디의 「마틴 루터 킹 목사 암살에 즈음하여 연설」(1968.4.4.)

1968년 4월 4일, 마틴 루터 킹 목사가 테네시 주 멤피스(Memphis)시의 로레인모텔(Lorraine Motel)에서 암살된다. 범인은 제임스 얼 레이(James Earl Ray)라는 백인이었다.

로레인 모텔

당시 로버트 케네디(Robert Francis Kennedy, "RFK", 1925.11.20.-1968.6.6.)는 민주당 대통령후보 예비선거를 위한 유세 중이었다. 1963년 암살당한 존 케네디 대통령의 친동생으로, 케네디 내각에서 법무장관을 역임한 그는 1964년 뉴욕 주 상원의원에 당선된다. 케네디 행정부에서 부

제임스 얼 레이

통령으로 대통령직을 승계한 존슨 대통령(Lyndon Baines Johnson, "LBJ", 1908.8.27.-1973.1.22.)이 재선을 포기하자 로버트 케네디는 1968년 대통령 선거 출마를 선언하고 민주당 대통령후보 경선에 나

선다. 킹 목사가 암살되던 날 그는 인디애나폴리스(India-napolis)시의 흑인 밀집지역에서 연설할 예정이었다. 인디애나(Indiana)주 예비경선을 위한 첫 유세지로 택한 것이 「인디애나폴리스 게토(ghetto)의 심장부」였다. 케네디가 킹 목사 저격 소식을 처음 들은 것은 인디애나 주 먼씨(Mun-cie)에서 인디애나폴리스로 가는 비행기에 탑승하기 직전이었고 인디애나폴리스에 착륙 후 킹이 서거했다는 소식을 듣는다. 인디애나폴리스 시장과 경찰은 흑인들의 영웅이었던 킹 목사 암살 직후 케네디가 흑인 밀집지역에서 연설하는 것에 반대한다. 그러나 케

로버트 케네디

케네디 대통령과 법무장관 로버트 케네디

네디는 연설을 강행하기로 하고 유세장으로 향하는 차 속에서 연설문을 몇 자 적는다.

유세장에 도착한 그는 급히 준비한 픽업트럭 뒤의 짐칸에 올라가

킹 목사 암살 직후 인디애나폴리스 흑인 밀집 지역에서 연설하는 로버트 케네디

연설을 시작한다. 유세장에 모인 대부분의 청중들은 킹 목사가 암살
되었다는 소식을 접하기 전이었다. 케네디가 지지자들이 들고 있는
선거용 포스터 등을 내려달라고 한 후 암살 소식을 전하자 청중들은
놀라움과 분노, 절망 속에 소리친다. 장내가 잠시 안정되자 케네디는
연설을 시작한다. 연설문을 적은 종이 쪽지는 손에 쥔 채 보지도 않
으면서 7분간의 짧은 연설을 한다. 연설이 시작 된지 얼마 안돼 박수
가 터져 나온다. 그리고 연설이 끝나자 청중 모두가 박수를 보낸다.
즉석에서 짧게 한 연설이었지만 그 여운은 크고 길었다. 킹 목사의
암살 직후 미국의 60여개 도시에서 흑인 폭동이 일어났지만 로버트
케네디가 연설한 인디애나폴리스는 평화를 유지했다.

이 연설은 정치 연설의 백미다. 특히 그가 그리스 비극 시인 아이

스킬로스를 인용하는 장면은 그리스 인문학의 힘을 보여주는 정치연설의 절정이었다.

> 흑인 여러분 중에는 이런 억울한 일을 당하여 백인들에 대한 증오와 불신이 불타오르는 충동을 느낄 수 있다는 것을 압니다. 다만 제가 말씀드릴 수 있는 것은 저 또한 마음 속 깊이 같은 충동을 느낀다는 것입니다. 제 가족 중 한 명도 암살 당하였는데 그를 죽인 것도 백인이었습니다. 그러나 우리 미합중국에서는 서로를 이해하고 이 어려운 시기를 극복할 수 있도록 노력해야 합니다. 제가 제일 좋아하는 시인은 아이스킬로스입니다. 그는 이렇게 썼습니다. 「잠 속에서도 잊지 못할 고통이 한 방울 한 방울 가슴 위에 떨어진다. 절망 속에서, 우리의 의지와는 반대로, 신의 무서운 은총으로 지혜가 찾아올 때까지.」

이 연설은 뛰어난 논리나 이론도, 미사여구도 없다. 가장 평이한 말로 한 아주 짧은 연설이다. 그럼에도 불구하고 이 연설이 모두의 심금을 울린 것은 우선 케네디의 뛰어난 공감능력 때문이었다. 그는 연설 도중 형 케네디 대통령의 암살범도 백인이었다고 얘기한다. 케네디 대통령 암살 이후 로버트 케네디가 형의 암살에 대하여 공개석상에서 처음 언급한 경우였다고 한다. 이 연설은 케네디가 얼마나 깊이 있는 인문학 교육을 받은 사람이었는지도 여실히 보여준다. 그는 연설 중 고대 그리스의 비극작가 아이스킬로스의 대표작인 『아가멤논』에 나오는 구절을 읊는다. 그 상황에 너무나도 맞는 시를 기억

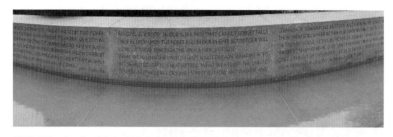
알링턴 국립묘지 로버트 케네디 무덤 앞에 세워진 기념비. 킹 목사 암살 때 케네디가 한 연설문이 새겨져 있다.

을 되살려 읊을 수 있는 것, 그것이 바로 진정한 수사학이다. 민주주의는 무력, 폭력, 강압을 용납하지 않는다. 만일 용납한다면 그것은 민주주의가 아니다. 민주주의에서는 오직 토론과 연설, 글을 통한 설득만이 용납된다. 로버트 케네디는 짧은 연설로 미국이 가장 어려운 상황에 처했을 때 폭력을 방지하고 용서와 화합의 길을 열 수 있었다. 이 연설이 정치 수사의 백미인 이유다.

이 연설을 한 지 2달 후인 1968년 6월 5일, 로버트 케네디도 암살범의 흉탄에 쓰러진다. 캘리포니아 주 예비선거에서 승리를 거둔 직후였다. 그는 다음날, 6월 6일 세상을 떠난다. 향년 43세였다. 2달 전 세상을 떠난 킹 목사는 39세였다. 비극이었다. 미국이 강한 이유는 마틴 루터 킹이나 로버트 케네디와 같은 영웅들이 있기 때문이다. 뛰어난 수사로 국민들의 심금을 울리고 갈갈이 찢어진 나라를 하나로 묶어 내면서 자신들의 원칙을 행동으로 옮기다 운명의 여신 앞에 스러져간 민주주의의 영웅들이 있기 때문이다. [연설문 전문은 부록 참조]

레이건 대통령의 「챌린저호 참사 연설」(1986. 1. 28.)

TV를 통하여 챌린저호 참사 연설을 하는 레이건 대통령

1986년 1월 28일, 오전 11시 39분, 전세계가 실황중계를 보고 있는 가운데 미국의 챌린저 우주왕복선이 발사 된지 73초 만에 폭발한다. 불과 몇 분전 손을 흔들며 밝게 웃는 승무원들이 탑승하는 모습을 본 전세계는 충격에 빠진다. 이 사고로 죽은 7명의 승무원 중에는 최초의 민간인 우주비행사 크리스타 맥컬리프(Christa McAu-liffe, 1948.9.2.–1986.1.28.) 고등학교 교사도 있었다. 그날은 레이건 대통령이 의회에서 연두교서(State of the Union)를 발표하는 날이었다. 연두교서는 윌슨 대통령(Thomas Woodrow Wilson, 1856.12.28.–1924.2.3. 미국의 28대 대통령. 재임: 1913–1921) 이후 모든 미국 대통

령들이 빠짐없이 매년 연초에 행하는 중요한 정치 행사다. 사고 당시 연두교서 준비를 위하여 미국의 주요 TV앵커들과의 인터뷰 중이던 레이건은 곧바로 TV를 켜고 챌린저호가 폭발하는 장면의 재방

폭발 직후의 챌린저 우주왕복선

송을 봤다. 레이건은 당시 일기에 이렇게 적었다. 「우리는 모두 TV로 갔고 폭발 장면이 재방송 되는 것을 봤다. 그 순간부터 우리 머리 속에는 6명의 승무원과 학교 선생님으로 탑승 자격을 따냈던 맥컬리프 부인 밖에 없었다. 우리의 충격과 경악은 표현할 길이 없다.」[14]

연두교서는 취소되었다. 그러나 대참사 앞에서 대통령이 과연 무슨 말을 할 수 있을지 아무도 몰랐다. 시청하는 어린이들이 어떻게 반응할지 걱정하는 목소리에 레이건은 「삶은 계속될 것이고 비극적인 사건 때문에 가치 있는 일에서 후퇴하거나 포기해서는 안 된다는 말을 담담히 해야 된다」고 했다. 그러나 이처럼 참혹한 일을 어떻게 「담담하게」 표현할 수 있을지는 대중 연설에 능한 것으로 정평이 난 레이건으로서도 당혹스러운 일이었다.

레이건의 비서진은 페기 누난(Peggy Noonan)이라는 무명에 가까운 대통령 연설문 비서관에게 연설을 맡기기로 결정한다. 『크리스천사이언스모니터』의 기사에 의하면 백악관 비서실장 도날드 리건(Donald Regan)은 감성적인(emotional) 연설이 필요할 때는 「그 여자

챌린저 승무원. 뒷줄 왼쪽에서 두 번째가 매컬리프 교사

애 시켜, 왜 그 여자애 있잖아」
라며 누난을 찾곤 했다고 한
다. 누난은 당시 36세였다. 누
난은 훗날 회고하기를 「말하
자면 전 국민이 방금 교통사
고를 목격한 것과 같은 상황
이라고 생각했다」고 했다. 그
리고 「대통령이 8살짜리들과
18살짜리들, 그리고 80세들

1986년 연설문을 썼을 당시의 누난

을 대상으로 하는 연설을 하되 훈계조로(patronizing) 해서는 안 되
는 상황이었다」고 했다. 레이건의 대국민 연설은 오후 5시로 잡혔
다. 누난에게 주어진 시간은 5시간이었다.

오후 5시 정각, 레이건은 연설을 시작했다. 첫 마디는 간단했다. 「숙녀, 신사 여러분, 저는 원래 오늘 여러분에게 연두교서를 보고할 예정이었으나 오늘 일어난 사건들로 인하여 계획을 바꿀 수 밖에 없었습니다. 오늘은 애도하고 기억하는 날입니다.」 사망자들을 추념하고자 레이건은 승무원 한 사람, 한 사람의 이름을 불렀다. 「마이클 스미스, 딕 스코비, 주디스 레즈닉, 로날드 맥네어, 엘리슨 오니주카, 그레고리 자비스, 그리고 크리스타 매컬리프」. 그리고는 다음 주제로 옮겨갔다.

20세기를 살고 있는 우리들은 경이로움에 익숙해졌습니다. 우리로 하여금 경이로움을 느끼도록 하는 것은 어렵습니다. 그러나 지난 25년동안 미국의 우주 프로그램은 우리에게 경이로움을 선사해 주었습니다. 우리는 우주에 대하여 익숙해졌고 그래서 우리가 이 과업을 시작한지 얼마 안 되었다는 사실도 잊었는지도 모릅니다. 우리는 아직도 개척자들입니다. 그분들, 챌린저호의 승무원들은 개척자들이었습니다.

이 연설은 비록 비극적인 사고에 관한 것이었지만 미국이 한계에 봉착했다거나 미국의 우주 프로그램이 뭔가를 잘못하고 있다는 것을 설명하거나 변명하는 연설이 아니었다. 「챌린저」 사고는 비극적이었지만 누난은 오히려 미지의 세계에 대한 탐험을 계속하는 것이 얼마나 중요한지를 강조하는 계기로 삼는다. 미국이 의기소침해서

레이건 대통령과 페기 누난

도, 용기를 잃어서도 안되었다. 특히 어린이들이 그랬다.

저는 오늘 챌린저 발사장면 생방송을 시청하고 있던 미국의 어린 학생들에게도 해주고 싶은 말이 있습니다. 이러한 일이 이해하기 힘들다는 것 나도 잘 알아요. 그러나 때로는 이처럼 고통스러운 일이 생깁니다. 이는 모두 탐험과 발견의 과정입니다. 이는 모두 모험의 과정, 인간의 지평을 넓혀가는 과정입니다. 미래는 마음 약한 자들의 것이 아닙니다. 미래는 용감한 사람들의 것입니다. 챌린저 승무원들은 우리를 미래로 끌어주고 있었습니다. 그리고 우리는 계속해서 그분들을 따라갈 것입니다.

국제정치에 대해서 한마디 하는 것도 잊지 않았다. 당시는 미국-

소련간 냉전이 절정에 달했던 때다. 소련은 챌린저 사고를 이용하여 미국의 우주 프로그램이 실패하고 있으며 미 항공우주국(NASA)이 왕복선 설계에 결정적인 결함이 있는 것을 은폐하고 있다든지, 고등학교 교사를 굳이 우주에 보내려는 것은 무엇인가 다른 꿍꿍이가 있다는 둥의 음모론을 퍼뜨릴 가능성이 충분히 있었다.

우리는 우리의 우주프로그램을 숨기지 않습니다. 우리는 비밀에 부치거나 사안을 덮어버리지 않습니다. 우리는 어떤 것도 감추지 않고 공개적으로 합니다. 자유란 원래 그렇게 작동합니다. 그리고 우리는 이를 한 치라도 바꾸는 일은 없을 것입니다.

연설의 백미는 마지막 부분이었다. 누난은 마지막에 시 한 구절을 삽입한다.

우리는 그분들을 절대 잊지 않을 것입니다. 그리고 우리가 그분들을 마지막으로 본 그 순간, 그분들이 여정을 준비하면서 손을 흔들어 작별을 고하고 「지구의 까다로운 구속을 벗어나」 「하나님의 얼굴을 만지러」 떠나던 순간도 영원히 잊지 않을 것입니다.

이 구절은 존 길레스피 마기(John Gillespie Magee, Jr., 1922.6.9-1941.12.11)의 시 『고도 비행(High Flight)』의 한 소절이다. 마기는 상하이에서 태어났다. 아버지는 미국인 선교사, 어머니는 영국인 선교사였다. 어려서부터 시에 뛰어
난 재능을 보이고 학교 경시
대회에서 여러 번 수상 했다.
1940년 예일대학에 장학생으
로 입학허가를 받지만 제 2차
세계 대전의 발발로 영국이 위
급해지자 영연방인 캐나다 공
군에 자원 입대하여 전투기 조
종사로 훈련을 받은 후 영국
에 배치된다. 신형 전투기 성

존 길레스피 마기

능을 실험하는 조종사로 투입된 마기는 1941년 12월 11일 전투기 충
돌 사고로 죽는다. 당시 19세였다. 누난은 시 구절을 어떻게 찾았냐
는 질문에 「그냥 갑자기 생각이 났어요. 중학교 1학년때 외우던 기
억이 났어요.」라고 했다.

레이건은 처음에는 연설문을 마음에 안 들어 했다고 한다. 그도
마기의 시를 잘 알고 있었다. 레이건의 딸 패티의 초등학교 건물에
그 시가 적혀 있었기 때문에 딸을 등, 하교 시키면서 늘 보았다고 한
다. 그러나 레이건은 마기의 시가 당시의 엄중한 상황을 감당할 무
게가 없다고 생각했다고 한다. 누난은 「사실 그토록 미국인들이 고
통스러워하는 상황에서 할 수 있는 말은 아무것도 없었다」고 한다.

그러나 연설이 끝나자 찬사가 쏟아졌다. 당시 하원의장은 민주당
의 팁 오닐(Tip O'Neil)이었다. 야당 대표인 그는 레이건이 프랭클린

루즈벨트나 존 케네디 대통령보다 훌륭한 연설가라고 극찬했다. 누난은 시간이 너무 없어서 대통령의 비서진이 연설문을 수정할 시간이 없었던 덕에 연설문이 온전히 전달될 수 있었다고 한다. 국가 재난 상황에, 온 국민이 형언할 수 없는 슬픔과 고통과 두려움에 휩싸여 있을 때 대통령의 연설은 나라가 하나가 되어 애도하고 사자(死者)들의 명예를 기리고 심기일전하는 계기를 마련한다. [연설문 전문은 부록 참조]

오바마의 「담대한 희망(The Audacity of Hope)」 연설 (2004. 7. 26.)

2009년 1월 20일 대통령 선서를 하는 오바마

2008년 11월 4일 버락 오바마(Barack Obama, 1961.8.4. 출생)가 미국 대통령에 당선된다. 미국 최초의 흑인 대통령이 탄생하는 순

간이었다. 마틴 루터 킹 목사
가 목숨을 바친 흑인 민권 운
동이 결실을 보는 순간이었
다. 오바마가 2008년 대통령
에 당선 될 수 있었던 것은 무
엇보다도 4년전인 2004년 민
주당 전당대회에서 행한 기조
연설 때문이었다. 기조연설
당시 43세였던 오바마는 무명
의 정치인이었다. 1997년부터

오바마 대통령

일리노이주 주의원 의원을 역임한 것이 그의 정치경력의 전부였다.
그러나 이 연설로 그는 일약 미국 정계 최고의 「스타」로 부상한다.

　전당대회 기조연설자는 당의 대선후보로 지명된 후보의 캠프에
서 지명한다. 당시 민주당 대선 후보로 확정된 존 케리(John Kerry,
1943.12.11. 출생) 상원의원(매싸추세츠주) 캠프에서는 무명의 오바마를
지명한다. 그 해 4월 일리노이주 상원의원 선거에 출마를 선언한 오
바마를 위한 지원유세 중 그를 처음 만난 케리는 강한 인상을 받았
던 바 있다. 케리의 캠프에서는 결국 여러 명의 보다 지명도 높은 후
보들을 제치고 오바마를 선정한다.(케리는 후에 2004-2008년까지 오바
마 2기 행정부에서 국무장관을 역임한다.)

　오바마는 자신의 연설문들을 대부분 직접 썼다. 이 연설도 마찬
가지였다. 오바마는 연설의 제목을 「희망의 담대함(The Audacity of

2004년 대선 당시 유세중인 오바마와 가족

Hope)」으로 잡았다. 이 제목은 1년 후 출간하여 베스트셀러가 된 자서전의 제목으로도 쓰인다. 오바마에게 배정된 시간은 8분이었다. 오바마가 케리 대선후보에게 제출한 초고는 25분 정도의 길이였다. 오바마와 케리 보좌진은 길이를 17분 정도에 맞춰 줄인다.

2004년 7월 26일 밤 9시 45분에 오바마는 그 해 민주당 전당대회장인 보스턴의 「플리트센터(Fleet Center)」 무대에 등장한다. 오바마는 이런 자리에 서게 된 것에 감사하는 말로 연설을 시작한다. 그리고는 곧바로 자신의 자전적인 이야기들을 한다. 아버지는 미국으로 유학 온 케냐 출신 학생이었고 할아버지는 영국 식민지였던 케냐에서 영국인들 하인이었다고, 그러나 아버지가 결국 장학금을 받아 미국에 올 수 있었다고. 한편 켄터키 출신이었던 외할아버지는 2차

2009년 1월 20일 대통령 선서를 하는 오바마

대전 참전 용사였고 외할머니는 당시 미국의 많은 여성들처럼 폭격기 조립 공장에서 일하면서 오바마의 어머니를 키웠다고. 흑인 아버지와 백인 어머니는 아들의 이름을 아프리카 말로 「은총」을 뜻하는 「버락」으로 지어주었다고. 왜냐하면 부모님이 「관대한 미국에서는 이름이 성공의 장애물이 되지 않는다고 믿으셨기 때문」이라고.

저는 오늘 저의 다양한 유산에 감사하는 동시에 제 부모님의 꿈이 제 소중한 딸들을 통해 이어지고 있음을 새삼 의식하면서 이 자리에 섰습니다. 저는 제 개인사가 미국의 더 큰 서사의 한 부분임을 알고서 이 자리에 서 있습니다. 저 보다 앞서 가신 분들에게 빚을 지고 있고 지구상의 다른 어떤 나라에서도 제 이야기는 가능조차 하지 않다는 것을 알면서 말씀입니다.

연설의 가장 유명한 대목은 다음이다.

진보주의 미국 따로 있고 보수주의 미국 따로 있는 것이 아니라 오직 「미합중국」만 있을 뿐입니다. 흑인의 미국과 백인의 미국, 라틴계의 미국과 아시아계의 미국이 따로 있는 것이 아닙니다. 「미합중국」만 있을 뿐입니다. 평론가들은 우리나라를 붉은 주, 파란 주로 자르고 나누는 것을 즐깁니다. 붉은 주는 공화당, 파란 주는 민주당으로 말입니다. 그러나 이 분들이 아는지 모르겠지만 파란 주에서도 위대한 하나님을 믿고 붉은 주에서도 연방정부요원들이 우리 도서관들을 뒤지고 다니는 것을 싫어합니다. 파란 주에서도 리틀리그를 즐기고 붉은 주에도 동성연애자 친구들이 있습니다. 이라크전을 반대한 애국자들도 있고 지지한 애국자들도 있습니다. 모두가 성조기에 충성을 맹세하고 미합중국을 지키는 우리는 하나입니다.

그는 미국이 비록 어려움을 겪고 있고 건국 당시 독립선언서에서 천명한 이상에는 아직 미치지 못하고 있으나 「냉소주의의 정치(politics of cynicism)」에서 벗어나 「희망의 정치(politics of hope)」를 할 것을 종용한다. 그리고 자신의 희망은 막연한 낙관주의가 아닌 매우 구체적인 희망이라고 한다.

그것은 장작불을 주위에 둘러 앉아 자유의 노래를 부르던 노예들의 희망입니다. 망망대해를 건너기 시작하는 이민들의 희망입니다. 메콩 델타를 용감하게 순찰하는 젊은 해군 중위의 희망입니다. 희망이 없어 보이는데도 감히 희망을 가져보는 노동자의 아들의 희망입니다. 미국에는 자신을 위한 자리도 있다고 믿는 삐쩍 마르고 웃기는 이름을 가진 아이의 희망입니다. 희망의 담대함!

연설의 대미는 다음과 같이 장식한다.

저는 우리가 역사의 갈림길에 서 있는 지금 올바른 선택을 하고 우리가 직면한 도전들을 극복할 수 있다고 믿습니다.

연설이 초기에는 오바마가 누구인지도 모르던 민주당 대의원들은 17분 연설 동안 33번 기립박수를 보낸다. 힐러리 클린턴(Hillary Clinton)은 「어떤 전당대회에서도 느껴보지 못한 전율을 느낄 수 있던 순간이었다」고 회고한다. 당시 MSNBC 앵커였던 크리 매튜스(Chris Matthews)는 「지금 다리에 소름이 돋고 있다. 역사에 남을 놀라운 순간이다. 정말 놀라운 순간이다. 이런 기조연설은 처음이다」고 하였다. 그 해 11월 일리노이주 상원 선거에서 압도적인 표차로 당선된 오바마는 불과 4년 후인 2008년 미국 대통령에 당선된다. 연설, 수사학의 힘이다. [연설 전문은 부록 참조]

인문학

　말이 정치의 도구로 사용될 수 있었던 것은 말의 내용을 인문학이 채워주었기 때문이다. 고대 그리스인들은 정치를 발명하는 동시에 인문학을 발명하였다. 인문학이 없는 정치는 있을 수 없다. 정치는 인문학이고 인문학이 정치다.

　고대 그리스인들은 페니키아인들로부터 표음문자를 배웠다. 기원전 1050-150년까지 사용된 페니키아 문자는 「자음문자(子音文字, consonantary)」 또는 아브자드(abjad)로 자음만 있는 문자였다. 그리스인들은 페니키아문자를 채택하여 모음을 추가함으로써 완벽한 표음문자를 만든다. 구전으로만 내려오던 호메로스의 『일리아드』와 『오디세이아』가 처음 글로 옮겨진 때는 8세기경이다.[15] 그리스문자가 만들어진 것과 거의 동시대이며 고대 올림픽이 시작된 것과 같은 시기다. 『일리아드』는 15,000줄, 『오디세이아』는 12,000줄이 넘는다. 인류 역사상 가장 오래된 문학 작품 중 하나일 뿐만 아니라 이처럼 긴 구전 서사시가 이토록 일찍 글로 옮겨진 것은 전례가 없다. 이 두 서사시는 그리스인들이 인간의 실존과 심리에 대해 타의 추종을 불허하는 깊은 이해를 갖고 있었을 뿐만 아니라 이를 웅장한 스케일과 감성으로 표현할 수 있는 놀라운 문학적 감각을 갖고 있었음을 보여준다.[16]

　고대 그리스의 어린이들은 『일리아드』와 『오디세이아』를 읽고 암송했다. 이것이 시민 교육의 핵심이었다. 『일리아드』와 『오디세이아』

는 그리스인들의 세계관, 신화가 모두 들어 있다. 그들의 『성경』, 『사서오경』이었던 셈이다. 고대 그리스문명을 형성하는 모든 서사들을 공부하고 외움으로써 아테네의 젊은이들은 공동의 역사와 가치관을 갖게 된다. 시민으로서의 기본 자질을 갖추게 된다. 그리고 아테네의 어린이들은 『일

헤시오도스의 것으로 추정되는 고대 로마의 흉상

리아드』와 『오디세이아』를 폴리스의 시민들 앞에서 낭송 해야 했다. 수사, 웅변, 정치교육은 이렇게 이루어졌다.[17]

그리스 문자와 서사시를 바탕으로 기원전 5세기에 이르면 고대 그리스인들은 민주주의를 발명하는 동시에 비극, 희극, 서정시, 역사, 철학을 발명한다. 기원전 750-650년 경에 활동한 헤시오도스는 서구문학사에서 저자가 자신을 작품의 주제로, 주인공으로 등장시키는 최초의 저자다. 『신들의 계보』는 그리스인들이 본 우주의 생성과정, 「프로메테우스」와 「판도라」 등 그리스 신들의 전설을 소개하는 가장 오래된 문헌이다. 『일과 날』은 고대 그리스인들이 상상한 이상적인 시대인 이른바 「황금시대(Golden Age)」를 묘사하는 동시에 당시 농부의 일상을 그리고 있다.

아이스킬로스(Aeschylus, 기원전 525/524-기원전 456/455), 소포클

아이스킬로스. 기원전 30년경 로마에서 제작된 흉상

소포클레스. 푸시킨 박물관 소장

레스(Sophocles, 기원전 497-기원전 406), 에우리피데스(기원전 약 480 이전-기원전 406) 등도 서구문명 형성에 결정적인 영향을 끼친다. 기원전 5세기에 쓰여지고 공연된 이들의 작품은 오늘날에도 31개가 전하며 끊임없이 공연되고 있다. 르네상스 시대 영국과 프랑스 문학, 특히 희곡에 결정적인

에우리피데스. 기원전 330년경 그리스 원본을 복제한 로마의 흉상

영향을 끼치면서 셰익스피어에서 헤겔, 마르크스, 프로이드에 이르기까지 그리스 비극은 서구문명의 문학과 철학, 인간관, 심리의 저

아이스킬로스, 소포클레스, 에우리피데스 등의 비극 작품들이 공연된 아테네의 디오니소스 극장

변을 형성하고 있다.

대중문화에도 코폴라(Francis Ford Coppola) 감독의 『대부』에서부터 박찬욱 감독의 『올드보이』에 이르기까지 그리스 비극을 주제로한 수 많은 명작들이 만들어지고 있다. 일본이 배출한 세계적인 감독 구로사와 아키라(黒澤明, 黒沢明, 1910.3.23.-1998.9.6.)는 『오텔로』를 리메이크 한 『거미집의 성(蜘蛛巣城, 쿠모노스쇼, 1957)』, 그리고 『리어왕』을 리메이크 한 『란(亂, 1985)』을 감독하였다.

헤로도토스는 본인이 직접 체계적으로 수집하고 검증한 사료를 사용하여 역사를 서술한 최초의 역사가로 알려져 있다. 그의 저작 『역사』는 제 1, 2차 그리스-페르시아 전쟁에 대한 상세한 기록으로 유명한 왕들과 지도자들은 물론 「마라톤」, 「테르모필레」, 「아르테미시움」, 「살라미스」, 「플라테아」, 「미칼레」 등의 주요 전투들에 대한 상세한 기록을 담고 있다. 책의 제목으로 채택한 『히스토리아이

역대 최고의 햄릿이라는 평가를 받는 로렌스 올리비에(Lawrence Olivier) 주연의 1948년 「햄릿」포스터

1968년 프랑코 제피렐리(Franco Zeffirelli) 감독, 올리비아 허시(Olivia Hussey) 주연의「로미아와 줄리엣」포스터

「대부」

올드보이

「거미집의 성」 포스터

「란(亂)」 포스터

(ἱστορίαι, 탐구)」는 「히스토리(history, 역사)」의 어원이다. 키케로가 그를 「역사의 아버지」로 칭한 이유다.

투키디데스는 아테네의 장군으로 직접 참전했던 펠로폰네소스 전쟁을 주제로 『펠로폰네소스 전쟁사』를 저술하였다. 그는 당시의 문서들을 샅샅이 참조하였을 뿐만 아니라 특정 사건이나 전투에 직접 참여하였던 증인들을 인터뷰도 하였다. 『펠로폰네소스 전쟁사』

는 오늘날도 전세계의 대학과 사관 학교에서 교재로 채택되고 있다. 「멜로스의 대화(Melian Dialogue)」는 현실주의 국제정치 이론의 효시로 읽히고 「페리클레스의 추도사(Funeral Oration)」는 정치 연설의 효시로 간주되면서 링컨의 「게티스버그 연설」을 비롯한 수 많은 유명 연설의 모델이 되었다. [페리클레스 추도사 전문은 부록 참조]

헤로도토스

투키디데스

아리스토파네스의 두상. 1세기 작품. 피렌체 우피치 미술관 소장

셰익스피어의 『줄리어스 시저』에서 시저의 암살 직후 안토니가 행한 연설은 셰익스피어의 창작이다. 그러나 수사학의 힘을 적나라하게 보여주는 명연설로 정평이 나 있다. 시저의 암살을 모의하고 단행한 공화주의자들의 우두머리 브루투스는 시저가 가장 사랑하는 후배이자 동료 정치인이었다. 암살 직후 브루투스는 로마의 시민들에게 자신이 왜 시저를 죽일 수 밖에 없었는지 설명한

말론 브란도(Marlon Brando),
제임스 메이슨(James Mason)
주연의 1953년 『줄리어스 시이저』
포스터

다. 그는 「내가 시저를 덜 사랑해서가 아니라 로마를 더 사랑했기 때문」이라고 한다. 명연설이었다. 술렁이던 군중은 브루투스를 「숭고한」, 「위대한」, 「존경 받아 마땅한」 사람이라며 이구동성으로 칭송한다. 군중을 설득하는데 성공한 브루투스는 때마침 시저의 시신을 안고 나타난 안토니에게 자리를 비켜주면서 군중들에게 남아서 안토니의 얘기를 들어보라고 한다. 안토니도 시저의 암살이 불가피한 것으로 생각하는 줄 알았기 때문이다. 그러나 브루투스가 퇴장한 후 남은 안토니는 브루투스의 연설을 듣고 시저의 암살이 정당했다고 믿게 된 군중의 마음을 다시 돌려 놓기 시작한다. 셰익스피어는 안토니가 군중의 심리를 이용하여 자신의 입장과는 정 반대였던 군중의 생각을 완전히 돌려 놓는 과정을 탁월하게 그려낸다.

[연설 전문은 부록 참조]

이름	생몰연도 (기원전)	직업/ 역할	작품
호메로스	750–650	시인	『일리아드』, 『오디세이아』
헤시오도스	7세기	시인	『신들의 계보』, 『일과 날』, 『헤라클레스의 방패』, 『여인 열전』
아이스킬로스	525/4 – 456/5	비극 작가	『페르시아인들』, 『테바이를 공격한 일곱 장수』, 『탄원하는 여인들』, 『결박된 프로메테우스』 『오레스테이아』 3부작 (『아가멤논』, 『제주를 바치는 여인들』 (또는 코이포로이), 『자비로운 여신들』 (또는 에우메니데스)
소포클레스	497/6 – 406/5	비극 작가	『트라키스 여인들』, 『아이아스』, 『안티고네』, 『오이디푸스 왕』, 『엘렉트라』, 『필록테테스』, 『콜로노스의 오이디푸스』
페리클레스	496 – 429	정치가	『장례식 연설
헤로도토스	484 – 425	역사가	『역사』
에우리피데스	480 – 406	비극 작가	『안드로마케』, 『알케스티스』, 『헬레네』, 『박코스 여신도들』, 『엘렉트라』, 『헤라클레스』, 『헤라클레스의 자녀들』, 『메데이아 (에우리피데스』, 『이온』, 『아울리스의 이피게네이아』, 『타우리케의 이피게네이아』, 『헤카베』, 『오레스테스』, 『트로이아 여인들』, 『탄원하는 여인들』, 『포이니케 여인들』, 『힙폴뤼토스』, 『레소스』 (진위 불확실), 『키클롭스』

소크라테스	469 – 399	철학자	
투키디데스	460 – 395	역사가	『펠로폰네소스 전쟁』
아리스토파네스	446 – 386	희극 작가	『아카르나이의 사람들』, 『기사』, 『구름』, 『말벌』, 『평화』, 『새』, 『뤼시스트라테』, 『테스모포리아 축제의 여인들』, 『개구리』, 『여인들의 민회』, 『부의 신』
플라톤	428/8 – 348/7	철학자	『에우튀프론』, 『소크라테스의 변론』, 『크리톤』, 『파이돈』, 『크라튈로스』, 『테아이테토스』, 『소피스트』, 『파르메니데스』, 『필레보스』, 『향연』, 『파이드로스』, 『알키비아데스 1』, 『알키비아데스 2』, 『히파르코스』, 『에라스타이』, 『테아게스』, 『카르미데스』, 『라케스, 뤼시스』, 『에우튀데모스』, 『프로타고라스』, 『고르기아스』, 『메논』, 『대 히피아스』, 『소 히피아스』, 『이온』, 『메넥세노스』, 『클레이토폰』, 『국가』, 『티마이오스』, 『크리티아스』, 『미노스』, 『법률』, 『에피노미스』, 『편지들』

아리스토텔레스	384 -322	철학자	『논리학』, 『범주』, 『명제』, 『분석론 전서』, 『분석론 후서』, 『변증론』, 『소피스트적 논박』, 『자연학』, 『천체에 관하여』, 『생성과 소멸에 관하여』, 『기상학』, 『영혼에 관하여』, 『자연학 논문집』, 『감각과 감각 대상에 관하여』, 『기억과 생각해냄에 관하여』, 『잠과 깨어있음에 관하여』, 『꿈에 관하여』, 『잠 속의 예언에 관하여』, 『장수와 단명에 관하여』, 『젊음과 늙음, 삶과 죽음에 관하여』, 『호흡작용에 관하여』, 『동물 탐구』, 『동물의 부분들에 관하여』, 『동물의 움직임에 관하여』, 『동물의 앞으로 움직임에 관하여』, 『동물의 발성에 관하여』, 『형이상학』, 『니코마코스 윤리학』, 『대 윤리학』, 『에우데모스 윤리학』, 『정치학』, 『아테네인들의 정치체제』, 『수사학, 시학』, 『수사학』, 『시학』

고대 그리스인들은 토론, 웅변, 서사시, 서정시, 극시(dramatic poetry), 비극, 희극 등을 쓰고, 공연하고, 참여하고, 감상하였다. 오늘날 민주 정치가 제대로 이루어지는 나라에서는 인문학이 시민 교

육의 필수과정이다. 미국 유수 대학들의 학부는 대부분 「인문대학 (College of Liberal Arts)」으로 불리고 교과 내용은 「인문학(human-ities)」이 주다. 「College」라는 호칭을 붙이는 것은 인문학을 가르치는 학부 대학을 가르친다. 반면 법학전문대학원(law school), 의학전문대학원(medical school), 경영전문대학원(business school) 등 전문대학원(professional school)들은 「스쿨(school)」이라 부른다. 교육의 핵심은 칼리지에서 배우는 인문학이다. 그리고 나서 밥벌이를 할 수 있는 전문지식을 배우는 것은 스쿨(school)이라 부르는 전문대학원에서 배운다.

필자는 연세대학교에 봉직하고 있던 2003년 봄 학기 때 안식 학기를 받아 미국의 프린스턴 대학에서 강의할 기회가 있었다. 미국 대학의 풍요로움에 익숙했던 필자지만 프린스턴은 그야말로 「지적 컨트리클럽(intellectual country club)」이라 부를 만 했다. 한 교수에게 이 풍요가 어떻게 가능한가 묻자 이는 전적으로 졸업생들의 기부금 덕분이라고 했다. 그러면서 다음과 같은 얘기를 해줬다. 프린스턴은 하버드, 예일, 컬럼비아 등 다른 명문들과 달리 로스쿨, 메디컬스쿨, 비즈니스스쿨이 없다. 프린스턴은 4천 명의 학부생과 2천 여명의 대학원생이 전부다. 학부는 물론 인문학이 주고 대학원의 전공도 대부분 인문 사회과학 분야다. 그래서 새 총장이 부임하면 프린스턴에도 전문대학을 설립하는 것을 제안하곤 한다. 「프린스턴 로스쿨」, 「프린스턴 메디컬스쿨」, 「프린스턴 비즈니스스쿨」이 생긴다면 일약 명문으로 떠오를 것이고 대학의 재정에도 많은 도움이 될 것이라는

하버드의 중심인 하버드 야드에 있는 학부 1학년생들
의 기숙사

예일대학교 내의 14개 학부생 칼리지 중의 하나인
「브랜포드 칼리지(Brnaford College)」

프린스턴 대학의 학부생 기숙사 중 하나인 「파인홀
(Pyne Hall)」

컬럼비아 대학의 학부대학 본부인 「해밀턴홀(Ham-
ilton Hall)」

이유에서다. 그러나 그럴 때마다 동문들이 모두 반대 한다. 프린스
턴의 존재이유는 인문학을 기반으로 하는 학부(college)이며 이러한
정체성을 절대로 희석시켜서는 안 되며, 돈이 필요하다면 동문들이
대겠다면서 반대한다. 실제로 매년 졸업생 재 상봉 행사 때마다 동
문들은 평균 3천만 달러(2021년 환율로 약 350억원)를 거둬 학교에 기
부한다고 했다. 2003년 이야기다. 프린스턴은 2020-2021 학년도
1년 동안 동문들로부터 6,860만 달러(약 800억원)를 모금하였다.[18]

　인문학을 중심으로 하는 학부 대학을 대학의 심장으로 생각하는
것은 프린스턴만이 아니다. 미국의 모든 명문대학이 그렇다. 미국

1790년에 완공된 윌리엄스 칼리지의 웨스트 칼리지
(West College)

앰허스트 칼리지

스와스모어 칼리지

포모나 칼리지

에서 「칼리지(college)」라는 호칭은 학부 대학에만 붙인다. 하버드의
심장은 「하버드 칼리지(Harvard College)」, 예일의 중심은 「예일 칼
리지(Yale College)」, 컬럼비아의 중심은 「컬럼비아 칼리지(Columbia
College)」다. 학부에서는 돈 버는 것과 상관 없는 것, 그 자체로 좋은
학문인 인문학을 공부하도록 하는 것이 미국의 교육이다. 교과 과정
은 문학, 역사, 철학, 수사학, 수학 등 고대 그리스나 고대 로마에서
시민 교육을 위하여 가르친 과목들 그대로다. 학부에서 인문학을 배
움으로써 「공적 영역」, 「정치」, 「정의」에 대해 배운 후 대학원에서 자
신의 의식주를 해결할 수 있는, 경제문제를 해결할 수 있는 직업, 밥

웰슬리 칼리지

보우딘 칼리지

벌이의 수단으로 특정 분야의  「프로」가 되는 것을 배운다. 전문대학원을 「프로페셔널스 쿨(Professional School)」이라고 하는 이유다.

카알톤 칼리지

　미국 인문학의 백미는 아예 전문대학원 없이 인문학부만 있는 「리버럴아츠칼리지(liberal arts college)」들이다. 「윌리엄스 칼리지(Williams College)」, 「앰허스트 칼리지(Amherst College)」, 「스와스모어 칼리지(Swarthmore College)」, 「포모나 칼리지(Pomona College)」, 「웰슬리 칼리지(Wellesely College)」, 「보우딘 칼리지(Bowdoin College)」, 그리고 필자가 나온 「카알톤 칼리지(Carleton College)」 등의 대학들은 고집스럽게 학부 인문 교육의 전통을 이어가고 있다. 평균 2,000명 정도의 학생수를 유지하면서 학생 대 교수 비율은 7-8 대 1을 유지한다. 미국의 민주주의가 유지되는 것은 인문 교육 때문이다.

정치적인 삶

『일리아드』의 주인공 아킬레스는 아르고스의 왕 아가멤논이 이끄는 그리스군과 함께 트로이를 정벌하기 위하여 떠난다. 그러나 트로이에 도착 후 아킬레스는 아가멤논과의 알력으로 인하여 트로이군과의 전투에 적극 참여하기를 거부하고 그리스로 되돌아 가겠다고 한다. 그리스군은 트로이의

아킬레스. 기원전 3세기 물병 그림

맹장 헥토르에게 맥 없이 무너지고 있었다. 이때 아킬레스 어린 시

아테네의 디오니소스 극장

영국의 의사당

프랑스의 국회의사당

이스라엘의 의회, 크네쎗

일본의 국회의사당

호주의 국회의사당

핀란드의 국회의사당

스위스의 국회의사당

대한민국의 국회의사당

미국의 국회의사당(하원)

미국의 국회의사당(상원)

절 그의 가정교사였던 포이닉스(Phoenix)가 아킬레스를 찾아가 늘 가르쳤던 대로 「위대한 말과 위대한 일을 하는 사람이 될 것」을 종용한다.[19] 투키디데스가 「아테네의 제 1시민」이라 부른 페리클레스는 아테네의 민주정을 완성하면서 「그리스-페르시아 전쟁」에서 승리하고 「파르테논 신전」을 짓고 「펠로폰네소스」 전쟁을 주도한다. 페리클레스는 이러한 일만 한 것이 아니라 연설로도 유명하다.

오늘날 우리는 고대 그리스를 따라 매 4 또는 5년 마다 한번씩 하

페리클레스 장례식 추도사 장면. 1852년 폴츠(Philipp Foltz) 작품

는 것이 두 가지가 있다. 첫째는 「선거」고 둘째는 「올림픽」이다. 선
거를 통하여 형성되는 말의 전당, 정치라는 퍼포먼스의 장인 의회와
올림픽을 통하여 형성되는 행위, 스포츠 퍼포먼스의 전당인 스타디
움 역시 고대 그리스의 원형을 그대로 간직하면서 오늘날 전 세계
모든 「도시」와 「국가」의 구조를 규정하고 있다.

정치적인 삶이란 국가, 공적 영역에 자유인으로 참여하여 공적 사
안들에 대해 적극적으로 토론하고 논쟁하고 연설하면서 국가를 위
한 「큰 일」을 하는 삶이다. 나라를 지키기 위해서는 용병을 쓰거나
상비군을 보내는 대신 시민 자신들이 민병대를 결성하여 직접 전쟁
에 나선다. 시민으로써, 『일리아드』와 『오디세이아』의 영웅들의 후
손들로서 나라를 위하여 목숨을 바치는 것만큼 영광스러운, 공적인
일, 큰 일은 없다. 전쟁이 없는 평시에는 전사로서의 기량을 닦기 위

해, 인간 육체의 탁월함을 과시하기 위해 올림픽을 연다. 그리고 비극, 희극, 서사시, 서정시, 역사를 쓰고 읽고 공연하고 관람하면서 시민의 필수 덕목인 인문학을 향유한다. 이것이 좋은 삶(eudaimonia)이다. 이것이 정치적인 삶이다.

제 3 장

◆

정치사상이란 무엇인가?

정치의 사회심리

정치사상의 탄생

제3장

정치사상이란 무엇인가?

정치의 사회심리

고대 헬라스(λλάς Hellas, 希臘, 희랍)에는 1,000-1,500개의 폴리스가 있었다. 아리스토텔레스에 의하면 이상적인 폴리스는 5,000명의 시민이 사는 곳이라고 하였다. 시민 모두가 한 사람의 연설을 들을 수 있는 숫자다. 플라톤은 5,400명의 성인남자가 이상적인 도시국가의 인구라고 하였다. 아테네에는 40,000-50,000명의 성인남자가 살았다. 다른 폴리스들에 비해서 압도적으로 컸다. 일반적으로 고대 도시들은 왕과 귀족, 관료들이 살던 곳이다. 도시의 위치는 권력자들이 지정하고 도시의 모양도 권력자들이 결정했다. 그러나 그리스의 폴리스는 달랐다. 폴리스는 다른 도시들과 달리 신전이나 시장을 중심으로 형성된 도시가 아니었다. 대부분의 고대 그리스인들은 농부였다. 따라서 농부들이 농사 짓는 넓은 들 한 복판에 높은 지

페르가몬(Pergamon)의 아크로폴리스

아쏘스(Assos)의 아크로폴리스

대가 있으면 그것이 폴리스가 되었다. 아테네의 아크로폴리스도 이처럼 자연스럽게 형성되었다. 성곽도 없었다. 외적이 공격해 오면 모두 아크로폴리스로 올라가서 방어전을 폈다.

고대 그리스는 특유의 권력지형 때문에 강력한 왕이나 독재자가 출현하여 공동체의 문제들을 해결 할 수 없었다. 절대적인 권력자나 세력이 부상하지 못하는 상황에서 특정 개인이나 정파가 좌지우지 할 수 없는 새로운 질서를 발명할 수 밖에 없었다. 고대 그리스의 문학작품에서는 일찍부터 왕정이나 귀족정을 부패한, 사악한 것으로 이해하고 묘사한다. 기원전 7세기 경의 작품인『일과 날』에서 헤시오도스는 형이 「바실레우스(basileus)」들에게 뇌물을 주고 자신의 유산을 빼앗아 간 이야기를 한다. 「바실레우스」는 「신이 내려준」 권력을 행사하는 왕과 귀족들의 통칭이었다. 이들은 공동체의 역사와 전통, 규범에 대한 지식을 독점했다. 그러나 헤시오도스의 시대에 오면 이미 이들은 뇌물이나 받는 부패한 사람들로 묘사된다. 민주주의가 뿌리내리기 시작한 기원전 5세기에 쓰여지고 공연되는 그리스 비극의 주인공들은 거의 전부가 왕이나 왕족, 귀족 또는 장군이다.[1] 아이스킬로스, 소포클레스, 에우리피데스 등의 비극작품들은 왕을 전제군주, 폭군, 강간범 등으로 묘사한다. 「왕(rex)」은 고대 그리스인들이 보았을 때 결코 명예로운 지위가 아니었다. 『오이디푸스 왕(Oedipus Rex)』의 비극이 이를 가장 극명하게 보여준다. 누구도 왕이 되고 싶어하지 않았다. 카이사르도 「왕(rex)」라는 칭호를 거부한다. 그의 정적들이 카이사르가 왕이 되고자 한다는 소문을 퍼뜨리자 카이사르는 「나는 카이사르이지 렉스가 아니다」고 하였다. 그리스와 로마의 전통에서는 「왕」이라고 부르는 것은 모욕적인 것으로 간주하였다. 로마의 공화정을 무너뜨리고 제정 로마를 시작한 카이사르의 조카 옥타비아누스도 「렉스」라는 칭호 대신 「아우구스투스」라는 칭호를 받는다. 그 이후의 로마의 황제들도 「왕」이라 부르지 않고 「카이사르」로 불린다.

고대 그리스인들의 가장 놀라운 점은 정치에 참여 해야 할 필요와 욕구를 느끼고 이를 위하여 새로운 정치체제를 요구하고 관철시켰다는 사실이다. 참정권의 요구, 공적인 영역에 직접 참여하고 싶어하는 욕구는 쉽게 일어나는 것이 아니다. 민주주의가 희귀한 이유다. 경제적인 문제, 법적인 문제들은 개인의 이권이나 권리와 매우 밀접하게, 그리고 구체적으로 연결되었기 때문에 사회 구성원들이 관심을 갖는 것은 당연하다. 이는 민주주의뿐만 아니라 왕정이나 독재, 공산주의 체제하에서도 마찬가지다. 그러나 참정권의 요구는 당장의 불편함, 억울함, 부당함에 대한 반발에서 나오는 것이 아니다. 정치에 직접 참여하겠다는 의식은 부차적이다. 일차적인 의식은 경제적 이권을 침해 받았을 때, 억울한 일을 당했을 때 이를 해결하고 해소하는 것이다. 집권층의 수탈이 극에 달하면 중국이나 조선, 로마나 영국을 막론하고 농민들은 민란을 일으켰다. 그러나 이는 참정권 요구가 아니었다. 그저 임금님이 자신들의 목소리를 듣고 탐관오리들을 척결하여 다시 선정을 베풀어주기를 바랄 뿐이었다. 수 많은 민란은 때로는 왕조의 교체로도 이어졌지만 이는 어디까지나 한 왕실에서 다른 왕실로 권력이 옮겨 가는 소위 「역성혁명(易姓革命)」일뿐이었다. 왕권이 「백성」이나 「인민」에게 이양되고 「피치자」였던 자들이 「시민」으로 다시 태어나서 「자치」를 이루는 경우는 고대 그리스에서만 일어났다.

백성이, 인민이 정치에 직접 참여하고 이를 통해서만 자신들의 권리를 보장 받을 수 있고 자신들이 바라는 삶을 구현할 수 있음을 깨닫게 되는 것은 실로 지난한 과정이다. 그러기 위해서는 경제적 정의와 사회적 평등은 민주주의와 불가분의 관계에 있다는 것을 깨달아야 한다. 즉, 시민들이 비록 다양한 사회적 신분과 경제 계층 출신들일지라도 정치적으로 만큼은 평등할 수 있는 체제를 만들고자 해야 한다. 민주주의는 사회적, 경제적 불평등을 원천적으로 없애는 것을 목적으로 하는 것이 아니라 불평등과 차이 속에서도 한편으로는 특정 계층이나 개인의 이익이 「공화국」의 이익을 파괴하지 않도록 하는 동시에 다른 한편으로는 공정과 정의가 이루어질 수 있는 정치적 영역, 공적 영역을 건설하는 것이 목적이다. 이러한 질서를 유지하기 위해서는 시민들이 특정한 때나 상황에서만 정치에 관심을 보이는 것이 아니라 늘 적극적으로 정치에 참여해야 한다. 시민들의 다수는 정치 전문가가 아님에도 불구하고 정치에 적극적으로 참여할 각오와 준비가 되어 있어야 한다.[2] 즉 「자신을 해로부터 보호하기 위해서는 시민은 투표하고, 판사도 되고, 관료도 되어야 한다.」[3]

참정의 요구를 관철시키고 이를 구현할 수 있는 제도와 체제를 만드는 것은 더욱 어렵다. 사회 구성원들이 새로운 제도를 이해하고 이를 운영하기 위한 새로운 지식체계, 그리고 이러한 제도를 운영함으로써 얻게 될 것과 누리게 될 것에 대한 이해, 기대치 등을 갖추어야 한다. 더구나 고대 그리스인들은 처음부터 민주주의의 건설을 목표로 한 것이 아니었다. 그들에게는 모방하거나 참고할 수 있는 민주주의의 모델도 없었다. 자신들이 민주주의를 발명할 때까지 민주주의가 무엇인지 아무도 몰랐다.[4] 남들처럼 그저 정의를 구현하고 싶었고 폭정에서 자유롭고 싶었다. 그런데 그 과정에서 민주주의를 발명한다.

민주주의의 건설은 민주주의로의 개혁을 추동 했던 직접적인 동인들이 사라진 후에도 지속 될 수 있는 제도를 만드는 과정이다. 눈앞의 이권을 챙기거나 한풀이를 하는데 그치는 것이 아니라 공동체 전체의 이익을 고려하는 새로운 차원의 사유가 필요하다. 이는 놀라운 차원의 객관성과 추상성을 요구하는 사고다. 민주주의를 만든다는 것은 어느 개인이나 특정세력이 독점할 수 없는 질서를 건설하는 것이었다. 왕족도 귀족도 이 질서의 틀 안에서 행동해야 했다. 질서 그 자체는 아무도 건드릴 수 없었다. 질서는 구성원들의 신분을 초월하는 것이었고 특정 세력이 그 질서를 좌지우지 하거나 독점할 수 없는 것이어야 했다. 부족한 점이 있다면 구성원들이 선출한「대표」나 외부의「현인」들에게 자문을 구해 수정하고 보강해 나가야 했다.

더구나 민주주의를 처음 만든 귀족들은 특정 지도자에 의해서 좌우되지 않는 제도들을 만들어서 평민들에게 제공해야 했다. 이 제도들은 자체적으로 작동할 수 있어야 했다. 특정 지도자가 소유 하지도, 소유할 수도 없는 새로운 형태의 권력이어야 했다. 이러한 개혁을 추진한 귀족들은 일반 시민들에게 참정권을 줌으로써 정적들의 정치적 기반을 무너뜨릴 수는 있었지만 자신들의 권력 기반 역시 무너질 수 밖에 없었다. 그 대가로 얻을 수 있는 것은 명예와 어느 정도의 영향력뿐이었다. 그럼에도 불구하고 민주주의로의 개혁을 단행한 것은 놀라운 일이었다. 민주주의란 무엇보다도 폴리스를 총체적으로 고려할 줄 아는 사고방식에서 출발한다. 즉 폴리스의 균형과 폴리스 전체의 이익을 위한 타협을 생각할 줄 알아야 했다. 이는 새로운 사고방식, 지적인 탐구에 대한 동경, 동료애, 시민정신, 공동체정신을 기반으로 하는 것이었다. 이러한 사유를 한 문명은 고대 그리스 밖에 없었다.

정치사상의 탄생

고대 그리스인들은 「시민」이 되어야 했고 「폴리스」라는 전례가 없는 정치공동체의 구성원이 되어야 했다. 시민이 된다는 것은 말 그대로 「정치화(politicization)」 되는 과정이었고 이는 폴리스의 「민주화」와 동시에 진행되었다. 시민의 정치화와 폴리스의 민주화 과정은 외부로부터의 강요나 강제에 의한 것이 아닌 자체적인 동인, 논리에 따라서 이루어졌다. 그리고 이 배움과 훈련의 과정을 통해서 시민과 민주주의가 탄생하고 시민이 민주주의를 운영하는데 필요한 「정치」를 발명하게 된다.

정치의 탄생은 곧 「정치사상」의 탄생을 뜻한다. 정치사상은 폴리스라는 공동체가 봉착하게 되는 문제, 해결해야 되는 과제들에 대한

헬리오폴리스(레바논 바알베크의)의 그리스 7현인 모자이크

사유다. 「그리스 7현인(Seven Sages of Greece)」은 기원전 620년에서 기원전 550년 사이에 그리스의 폴리스라는 공동체가 형성되는 과정에서 폴리스가 직면한 다양한 문제에 대해서 자문을 해 준 지식인들을 상징적으로 부르는 호칭이다. 이들은 아이디어를 주고 받고 토론하고 경험을 공유하면서 폴리스의 제도와 절차를 만들어냄으로써 새로운 정치 체제를 탄생시킨다.[5]

이러한 독립적인 지식인들은 고대 그리스 특유의 권력구조 때문에 가능했다. 고대 이집트나 페르시아, 중국이나 조선의 지식인들은

군주에게 복속되어 있었기에 모든 사유를 군주의 이해 관계에 맞추어야 했다. 그렇기 때문에 이들은 가부장제와 전제주의를 전제로 하는 사고에서 벗어나지 못했다. 아무리 왕의 폭정을 비판하고 때로는 목숨을 걸면서 간언을 할지라도 왕정 자체를 대체할 수 있는 체제를 상상하지는 못했다.[6] 제갈량, 장자방, 정도전, 황희, 모두 왕정의 도구일 뿐이었고 그들의 지식은 왕권에 충성하고 왕실을 보전하는데 유용한 지식일 뿐이었다. 본래의 목적이나 기대에 반할 경우에는 언제든지 숙청될 수 있는 존재들이었다. 반면 지식인들의 지식과 사유를 강제할 수 있는 절대적인 권력이 부재했던 고대 그리스에서는 인류 역사상 처음으로 권력자로부터 독립적인 지식인들이 대거 등장한다. 물론 그리스의 지식인들 중에도 폭군들에게 자문을 해준 경우도 있었다. 아리스토텔레스도 결국은 마케도니아의 알렉산더 대왕의 가정교사가 된다. 그러나 고대 그리스의 지식인들은 수 많은 도시국가와 지도자들에게 자문을 해 줌으로써 상당한 독립성을 유지할 수 있었다. 다른 문명권의 지식인들과는 달리 특정 권력에 종속되어 있지 않고 따라서 권력의 눈치를 보지 않고 지식 자체에 충실할 수 있는 지식인들이었다.[7]

더구나 전제주의가 발달하지 않았기 때문에 고대 그리스 도시국가들은 오히려 정치적 마비를 자주 경험할 수 밖에 없었다. 전제군주나 과두와 같은 막강한 지도자들이 일방적인 결정을 내릴 수 없었기 때문이다. 도시가 중대한 위기에 봉착했을 때는 시민 중 한 사람을 뽑아서 해법을 강구하도록 하기도 하였고 때로는 외부의 현인

델포이 신탁의 중심이었던 델포이의 아폴론 신전

을 초빙하기도 자문을 구하였다. 현인들로부터는 자문을 구하기도 하였지만 구체적인 임무를 맡겨 실질적인 해법들을 도출하도록 하는 경우도 있었다. 「델포이 신탁(Oracle of Delphi)」도 「그리스 7현인」과 마찬가지로 일종의 「싱크탱크」 역할을 하였다. 도시국가들이 봉착한 긴급한 문제들을 해결하기 위한 해법들을 찾아내고 제안할 수 있는 독립적인 지식인들의 집합체였다. 이 지식인 집단이 오랜 세월에 걸쳐 도움이 되는 제안들을 하고 대안들을 제시할 수 있었기에 특정 도시국가가 아닌 그리스의 모든 도시국가들의 존경을 받고 그리스의 지적인 구심점으로 부상할 수 있었다.

이러한 과정을 통해서 고대 그리스인들은 정치의 과정과 해법에 대한 깊은 이해를 도모한다. 위기 때마다 이를 극복할 정치적 해법을 만들어내고 기억하여 다른 경우와 비교하고 개선시켜 새로운 제도들을 발명하면서 그리스인들은 강한 카리스마를 가진 지도자에 의존하기 보다 공동의 경험과 지식, 제도와 절차의 중요성을 배운다. 현인들과 지식인들, 시민들이 머리를 맞대고 사회적 위기를 극복할 수 있는 대안들, 돌파구들을 만드는데 성공하면서 고대 그리스 도시국가들은 흥하기 시작한다. 정치사상은 이렇게 발명된다.[8]

페리클레스는 그 유명한 「추도사」에서 아테네 체제의 우월성을 열거하고 자랑한다. 기원전 5세기에 자신이 살고 있는 나라의 정치체제의 특징을 다른 체제와의 비교를 통해 열거하고 자랑할 수 있는 사람들은 그리스인들 밖에 없었다.

우리의 정치 체제는 다른 체제와 경쟁하지 않습니다. 우리 정치 체제는 우리 이웃들의 것을 따라 하지 않으며 오히려 그들에게 본이 되고 있습니다. 다른 사람들은 우리를 민주주의라고 부릅니다. 왜냐하면 우리 정부는 소수가 아닌 다수에 의해서 움직이기 때문입니다.[9]

아테네에는 소크라테스의 친구이자 제자인 크세노폰(Xenophon, 430년경-354년경)을 비롯하여 수 많은 「소피스트(sophist)」들이 활동하였다. 플라톤이 부정적인 의미에서 「궤변론자」라고 비판한 소피스트들만 하더라도 프로타고라스(Protagoras, 기원전 490/485-기원전 415/410), 고르기아스(Gorgias, 기원전 485경-385경), 엘리스의 히피아스(Hippias, 대략 기원전 460 BCE), 트라시마코스(Thrasymachus, 기원전

459-400경), 칼리클레스(Cal-
licles, 기원전 484 - 5세기 후반),
람누스의 안티폰(Antiphon, 기
원전 480-411경), 크라틸루스
(Cratylus, 기원전 5세기) 등이
활약하였다. 이들은 시, 문법,
역사, 정치, 수학 등에 대하여
강의하였다.

크세노폰 두상

대표적인 정치 사상가는 물
론 플라톤과 아리스토텔레스
였다. 플라톤의『공화국』은 어
떤 것이 이상적인 국가인지,
통치체제인지, 그것을 수립하기 위한 지식 체계는 어떤 것이어야
하는지를 탐구한 정치학과 철학의 고전이자 필독서다. 아리스토텔
레스와 그의 제자들은 158개 국가의 헌법을 연구하고 기록하였다.
아리스토텔레스는 이를 바탕으로 좋은 정치란 무엇인지, 나쁜 정
치란 무엇인지 구분하고 헌법을 유지하는데 필요한 조건은 무엇이
고 어떤 경우에 헌법이 무너지는지 연구하였다. 그는 이러한 학문
을 「정치학」이라고 불렀다. 오늘날 우리가 사용하는 「정치학」이라
는 용어 자체도 아리스토텔레스의 대표 저작의 하나인『정치학』에
서 따 온 것이다.

정치체제	원형	왜곡된 형태
1인 통치	왕정	폭정
소수의 통치	귀족정	과두정
다수의 통치	헌정	민주정

아리스토텔레스가 구분한 정치체제 [10]

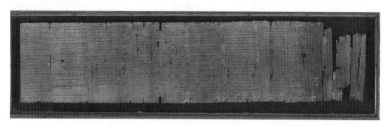

아리스토텔레스의 『아테네의 헌법』. 100년경. 대영 박물관 소장 파피루스

　정치 사상은 다양한 정치체제를 비교, 분석하는 학문이다. 왕정 밖에 없었던 다른 문명권에서는 정치 사상이 나올 수 없었다. 왕정 하에서 군주의 권력을 제한하거나 순화시키는 이론은 나올 수 있었지만 왕정을 대체할 다른 형태의 통치체제를 상상하고 그에 대한 이론을 개발할 수는 없었다. 독립적인 지식인이 다양한 정치체제를 이론화 시켜보고 공론화 시킬 수 있었던 것은 근대 민주주의의 이전에는 고대 그리스에서만 가능한 일이었다. 고대 그리스가 없는 정치 사상은 상상할 수 없다.

아레오파고스(그리스어: Ἄρειος Πάγος)에서 바라본 아크로폴리스

프닉스: 고대 아테네에서 기원전 6세기경부터 시작된 민회가 열리던 장소. 사진 오른 쪽의 계단이 연단

아크로폴리스를 배경으로 한 프닉스

제 4 장

◆

비극과 정치

불행 대 비극

인간 이성의 한계

제4장

비극과 정치

불행 대 비극

고대 그리스인들의 세계관을 「비극적 세계관」이라고 한다. 정치
는 이 독특한 세계관을 전제로 한다. 「비극」이라 하면 불의의 사고,
불치병, 자연재해처럼 개인의 의도나 의지와는 상관 없이 겪게 되
는 불행을 떠올리게 된다. 그리스 비극에서는 착한 사람들이 아무
런 잘못을 저지르지 않았음에도 불구하고 「운명의 여신」「포르츄나
(Fortuna)」의 장난으로 비극적인 종말을 맞는 경우가 종종 등장한다.
착한 사람들이 외부로부터의 압력 때문에 본인의 의도와는 상관 없
이 나쁜 짓을 저지르는 경우도 나온다. 그러나 가혹한 운명에 의해
서, 인간이 어쩔 수 없는 신탁의 예언에 의해서, 인간이 제어할 수
없는 괴팍한 신들의 변덕 때문에 겪게 되는 불행은 엄밀한 의미에서
비극이 아니다. 착한 주인공이 본인의 의지와는 상관없이 불가항력

적으로 겪게 되는 불행은 인간의 본성에 대한 우리의 신뢰를 흔들거
나 선(善)이 과연 존재 하는지 의심하게 만들지는 않는다.

비극은 불행과 다르다. 비극은 도덕적으로, 윤리적으로 설명할 수
도 없고 납득하기도 힘든 상황을 설정하는데서 출발한다. 그리스 비
극의 주인공들은 외부로부터의 압력이 없음에도 불구하고, 그리고
자신이 하는 일이 잘못된 일인지 알면서도 잘못을 저지른다. 그렇다
고 근본이 사악한 존재도 아니다. 정상적인 상황이라면 잘못된 일을
결코 저지르지 않을 사람들이다.

그렇다면 비극적 상황은 언제 대두되는가? 고대 그리스의 비극은
인간이 동시에 충족시킬 수 없는, 둘 다 지켜야 하지만 동시에 지킬
수 없는 윤리적 원칙들이 충돌하는 상황을 설정한다. 한 쪽 원칙을
택할 수 밖에 없지만 택하지 못한 원칙도 결코 저버려서는 안 되는
원칙일 때 인간의 비극은 시작된다. 양립 불가능한 원칙들 중 어쩔
수 없이 한 쪽을 선택한 주인공에게 윤리 도덕적 책임을 묻고 벌을
준다. 윤리적으로 곤란한 상황, 합리적인, 이성적인 해결책이 없는
상황을 설정해 놓고 주인공의 잘못을 탓하고 주인공이 결국 파멸에
이르는 결론을 낸다.[1]

인간은 다양한 윤리, 도덕 기준을 따라야 한다. 고대 그리스인들
은 그 다양한 윤리, 도덕 기준들이 서로 완벽하게 조화될 수 없다는
것을 알았다. 자유와 평등, 충과 효, 국(國)과 가(家), 개인과 공동체
는 모두 절대적인 윤리들이지만 동시에는 충족시킬 수 없다. 이것
이 비극의 출발점이다. 소포클레스의 『안티고네』는 국가가 요구하는

윤리와 가족이 요구하는 윤리의 충돌 속에 스러져가는 한 여인의 비극적인 삶을 그리고 있다. 안티고네는 테베의 왕 오이디푸스의 딸이다. 그에게는 에티오클레스(Etiocles)와 폴리네이케스(Polynices) 등 오빠 두 명이 있다. 두 오빠는 아버지 오이디푸스가 추방된 후 테베를 매년 번갈아 가며 통치하기로 한다. 그러나 에티오클레스가 자신의 첫 임기가 끝난 후 양위를 거부하자 폴리네이케스는 아르고스(Argos)의 왕 아드라스투스(Adrastus)에게 자신을 의탁하고 그의 딸과 결혼 한 후 군사를 일으켜 테베를 침공한다. 이 전쟁에서 두 형제는 모두 죽는다.

두 형제의 뒤를 이어 테베의 왕위에 오른 크레온은 테베를 위하여 싸우다 죽은 에티오클레스를 위해서는 성대한 장례식을 거행하지만 테베를 배신한 폴리네이케스의 장례는 불허하고 이를 어기는 자는 돌로 쳐죽일 것을 명한다. 그러나 안티고네는 작은 오빠 폴리네이케스의 시신을 성벽아래 방치하는 것은 신의 법을 어기는 것이라며 몰래 시신을 거두어서 장례를 치러준다. 이러한 사실이 발각되자 크레온은 안티고네를 동굴 속에 가둔다. 크레온은 눈먼 예언자 테레이시아스의 경고로 자신의 잘못을 깨닫고 안티고네를 석방하고자 하나 안티고네는 이미 목을 매어 자결한 후였다. 이에 크레온의 아들 하이몬이자 안티고네의 약혼자도 자결을 하고 이를 본 크레온의 아내이자 하이몬의 어머니인 에우리디케 여왕도 자결한다.

고대 그리스의 비극은 「해결」이 없다. 어느 한 쪽을 택할 수 밖에 없는 상황을 설정해 놓고 한 쪽을 선택하는 주인공이 희생되는 것이

폴리네이케스 시신 앞의 안티고네. 리트라스 (Nikiforos Lytras)의 1865년 작품

비극의 구조다. 안티고네는 오빠의 장례를 치르면 국법을 어기는 것이 되고 오빠의 시신을 방치하면 가족법, 또는 신법을 어기게 된다. 안티고네를 궁지에서 구해줄 수 있는 합리적인 해법은 없다. 인간의 실존에 대한 냉철한 묘사다. 정치는 이러한 비극적인 세계관을 바탕으로 하고 있다. 정치란 양립할 수 없지만 그렇다고 어느 한쪽도 버리거나 포기할 수 없는 가치들 중에서 하나를 선택하는 행위다. 「자유」냐 「평등」이냐, 「성장」이냐 「분배」냐 모두 어느 하나도 포기할 수 없다. 그러나 현실에서는 선택을 하지 않을 수 없다. 그렇다면 어떤 기준으로 선택을 해야 하는가?

절대적인 기준은 없다. 그때 그때의 상황에 따라, 이해관계에 따라, 그러나 인간이 짜 낼 수 있는 최상의 논리와 당위에 기반하여 선

「안티고네와 폴리네이케스」, 노르블랑(Sébastien Norblin)의 1825년 작품

택하는 수 밖에 없다. 그리고 왜 하필이면 「평등」보다는 「자유」, 「분배」보다는 「성장」을 택하는지 동료 시민들을 설득해야 한다. 「자유」보다 「평등」이 절대적으로 더 좋은 것, 「성장」이 「분배」보다 「무조건」 더 좋은 것이기 때문에 그렇게 선택하는 것이 아니다. 그때 그때 상황에 따라서, 자신의 양심껏, 연구와 고민과 숙의와 토론, 투표를 거쳐서 어느 한 쪽을 선택할 뿐이다. 이것이 정치다.

반면, 자신의 선택이 「절대적인 것」, 「영구불변의 원칙」, 「진리」임을 주장할 때 민주주의는 독재로, 비극으로 전락한다. 안티고네를 사형에 처할 것을 명한 크레온은 아들이자 안티고네의 약혼자인 하이몬과의 대화에서 자신은 왕으로서 국법을 지켜야 될 의무가 있고 이를 어기는 자는 예외 없이 처벌해야 된다고 강변한다.

하이몬: 아버님, 저는 당신의 아들입니다.

아버님은 매사를 잘 판단하셔서

저를 이끌어 주셨습니다.

전 항상 아버님 뜻에 순종하려고 합니다.

아버님 뜻에 어긋나는 결혼은

저에게 아무런 의미도 없습니다.

크레온: 그래, 그래야지.

매사에 이 아비의 뜻을 따라야지.

아들을 위해 늘 기도하는

이 아비의 심정을 너는 아느냐?

세상의 부모들은 항상

자식이 자식의 도리에 따라 순종하고

아비의 적을 같이 미워하고

아비의 친구에게는 아비를 대하듯

예를 표하기를 바라면서 기도한다.

……

그녀는 원수이니 영원히 포기해라.

지옥에서나 배필을 구하도록 둬라.

이 나라 만백성 가운데 오직 안티고네만이

이 아비를 업신여기고 국법을 어겼다.

흉측한 범죄를 행할 때 체포했으니

네 약혼자라도 어찌할 도리가 없다.

맹세한 말을 스스로 어길 수는 없다.

그녀는 도저히 죽음을 피할 수 없다.[2]

……

불복종보다 더 치명적인 악은 없을 것이다.

불복종이야말로 나라를 파멸에 이르게 하고

우리들 가정을 산산조각 내 버리고

전투에서 전열을 흩뜨려

마침내 패배하게 하는 치명적인 악이다.

안락한 삶은 규율과 법에 복종해야만 가능하다.

그러니 나는 국법을 준수해야 한다.

연약한 여자에게 굴복해

법을 파기하는 일은 있을 수 없다.

설사 굴복한다고 해도

여자에게 굴복한다는 건 말이 안 돼.

나보다 강한 남자에게 굴복하면 모를까……

난 여자보다 약한 자라고 낙인찍히고 싶진 않아.

하이몬: 아버님 말씀대로, 인간의 이성은

신께서 우리에게 주신 최상의 선물입니다.

이성을 잃을까 봐 저에게 주신

아버님의 충고는 참으로 지당합니다.

하지만 다른 사람의 판단도

도움이 될 때가 있음을 고려하십시오.

……

많은 사람들이

그녀의 불운한 운명을 동정하고 있으며,

아버님의 가혹한 처사에 대해

수군대고 있습니다.

그들은 지금까지 그 어떤 여자도

안티고네와 같은 고귀한 행동으로 인해

그렇게 부당한 대접을 받고

치욕스런 죽음을 당할 위험한 경우에

처한 적이 없었다고 생각하고 있습니다.

매장되지 못한 채 들판에 방치된

가엾은 오빠의 시신을 거두어

굶주린 개와 독수리로부터

오빠를 지켜 준 안티고네의 행동은

죄가 될 수 없다고 생각하고 있습니다.

그녀의 행동이 죄가 되기는커녕

상을 받을 행동이라고 수군대고 있습니다.

……

한번 먹은 마음을

절대로 바꿀 수 없다고 하지 마시고

아버님의 생각과 판단만이

옳다고 고집하지 말아 주십시오.

자신만이 현명하다고 생각하는 사람

자신만이 유창하게 말할 수 있다고 여기는 사람

자신만이 올바로 판단할 수 있다고 여기는 사람,

그런 사람은 사실 알고 보면

생각과 마음이 텅 비어 있는 경우가 많지요.

현명한 사람은 배우는 걸 부끄러워하지 않고,

틀렸다고 생각하면 금방

굽힐 줄 아는 사람이라고 생각합니다.

자신의 판단을 이성적 판단으로 여겨도

다른 사람의 이성적 판단에

자신의 판단을 굽힐 수도 있죠.

……

천성적으로 현명한 판단을 내릴 수 있다면

이보다 더 좋은 일은 없겠죠.

하지만 그런 경우는 극히 드문 경우고,

다른 사람의 현명한 충고에

귀를 기울일 수 있는 자세만 되어 있어도

그리 나쁘지는 않을 것 같습니다.

크레온: 내 나이에 풋내기로부터 배워야 한다고?

나더러 어린애에게 배우는 학생이 되라고?

......

통치하는 걸 백성들로부터 배우란 말이냐?

하이몬: 아버님은 지금 어린애처럼 말씀하십니다.

크레온: 나 외에는 그 어떤 사람도

테베를 통치할 수 없다는 걸 모르느냐?

하이몬: 테베가 한 사람만의 나라는 아니질 않습니까?

크레온: 이 나라의 모든 것이

왕에게 속해 있음을 넌 모르느냐?

하이몬: 아버님은 백성 하나 없는 사막에서

왕 노릇을 하고 싶으십니까? [3]

전제주의, 전체주의는 하나의 답, 모든 윤리적인 모순 상황에 대한 완벽한 해결책을 요구할 때 생긴다. 반면, 정치, 민주주의는 근본적으로 해결할 수 없는 윤리 원칙들이 존재함을 인정 할 때 가능하다. 양립 불가능한 가치관, 윤리관, 당위, 규범이 존재하는 것이 인간사회의 실존적 조건임을 깨달을 때 비로소 정치가 가능해진다.

인간 이성의 한계

비극적 세계관이 정치를 가능케 하는 또 다른 이유는 인간 이성의 한계에 대한 철저한 인식 때문이다. 인간은 자신의 지능으로, 지식으로는 절대적인 진리를 깨달을 수 없다. 인간 이성에는 절대적인 한계가 있다. 이를 알고 인정해야 토론과 타협이 가능하다. 반면 자신이 「절대선」을 알고 대변한다고 생각하면 타협은 있을 수 없다. 타협이 없는 갈등의 종국은 복수와 비극이다.

그리스 비극 중 가장 유명한 것은 소포클레스의 『오이디푸스왕』이다. 아리스토텔레스도 『시학(詩學)』에서 『오이디푸스왕』을 비극의 최고봉으로 꼽았다. 오이디푸스는 테베의 왕 라이오스(Laius)와 그의 왕비 이오카스테(Jocasta)의 아들이다. 오랫동안 자식이 없었던 라이오스는 델포이에 있는 아폴론 신전의 신탁에게 미래에 대한 예언을 부탁한다. 신탁은 라이오스가 아들을 갖게 될 것이지만 그 아들에게 죽임을 당하게 될 것이며 그 아들은 어머니이자 라이오스의 아내 이오카스테와 결혼할 것이라고 예언한다. 예언대로 오이디푸스가 태어나자, 라이오스와 이오카스테는 갓난 오이디푸스가 기어가지의 못하도록 발목에 구멍을 내어 묶은 후 시종을 시켜 산에 버리도록 한다. 그러나 시종은 차마 오이디푸스를 죽이지 못하고 코린토스의 목동에게 준다. 목동은 아기에게 「오이디푸스(Oedipus)」, 즉 「부은 발」이란 이름을 지어준다. 친아버지 라이오스가 발목에 낸 구멍 때문에 오이디푸스의 발이 부어 있었기 때문이다. 오이디푸스는 또 다른 목동의 집을 거쳐 자식이 없던 코린토스의 왕 폴뤼보스(Polybus)와 여왕 메로페(Merope)의 양자로 입양된다. 오이디푸스는 코린토스의 왕자로 자란다. 잘 생기고 지혜롭고 용맹했던 그는 훌륭하게 자란다.

오이디푸스는 궁정에서 열린 연회에서 한 노인이 술에 취하여 오이디푸스에게 외국에서 흘러들어 왔기 때문에 테베의 왕이 될 자격이 없다고 하는 소리를 듣는다. 오이디푸스는 폴뤼보스와 메로페에게 가서 따지지만 폴뤼보스와 메로페는 술주정뱅이의 얘기를 듣지 말라며 그의 말을 부인한다. 답에 만족하지 못한 오이디푸스는 그의 친부 라이오스가 만났던 델포이의 신탁에게 간다. 그러나 델포이의 신탁 역시 오이디푸스가 누구인지 가르쳐 주기를 거부한다. 그 대신 델포이의 신탁이 오이디푸스가 자신의 아버지를 죽이고 어머니와 결혼할 운명이라고 하자 오이디푸스는 운명을 피하고자 코린토스로 돌아가는 대신 테베로 향한다. 테베로 가는 길에 다블리아(Davlia)라는 삼거리에서 오이디푸스는 병거를 몰고 가는 친부 라이오스를 만나 서로 길을 양보하라며 다투다가 라이오스와 그를 호위하던 병사와 노예들을 죽인다. 물론 오이디푸스는 갓나서 헤어진 친부를 못 알아보았다. 유일한 목격자는 목숨을 건져 도망친 노예 한 명 뿐이었다.

테베에 도착한 오이디푸스는 테베로 향하는 모든 여행자들에게 수수께끼를 던져 못푸는 사람은 잡아먹는 스핑크스를 만난다. 스핑크스는 오이디푸스에게 「아침에는 네발로, 오후에는 두발로, 그리고

밤에는 세발로 걷는 것은 무엇인가?」라고 묻자 오이디푸스는 「인간
이다. 갓났을때는 네발로 기어다니고, 어른이 되어서는 두발로 걷고
나이가 들어서는 지팡이를 짚기 때문에 세발로 걷는다」고 답한다.
이에 스핑크스는 절벽에서 뛰어내려 자결하고 만다. 한편 테베의 여
왕 이오카스타의 남동생 크레온은 스핑크스를 제거하는 사람에게는
왕위를 물려주고 남편 라이오스가 죽어서 혼자가 된 이오카스타와
결혼시킬 것을 약속한 바 있다. 오이디푸스는 결국 테베의 왕위에
오르고 어머니 이오카스타와 결혼하여 에티오클레스와 폴리네이케
스 등 두 아들과 안티고네와 이스메네 등 두 딸을 낳는다.

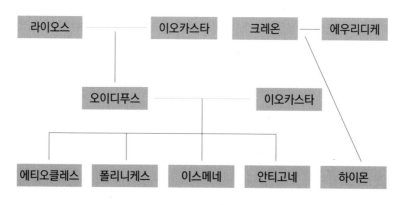

오이디푸스의 가계

　몇 년 후 테베에 전염병이 돌아 곡식과 가축이 죽고 사람들은 아
이를 못 갖게 된다. 소코플레스의 「오이디푸스왕」은 여기서 시작한
다. 오이디푸스는 자신이 어떻게 해서든지 전염병을 막을 것임을 공
언한다. 그리고는 삼촌 크레온을 델포이의 신탁에게 보내 방법을 알

아오도록 한다. 신탁은 라이오스를 죽인 범인을 잡아야만 역병이 끝날 것이라고 한다. 크레온은 장님 예언자 티레시아스(Tiresias)를 부를 것을 제안한다. 그러나 티레시아스는 오이디푸스에게 라이오스의 살인범을 찾지 말라고 한다. 오이디푸스가 오히려 티레시아스를 의심하자 격렬한 논쟁을 벌이게 되고 티레시아스는 결국 오이디푸스가 범인임을 밝힌다. 그러나 오이디푸스는 티레시아스가 크레온과 결탁하여 자신의 왕좌를 탐하는 음모를 꾸미고 있다면서 그의 말을 믿지 않는다. 이때 이오카스타가 들어와서 오이디푸스를 진정시키고자 자신의 첫 아들 즉, 오이디푸스가 어떻게 죽었는지 얘기해 준다. 이때부터 오이디푸스는 자신이 라이오스를 죽인 범인이고 따라서 전염병의 원인일 수도 있을 것이라 생각하기 시작하고 당황한다. 이때 전령이 도착하여 코린토스의 왕 폴뤼보스가 죽었다는 소식을 전한다. 이에 오이디푸스는 아직도 자신의 친부라고 생각하고 있던 폴뤼보스가 죽었기 때문에 신탁의 예언은 더 이상 유효하지 않다고 생각하여 마음을 놓는다.

그러나 오이디푸스는 친모라고 알고 있던 메로페가 아직도 살아 있다는 이유로 코린토스에서 열리는 폴뤼보스의 장례식에 참석하지 않겠다고 한다. 자신이 어머니와 결혼할 것이라는 신탁의 예언이 아직 실현될 가능성이 있다고 생각해서다. 그러자 코린토스의 전령은 오이디푸스의 걱정을 덜어준다면서 오이디푸스가 폴뤼보스와 메로페의 양자였음을 밝힌다. 이에 이오카스타는 오이디푸스가 자신의 아들임을 깨닫고 라이오스의 살인자를 찾는 것을 포기할 것을 오이

오이디푸스와 스핑크스. 잉그레스(Jean-Au-
guste-Dominique Ingres)의 1808년 작품

스핑크스를 죽이는 오이디푸스. 기원전 420-400
년 경 물병

디푸스게 종용한다. 그리고 이오카스타는 궁전으로 돌아가 목을 매
어 자결한다. 그러나 오이디푸스는 이오카스타가 범인색출을 그만
둘 것을 종용한 이유가 자신이 지체가 낮은 부모에게서 탄생했음이
밝혀질 것을 걱정했기 때문인 것으로 착각하고 범인을 계속해서 찾
는다. 오이디푸스는 결국 자신을 산속에 버리도록 명령 받았던 목
동을 찾아내어 자신이 라이오스와 이오카스타의 아들이며 폴뤼보스
와 메로페에게 입양되었다는 사실을 알게 되고 자신이 친부를 죽이
고 친모와 결혼했다는 사실을 확인한다. 이오카스타를 찾으로 궁전
으로 간 오이디푸스는 자결한 어머니를 발견하고 어머니의 옷에 꽂
혀있던 브로치를 꺼내 자신의 눈을 파낸 후 망명길에 오른다. 그의
딸 안티고네는 눈 먼 아버지와 같이 방랑길에 오른다. 모녀를 불쌍

오이디푸스와 안티고네. 잘라베르(Charles Jalabert)의 1842년 작품

콜로누스의 오이디푸스. 지루스트(Jean-Antoine-Théodore Giroust)의 1788년 작품

히 여긴 아테네의 왕 테세우스가 이들을 받아주지만 오이디푸스는 콜로누스에서 죽는다.

오이디푸스 「부은 발」이란 뜻이지만 「오이다(oida)」는 「나는 안다(I know)」를 뜻하기도 한다. 오이디푸스는 그 유명한 스핑크스의 수수께끼를 풀었던 당대 최고의 현인이다. 인간의 이성이란 것이 얼마나 근본적인 한계를 안고 있는지 보여준다. 인간은 자신의 운명을 결정지을 능력이 전혀 없는 존재다. 오이디푸스는 수수께끼를 풀 줄 아는 사람이지만 본인이 수수께끼가 되고 만다. 비극의 도입부에 테베는 「죽음의 물결에 감겨 죽어가고 있고」, 「말라 죽은 싹은 열매를 맺지 못하며, 들판에선 가축들이 수없이 죽어 가고」, 「말라비틀어진 여인들의 몸에서는 그 어떤 아이들도 태어나지 못하고」, 「무서운 역병이 온 나라를 휩쓸고」 있다.[4] 수많은 시민들이 모여 신에게 탄원하고 있을 때 오이디푸스가 등장한다. 그는 「왜 이렇게 모두 무릎을 꿇고 여기 앉아 있는가?」라고 물으며 다음과 같이 말한다.

모든 사람들이 위대하다고 부르는 나,
그 유명한 오이디푸스가 친히 여기 왔노라!
……
나는 백성 모두를 구하고 싶소.
제발 진심을 의심하지 마시오.
모두가 무릎을 꿇고 간절히 애원하는데
나 오이디푸스가 어찌 비정하게

청을 들어주지 않을 수가 있겠소.[5]

　물론 관중은 이미 알고 있다. 모든 병의 원인은, 테베가 썩고 있는 원인은 바로「그 유명한 오이디푸스」라는 사실을. 그러나 오이디푸스는 재앙의 원인이 자신임을 모른 채 그 원인을 찾고자 끊임없이 노력한다. 사실 비극 초반부터 오이디푸스는 뭔가 짐작을 하기 시작한다. 그러나 그는 티레시아스가 자신에게 말하는 것을 들으려고 하지 않는다. 오이디푸스가 티레시아스에게 아는 것을 이실직고할 것을 다그치면서 말하기를 거부하는 티레시아스를 범인으로 의심하자 티레시아스는 드디어 누가 오이디푸스의 아버지의 살인자인지 말한다.

　당신의 입술에서 터져 나온 저주는
　바로 당신 머리 위에 떨어졌습니다.
　지금 바로 이 시각부터
　저나 여기 있는 다른 사람들에게
　절대로 말을 걸 생각을 하지 마십시오.
　바로 당신이 살인자이고,
　이 땅을 오염시킨 장본인입니다.
　당신은 저주받은 사람입니다![6]

　그러나 오이디푸스는 티레시아스의 말을 믿지 않는다. 그 자신이 부패의 원인이고 제거되어야 하는 존재라는 사실을 티레시아스가 아무리 직설적으로 말하여도 오이디푸스는 듣지 못한다. 오이디푸스는 「폭군」이기 때문이다. 폭군은 남의 말을 듣지 않는 사람, 자신의 눈 앞에 있는 것도 보지 못하는 사람이다. 이 작품의 원래 그리스어 제목은 「오이디푸스 티라누스(Oedipus Tyrannus, Οἰδίπους Τύραννος)」다. 라틴어로 번역되면서 「오이디푸스 렉스(Oedipus Rex)」가 되었고 「렉스」를 영어로 「King」이라고 번역하였다. 고대 그리스인들은 모든 왕을 폭군으로 보았다. 민주정치를 이상으로 삼던 그리스 시민들에게는 당연한 일이었다. 결국 그의 말미에 자신이 아버지를 죽이고 어머니와 결혼한 저주 받은 존재임을 깨달은 오이디푸스는 절규한다.

아! 아! 아! 아!
모든 진실이 드러났구나!
아, 빛이여!
다시는 빛을 볼 수 없으리라!
내 모든 정체, 백일하에 드러났구나!
태어나서 아니 되는 자로
수치스럽게 태어나
결혼해서는 아니 되는 자와
수치스럽게 결혼하고,
죽어서는 아니 되는 자의

피를 흘리게 하여

인륜에 어긋난 죄를 범하고

끔찍한 저주를 받고야 마는구나![7]

그리고 오이디푸스는 결국 자신의 손으로 자신의 눈을 뺀다.

눈이여, 영원한 어둠 속에 잠겨

이제 아무것도 보지 마라.[8]

비극은 인간이 어떤 때에 보지 못하고 듣지 못하게 되는지, 어떻게
해야 현실을 직시하고 고언을 듣게 되는지 하는 문제와 씨름한다.
오이디푸스는 수치심을 가르친다. 오이디푸스처럼 드디어 눈을 열
고 귀를 열어 사물을 제대로 보고 듣게 된다면 우리는 너무나도 수
치스러워서 오이디푸스처럼 우리의 눈을 빼버리고 싶어할 수 있다.

제 5 장

◆

복수 대 정치

복수

정치의 탄생 신화

『오레스테이아』의 정치적 배경

복수의 극복

제5장

복수 대 정치

복수

인간사회의 가장 원초적인 정의는 「복수」다. 세계에서 가장 오래 된 법전 중 하나인 『함무라비 법전』에는 다음과 같은 법이 명시되 어 있다.

> 눈에는 눈, 이에는 이. 어떤 사람이 다른 사람의 눈을 멀게 했다면 그 자신의 눈알을 뺄 것이다. 그가 다른 사람의 이빨을 부러뜨렸다 면 그의 이도 부러뜨릴 것이다. 그가 다른 사람의 뼈를 부러뜨렸다 면 그의 뼈도 부러뜨릴 것이다.[1]

『구약성경』의 「출애굽기」에는 다음과 같은 유명한 율법이 적혀있 다.

생명은 생명으로, 눈은 눈으로, 이는 이로, 손은 손으로, 발은 발로, 덴 것은 덴 것으로, 상하게 한 것은 상함으로, 때린 것은 때림으로 갚을지니라.[2]

「함무라비 법전」이 새겨진 비석

『함무라비의 법전』이나 『구약성경』은 원시사회의 「복수」를 금하고 나름대로 「율법」에 따라 「정의」를 구현하려는 말 그대로 「율법시대」의 산물이다. 그럼에도 불구하고 전근대적인 율법들은 오늘날의 사법체계로서는 받아들일 수 없는 「복수」일 뿐이다.

서구 중세사회의 「정의」 역시 복수였다. 로마 제국의 멸망과 함께 로마법이 점차 유명무실해지면서 중세 유럽의 유일한 정의는 「복수」였다.

중세, 특히 봉건시대에는 처음부터 끝까지 개인적인 복수가 시대의 상징이었다. 물론 책임은 전적으로 피해를 당한 개인에게 있었다. 복수는 개인에게 부과된 가장 성스러운 임무였다. 그러나 개인이 혼자서 할 수 있는 것은 거의 없었다. 왜냐하면 복수란 대부분의 경우에 죽음에 대한 복수였기 때문이다. 그럴 경우에는 가족 전체가 움직였고 이로써 오래된 독일 말로 파이데(faide, feud, 쟁투) 즉, 「가족 일원에 대한 복수」가 유럽 전체에 점차로 퍼져나갔다. 이보다 더 신성한 도덕적 의무는 없었다······일가족은 따라서 무조건 족장의 명령하에 가족 일원이 살해를 당하거나 아니면 모욕을 당하더라도 무력을 동원하여 보복에 나섰다.[3]

이는 물론 전근대의 중국과 일본, 조선에서도 마찬가지였다. 공자는 「아버지의 원수와는 같은 하늘 아래 살 수 없고, 형제의 원수를 보고는 무기를 놓지 않으며 친구의 원수와는 같은 나라에서 살 수가 없다.」고 하였다.[4] 소위 「불구대천(不俱戴天)의 원수」의 출처다. 「와신상담(臥薪嘗膽)」, 「절치부심(切齒腐心)」 등 인간의 결기, 용기, 집념에 대한 가장 유명한 사자성어는 모두 복수와 관련된 것들이다. 중국의 왕조 변천사는 끊임없는 복수의 역사다. 새 왕조를 개창한 왕실은 전 왕실을 몰살하였고 살아남은 자, 멸망한 왕실에 충성하는 자들은 다시 복수를 꾀하는 것이었다. 중국의 무협지 역시 모두 복수에 관한 이야기다.

일본의 사무라이들은 가족이나 주군의 죽음을 복수하는 것이 곧 「충」이라고 생각했다. 「복수」를 곧 「충」으로 간주하는 사무라이들의 세계관을 가장 잘 대변하는 것이 『주신구라(忠臣蔵, 충신장)』이라는 가부키극으로 더욱 널리 알려진 「겐로쿠 아코 사건(元禄赤穂事件)」이다. 이는 에도 시대 중엽 아코 번의 낭사(일본어: 浪士)들이 기라 요시나카와 기라 가문을 대대로 섬기며 호위하는 무사들을 집단 살해한 사건이다. 이 이야기는 가부키극으로뿐만 아니라 영화, 망가로 끊임없이 재연되면서 일본 무사들의 충의를 대변하는 이야기로 널리 알려졌다. 그러나 이는 어디까지나 복수 이야기다. 조선도 끊임없는 복수의 역사다. 반정, 당파싸움, 사색당쟁, 사화는 늘 복수의 연속이었다. 아무리 선

주신구라의 두 로닌(浪人, 낭인)

비들이 「인의예지」를 외치고 「수기치인」을 읊조려도 조선의 정치는 복수극의 연속이었다.

정치의 탄생 신화

정치는 인간사회의 가장 원초적인 정의인 「복수」를 극복하기 위하여 발명되었다. 고대 그리스인들이 태고적부터 이어져 내려온 복수의 악순환을 끊고 정치와 민주주의, 공적 영역을 발명하는 과정은 아이스킬로스의 『오레스테이아』가 극적으로 그려내고 있다. 『오레스테이아』는 기원전 458년 3월 말, 아테네의 「디오니시아(Dionysia)」, 즉 「디오니소스 축제」 기간 중 최초로 공연된다. 「디오니시아」는 봄

이 돌아오는 것을 축하하는 제
전으로 4년에 한 번 열리는 「판
아테나(Panathena)」 축제 다음
으로 중요한 축제였다.

「디오니소스의 가면」. 기원전 200-1 년 사이에 만들어
진 것으로 미르나(Myrina, Aeolis)에서 출토되었다. 루
브르 박물관 소장.

　매년 열리는 「디이니소스 축
제」 중에는 세 명의 비극 작가
작품을 한 편씩 선정하여 공
연하였다. 작품 선정은 매년
아테네의 시민들이 투표를 통
해서 뽑은 9명의 「집정관(ar-
chon)」 중의 한명인 「연호(年
號)집정관(archon eponymous)」
이 맡았다.[5] 일등 작품은 10명
의 시민으로 구성된 심사 위
원단이 선정하였다. 심사 위원
은 「500인 평의회(boule)」가 작
성한 명단 중에서 뽑았다. 관
람객은 공연 당 평균 15,000
명 정도였다.[6] 「연호집정관」
은 동시에 세 명의 「코레고이
(choregoi)」도 선정하였다. 「코
레고스」는 부유한 시민 중에서

기원전 313-312년 디오니소스제의 코레고이로 선정
되어 기부금을 낸 아우테아스(Auteas)와 필록세니데스
(Philoxenides)를 기리는 기념비

디오니소스 극장

디오니소스 극장

비극 작품의 공연에 필요한 「코러스」를 재정적으로 지원하는 사람

들이었다. 「코레고스의」 전폭적인 지원으로 「디오니시아」의 비극작

품들은 화려하게 연출되었다. 비극에 대한 그리스인들의 애정과 열

정은 놀라웠다. 플루타크는 아테네인들이 함대에 투자하는 돈 보다 비극작품 연출에 더 많은 돈을 썼다고 비판할 정도였다.[7]

458년에는 아이스킬로스의 『오레스테이아』가 1등으로 선정되었고 소포클레스는 2등을 했다. 아이스킬로스는 디오니소스 축제에서 13번이나 우승을 한다. 『오레스테이아』는 그의 마지막 우승이었다. 당시 아이스킬로스의 나이 68세였다. 『아가멤논』, 『제주를 바치는 여인들(코이포로이)』, 『자비로운 여신들(『에우메니데스』)』 등의 세 작품으로 구성된 『오레스테이아』는 「오레스테스」라는 주인공의 이야기다.

『오레스테이아』의 정치적 배경

『오레스테이아』가 공연되기 4년전인 기원전 462년, 아테네의 정치가 에피알테스(Ephialtes, ?-기원전 461)는 「아레오파고스」의 권한을 「에클레시아, ecclesia」, 즉 「민회」로 대폭 이양 시킨다. 아테네의 직접민주주의가 탄생하는 순간이었다. 「아레오파고스」는 아테네의 귀족원이었다. 기원전 508년, 클라이스테네스(Cleisthenes, 기원전 570-?)는 개혁을 통하여 일반 시민들도 「폴리틱스」에 참여할 수 있게 한바 있다. 역사상 처음으로 평민들이 정치에 참여하면서 자신들의 권리를 요구하는 한편 귀족들의 권한을 견제할 수 있게 된다.

클라이스테네스의 개혁으로 인하여 아테네 사람들은 자신들을

「시민」으로 간주하기 시작한다. 그러나 정치의 중심은 여전히 귀족원인 「아레오파고스」였다. 시민들은 「폴리스」의 문제를 귀족들과 함께 토론하였으나 결정권은 여전히 귀족들이 갖고 있었다. 뿐만 아니라 실제로 정치에 참여할 수 있는 시민들의 숫자도 제한되어 있었다.[8] 에피알테스는 클

클라이스테네스

라이스테네스 보다 한 걸음 더 나가 「아레오파고스」의 특권을 박탈하고 귀족이나 평민이나 모두 대등한 시민으로 취급하는 개혁을 추진한다. 이제 모든 권력은 민회와 민회가 선출하는 「500인 평의회(불레스, boules)」로 이양된다. 아레오파고스에는 살인에 대한 재판권만 남겨둔다. 「폴리스」의 운영, 즉 「폴리틱스」는 이제 진정으로 시민이 하는 것이 된다.

　시민에는 물론 중산층과 「테제(these)」라 불린 하층민들도 포함되었다. 아테네의 민주개혁을 통하여 인류 역사상 최초로 「정치」와 「사회」, 「정치」와 「경제」의 분화가 일어난다. 사회에서는 신분적 차이와 경제 계급간의 격차가 여전히 존재하지만 「폴리스」라는 정치의 장으로 들어오는 순간 경제, 사회적 차이는 모두 사라지고 「시민」이라는 새로운 정치적 정체성이 주어진다. 경제나 사회와는 전혀 다른 지

극히 인위적인 정치 질서 속에서는 모두가 자유인, 시민의 자격으로 대등한 권리를 갖고 있고 모든 결정은 다수결의 원칙을 따른 시민들이 서로를 시민으로만 대하는 새로운 질서, 진정한 의미의 정치적 공동체가 생긴다. 정치는 아테네 시민의 가장 중요한 영역이 된다.[9] 클라이스테네스가 「민회」 내에 평민 세력을 진입시켰다면 에피알테스는 기존의 정치체제를 뒤엎고 사회 계급을 초월한 시민들이 주도하는 새로운 정치체제를 탄생시킨다. 아테네의 직접 민주주의가 탄생하는 순간이다.[10]

귀족들은 강력하게 반발한다. 에피알테스는 개혁을 밀어부친 바로 다음 해인 461년 암살당한다. 개혁을 주도한 지도자가 피살되면서 내전에 대한 불안감이 아테네를 휘감는다. 일부 귀족들이 스파르타와 내통하여 민주주의를 전복시키고자 한다는 소문도 파다하게 퍼진다.[11] 에피알테스의 암살로 그의 부하였던 페리클레스(기원전 495-기원전 429)가 민회를 장악하고 그 후 30년 동안 민주주의를 심화시키면서 아테네의 황금기를 연다. 그러나 아이스킬로스가 『에우메니데스』를 발표했을 때는 아직 에피알테스의 암살 직후로 페리클레스가 아테네 정치의 전면에 등장하기 전이었다. 에피알테스의 개혁이 과연 성공할 것인지, 아니면 귀족들의 반동이 성공하여 권력이 다시 그들에게 되돌아 갈 것인지 모든 것이 유동적이고 불확실 한 상황이었다.

아테네의 시민들이 느낀 불안감은 에피알테스의 급진적 민주개혁에 대한 귀족들의 반동 가능성 때문만이 아니었다. 보다 근본적으

아크로폴리스에서 바라본 「아레오파고 언덕」

로는 「직접민주주의」라는 초유의 과제가 던지는 도전 때문이었다.

아득한 옛날부터 인류의 절대다수는 극소수 엘리트의 통치를 받았다. 남을 통치하는 것이 본업이 아닌 절대다수는 공동체를 운영하는데 아무런 역할을 할 수 없었다. 그러나 기원전 5세기에 태동한 아테네의 민주주의는 인류 역사상 처음으로 「시민」이라는 인간을 탄생시킨다. 그리고 시민은 자신이 속한 「폴리스」라는 초유의 자치제도의 성격과 제도를 직접 결정할 수 있는 권력을 갖게 된다. 「민주주의」와 「정치」가 함께 탄생하는 순간이었다. 『오레스테이아』는 바로 이 때 공연된다.

복수의 극복

『오레스테이아』는 아트레우스(Atreus)가문의 이야기다. 그러나 보다 근본적으로는 태고 적부터 이어져 내려오는 복수에 대한 이야기다. 제1부『아가멤논』은 트로이전쟁을 승리로 이끌고 10년만에 고향 미케네로 귀향한 아가멤논이 부인 클리타임네스트라에게 살해 당하는 이야기다. 아가멤논의 살해는 몇 대에 걸쳐 내려오는 아트레우스 가문의 복수극의 일환이었다.『일리아드』에서 아가멤논이 지휘하는 그리스 연합군 함대는 트로이 침공을 위하여 보이오티아(Boetia)의 아울리스(Aulis)항에 집결하지만 2년간 바람이 일지 않아 출항하지 못한다. 사냥의 신인 아르테미스(로마: 디아나)는 그리스가 전쟁을 일으킴으로써 수 많은 젊은이들이 죽게 될 것이라고 분노하면서 바람이 일지 못하도록 한다. 그

러자 신탁은 아가멤논에게 딸 이피게네이아를 제물로 바칠 것을 명한다. 이피게네이아가 제물로 희생되자 바람이 일었고 아가멤논은 함대를 이끌고 트로이 정벌에 나섰다.

클리타임네스트라는 딸 이피게네이아의 죽음에 대한 복수를 다짐하고 트로이와의 전

「아가멤논의 가면」트로이를 발굴한 것으로 유명한 독일의 탐험가이자 고고학자인 슐리만 (Heinrich Schliemann, 1822년 1월 6일 ~ 1890년 12월 26일)이 1876년 미케네에서 발견한 금가면. 후에 트로이보다 300년 전 미케네 시대의 것으로 판명되었다.

제물로 바쳐지는 이피게네이아. 차를르 드 라 포스(Charles de la Fosse)의 1680년 작품

쟁을 승리로 이끌고 10년만에 귀국한 남편 아가멤논을 죽인다. 클리타임네스트라가 아가멤논을 죽인 것은 딸의 억울한 죽음에 대한 복수뿐만 아니라 자신의 정부(情夫) 아이기스토스(Aegisthus)를 위한 복수이기도 했다. 아가멤논의 아버지 아트레우스는 과거에 아이기스토스의 아버지 티에스테스(Thyesthes)에게 그의 아들들, 즉 아이기스토스의 형들의 시체로 만든 요리를 대접했었다. 티에스테스가 자

제물로 바쳐지는 이피게네이아. 프랑스와 페리에르(François Perrier, 1590~1650)의 작품

신의 부인이자 아가멤논의 어머니인 아에로페(Aerope)를 유혹 한 것
에 대해 복수하기 위해서였다.

제물로 바쳐지는 이피게네이아. 조반니 바티스타 티에폴로(Giovanni Battista Tiepolo, 1696-1770)의 1757년 작품

오레스테이아의 배경인 「트로이 전쟁」 역시 복수 이야기다. 아가멤논이 이끄는 그리스 군이 트로이를 침공하는 이유도 트로이의 왕자 파리스가 그리스 최고의 미녀이자 아가멤논의 동생 멜레네우스의 부인인 헬레나를 유혹하여 트로이로 함께 사랑의 도피를 하였기 때문이다. 파리스는 스파르타의 왕 멜레네우스의 손님으로 스파르타를 방문하여 그의 궁전에 머물고 있는 동안 헬레나를 유혹했다. 따라서 그리스가 트로이에 복수하는 것은 정당한 일이었다. 그러나 트로이를 함락시키는 과정에서 그리스군은 신탁의 경고를 어기고 트로이를 철저하게 파괴함으로써 또 다시 신들의 분노를 산다. 대표적인 것은 그리스군 지도자 중 한 명이었던 아이아스(Ajax)였

클리타임네스트라. 존 콜리에르(John Collier)의 1882년 작품

「클리타임네스트라와 아가멤논」. 트로이와의 전쟁에서 돌아온 남편 아가멤논을 죽이는 클리타임네스트라. 피에르-나르씨스 구에랑(Pierre-Narcisse Guérin)의 1822년 작품. – Clytemnestra and Agamemnon

아가멤논의 피살. 1879년 삽화

다. 그는 아테나의 신전에 들어가 아폴론의 여사제이자 트로이의 왕 프리아모스의 딸 카산드라를 납치하여 강간한다. 더구나 아이아스가 자신을 끌고 가려고 하자 카산드라는 아네타 여신상을 붙들면서 저항하였고 결국 이 과정에서 여신상이 넘어진다. 격노한 아테나는 그리스의 전사들에게 벌을 내린다. 『오디세이아』가 자세히 묘사하고 있듯이 트로이 정벌에 참여하였던 대부분의 그리스 전사들은 귀향 길에 죽임을 당한다.

아가멤논의 무덤 앞의 오레스테스, 엘렉트라, 에르메스. 기원전 380~370년 경 루카니아(남부 이탈리아) 병

『오레스테이아』의 제 2부 『제주를 바치는 여인들(코이포로이)』에서는 아가멤논의 아들 오레스테스가 아버지의 복수를 위하여 자신의 어머니를 죽인다. 아폴론 신은 오레스테스가 복수를 하지 않을 경우 큰

어머니 클라이템네스트라를 죽이는 오레스테스

아테나의 목신상을 붙잡고 있는 카산드라를 아버지 프리아모스가 보는 앞에서 끌고 가고 있는 아이아스. 폼페이의 「까사 델 메난드로(Casa del Menandro)」의 벽화

오레스테스의 가계

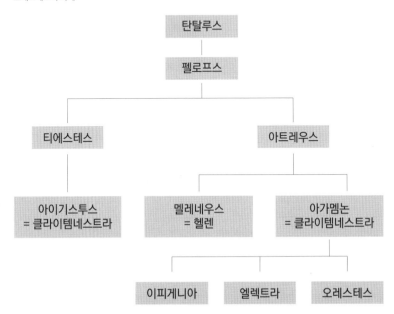

벌을 내릴 것을 경고 한다. 복
수의 규범은 절대적이었다. 오
레스테스가 어머니 클리타임
네스트라를 죽인 후에는 클리
타임네스트라를 위하여 복수
를 이어갈 사람이 없어진다.
이제 복수를 이어갈 수 있는
것은 「복수의 여신들」인 「에리
니에스(Ἐρινύες, Erinyes)」밖에
없게 된다.

잠자는 에리니에스. 로마의 팔라쬬 알템프 소장

　제 3부 『에우메니데스(자비
로운 여신들)』는 델포이의 아폴
론 신전에 아폴론이 에르메스
(Hermes)와 나타나 오레스테
스를 만나 도와줄 것을 약속
하는 장면으로 시작한다. 아

잠자는 에리니에스(복수의 여신들)를 깨우는 클리타임
네스트라

폴론은 오레스테스에게 아테네로가서 여신 아테나에게 몸을 의탁
하고 공정한 재판을 받을 수 있도록 탄원할 것을 명한다. 아폴론과
에르메스, 오레스테스가 퇴장하자 곧바로 클이타임네스트라의 유
령이 나타나 신전에서 잠자고 있던 복수의 여신들을 깨우는 장면
이 이어진다.

아! 잠을 자고 있소!

잠만 자는 당신들이 뭔 도움이 되겠소?

당신들이 잠만 자고 있으니

내가 죽은 자들 틈에서

멸시를 받고 있는 게 아니오?

난 남편을 살해해 피를 쏟게 했소.

죽은 자들은 날 가혹하게 대했고,

치욕 속에 난 정처 없이 헤매고 다녔소.

너무나 몹쓸 일이라고 비난 받았소.

하지만 난, 가장 가까운 가족인

오레스테스에게 무자비하게 죽은 사람이오.

내가 친아들 손에 살해당했는데도

그 어떤 사람도 그 어떤 신도

내 편이 되어 오레스테스에게 화를 내지 않소.

......

놈은 사냥개에게 쫓기는 사슴처럼 달아났소.

놈은 당신들 포위망을 슬그머니 빠져 나와

추적하는 당신들을 조롱하면서 달아났소.

내 혼백을 위해 말하고 있으니 잘 들으시오!

지사의 여신들이여, 눈을 뜨고 일어나시오!

나, 클리타임네스트라

당신들 꿈속에서 소리치며 부르고 있소.

(코로스, 꿈속에서 무서운 신음 소리를 낸다.)

오레스테스와 아폴론. 왼쪽에는 클리타임네스트라가 자고 있는 에리니에스를 깨우는 장면

신음하고 있지만 놈은 달아났소.

이미 멀리 달아났소. 아,

놈에겐 인도한 신이 있지만 나는 없소!

(코로스, 더한 신음 소리를 낸다.)

당신들은 너무 깊은 잠에 빠져서,

내 고통을 알지 못하오.

모친 살해범 오레스테스는 달아났소.[12]

클리타임네스트라의 유령이 자신의 아들인 오레스테스를 죽여줄

것을 호소하는 것을 들은 복수의 여신들은 결국 잠에서 깨어난다.

에리니에스(복수의 여신들)에게 쫓기는 오레스테스. 부구에로우(William-Adolphe_Bouguereau)의 1862년 작

당신들 피비린내 나는

숨결을 놈에게 내뿜으시오.

당신들 내장에서

타오른 기운으로 놈을 말려 버리시오.

자, 놈을 추격하시오!

다시 쫓아가서 놈을 말려 죽으시오!

(유령 사라진다. 복수의 여신들, 하나하나씩 눈을 뜬다.) [13]

『에우메니데스』의 최초 공연에서는 복수의 여신들이 너무나 무섭

게 묘사되어 임신한 관중들이 유산을 했을 정도였고 「에리니에스」의

거친 숨소리와 냄새는 너무나 역겨워 관중들은 도저히 견디기 힘들어했다고 한다. 그들의 머리에서는 뱀들이 득실거렸고 그들의 눈에서는 역겨운 액체가 흘러내렸다고 한다.[14]

두 에리니에스(복수의 여신). 고대 물병에 있는 그림을 묘사한 19세기 삽화

오레스테스는 에리니에스에게 쫓기면서 아폴론의 명령대로 아테네로 도망쳐 도시의 수호여신인 아테나를 찾는다. 아테나는 오레스테스의 얘기를 들은 후

이 사건은 인간이 상상할 수 있는 것보다
한층 더 심각한 사건이다.
인간이 판결하기에는 너무 중요한 사안이다.

그러나 그렇다고 신인 자신이 판결할 수도 없는 것이라고 한다.

나 또한 살해와 그 살해에 대한 복수라는
심각한 사안을 심판할 권리가 없다.[15]

동시에 태고로부터 내려오는 규범인 복수를 대표하는 에리니에스의 주장 역시 결코 무시할 수 없다고 한다.

하지만 복수의 여신들도

우리가 쉽게 부인할 수 없는

그들만의 직분과 책임을 갖고 있다.

그들이 이 사건에서 이기지 못한다면

그들의 분노는

영원히 치유할 길 없는 전염병처럼

내 온 땅에 퍼져 나갈 것이다.

그게 문제다. 그들을 붙들 수도

내쫓을 수도 없는 처지다.[16]

「인간도 신도 홀로는 해결할 수 없을 정도로 어려운 문제」에 직면
한 아테나는 결국 재판을 통해서 이 문제를 해결할 것을 선포한다.

아무튼 심판하는 책임이 내게 떨어졌으니

재판관들을 선정해 선서하게 한 다음

친족 살해를 재판하도록 해야겠다.

그리고 그 판례를 영원히 존속시키겠다.[17]

그러면서 아테나는 이 사건의 재판을 맡을 법정으로 「아레오파고
스」를 지정하고 아테네의 시민 중에서 4명을 「아에로파기테(aero-
pagite)」, 즉 배심원으로 임명한다. 아테나는 법정을 개시하는 연설
을 한다.[18]

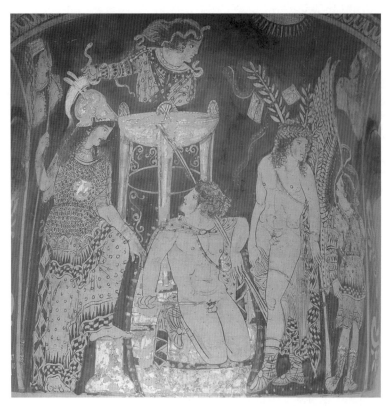

델포이의 오레스테스. 왼쪽에는 아테나가, 오른쪽에는 필라데스(오레트테스의 사촌, 아가멤논의 여동생의 아들)가 에리니에스와 신탁의 여사제들에 둘러싸여 있는 장면. 기원전 330년경에 제작된 파에스툼(남부 이탈리아에 고대 그리스인들이 건설한 도시) 크라테르(와인에 물을 탈 때 쓰던 물병)

전령, 시작을 알리고

시민들이 각자 자리에 앉게 하라.

쩌렁쩌렁 울리는 티레니아 트럼펫을

인간의 숨결로 채워

그 우렁찬 소리를 시민들이 듣게 하라

이 법정이 사람들로 채워졌으니,

이제 모든 시민은 조용히

내가 선포할 법령을 경청해야 할 것이다.

그리고 그 법령은 영원히 지켜져야 할 것이다.

이제 배심원들이 공정한 판결을 내릴 것이다.[19]

　재판이 시작되자 양측은 적극적으로 자신들의 입장을 대변한다. 오레스테스의 변호는 아폴론이 직접 맡는다. 복수의 여신들은 오레스테스가 혈연의 정을 거역하였다고 주장하는 한편 아폴론은 결혼의 신성함을 강조한다. 양측의 변론이 끝나고 배심원들은 투표를 한다. 14명의 인간 배심원들의 투표결과는 8대 6으로 오레스테스의 유죄였다. 그러나 아폴론과 아테나 두 신은 오레스테스의 무죄에 자신들의 표를 던진다. 아폴론과 아테나의 결정은 지극히 편파적인 것이었다. 오레스테스의 변호를 자임하였던 아아폴론이 오레스테스의 무죄에 한 표를 던지는 것은 당연했다. 아테나의 결정 역시 편파적이었다. 본인의 입으로 직접 말하듯이 어머니 없이 아버지의 머리에서 태어난 아테나는 항상 남자들의 편을 들기 때문이다.[20]

이 사건에 대해 마지막 투표권을

행사하는 게 내 소임이다.

난 오레스테스 편에 서겠다.

나는 어떤 여인의 몸을 빌려

태어나지 않았기 때문이다.

결혼 상대로는 아니 되겠지만,

나는 진심으로 아버지 편이다.

그러니 한 집안의 가장인

남편을 죽인 여자를 지지하지 않겠다.

가부 동수면 오레스테스의 승소로 하겠다.

판결을 맡은 배심원들이여, 결과를 가져오라.

(개표한다.)[21]

신들도 절대적인 「선」, 「공정성」은 찾을 수 없었다. 오레스테스의 재판은 처음부터 완벽하게 불편부당(不偏不黨)한 결론을 인간도, 신도 도출할 수 없었기에 시작된 것이다. 표결의 결과는 8:8 동점이었다. 그리고 가부 동수면 오레스테스가 이긴 것으로 하겠다는 아테나의 결정 덕분에 오레스테스는 간신히 승소한다.

결과가 가부 동수이니 이 사람은 무죄다.

살인에 대한 기소에서 풀려났다.[22]

풀려난 오레스테스는 고향 아르고스로 돌아간다. 오레스테스는 관중을 향하여 자신의 고향인 아르고스가 아테네에 영원히 빚을 졌음을 선포한다.

전 이제 고향 집으로 돌아갑니다.

그전에 아테나 여신과

여기 있는 수많은 아테네 시민들께

영원히 깨지 않을 맹세를 하겠습니다.

제 나라 아르고스의 그 어떤 황도

창칼을 들고 아테네에 대항하지 않을 겁니다.

만약 이 맹세를 깨는 자가 있다면,

제가 죽어 무덤에 있더라고

다시 일어나 그들을 벌하겠습니다.

……

아테나 여신과 아테네 시민 여러분,

안녕히 계십시오.

항상 승리하시기를 기원합니다.

당신의 적들을 물리치시길 기원합니다.

당신의 안전과 영광을 기원합니다.[23]

그러나 오레스테스의 무죄 판결에 격분한 복수의 여신들은 아테네
에 복수를 다짐한다.

〈코로스 4〉

오, 신들이여!

우리보다 젊은 신들이여!

옛날부터 내려오는

법의 명예 더럽혔구나!

우리 손에서 그 법을 앗아 갔구나!

명예를 빼앗겨 비참하게 되었구나.

분노가 그런 나를 무겁게 짓누르니

보복하기 위해 앙심을 품고

이 땅에 독을 뿌리겠다.

가슴속에서 뿜어져 나오는 독을 뿌려

이 땅을 말려 버리겠다.

모든 식물들의 잎과 꽃이 떨어져 죽는

불모의 땅으로 만들겠다.

아, 정의의 여신이여!

이 땅을 쓸어버리소서!

이 아테네에

분노와 경멸의 침을 뱉으소서!

〈코로스 1〉

살인적인 전염병이

온 땅에 번지게 하소서! 24

태고로부터 인간사회의 가장 기본적인 규범이었던 복수의 당위성
을 거부한 아테나와 아테네에 대한 분노다. 이에 아테나는 복수의
여신들의 화를 풀고자 설득한다.

내 말을 잘 들어 봐라!

어떤 불의도 어떤 고통도 없다.

과장된 반응을 보이지 마라.

인간과 맞서 전쟁을 벌이지 마라.

가부 동수니 너희가 모욕당한 건 아니다.

신탁을 내리신 분은 제우스 신이시고

그 신탁을 전하신 분은 아폴론 신이다.

오레스테스를 벌하지 말라고 청원하셨다.

분노를 삭여라. 살인적인 분노로

아테네 시민들을 위협하지 마라.

살인적인 전염병을 뿜어내지 마라.

악마의 거품과 끊임없는 질병으로

이 땅의 열매와 종자를 죽이지 마라.[25]

아테나는 아크로폴리스 바로 아래 복수의 여신들을 기리고 경배할
제단을 마련할 것을 약속한다.

너희의 불만을 이해한다.

너희에게 약속하겠다.

너희는 이 땅에 사당과

합법적인 지하 은신처를 가질 것이다.

빛나는 권좌와 제단에 앉혀

아테네 시민들의 존경을 받게 할 것이다.[26]

그러나 복수의 여신들은 이를 모두 거부한다. 아테나는 또 설득한다.

> 너희는 나보다 나이가 많으니
> 너희 분노를 눈감아 주겠다.
> 너희가 나보다 현명할지도 모르겠다.
> 하지만 제우스 신은 내게도
> 지혜와 판단력을 주셨다.
> 나는 확신 할 수 있다. 너희가
> 아테네를 떠나 다른 곳으로 가면
> 이 땅을 떠난 걸 후회하게 될 것이다
> 세월이 흐르면 이 아테네 시민들에게
> 더 큰 영예가 주어질 것이기 때문이다.
> 너희는 성소인 에레크테이온에
> 신성한 옥좌를 차지하게 될 것이다.
> 그곳에서 너희는
> 이 아테네의 남녀 참배객들에게
> 극진한 존경과 사랑을 받게 될 것이다.
> 다른 곳의 그 어떤 인간들에게서도
> 받을 수 없는 존경과 사랑을 말이다.[27]

아테나와 복수의 여신들의 대화는 신-구 체제의 대립을 적나라하게 보여준다. 에리니에스는 아테나와 아폴론을 「우리보다 젊은 신들이여!」라고 부른다. 반면 아테나는 복수의 여신들에게 「너희는 나

보다 나이가 많으니」라고 한다. 아폴론과 아테나를 비롯하여 올림
포스의 제우스가 주재하는 신들은 새로운 신들이었다. 복수의 여신
들은 구 시대의 신들이었다. 아폴론은 신전에서 오레스테스를 처
음 만났을 때 옆에 잠들어 있던 복수의 여신들을 보고는 다음과 같
이 말한다.

> 끔찍하고 역겨운 노파들이 있군.
> 광분한 노파들이 잠에 취해 조용하군.
> 그 어떤 신도 그 어떤 인간도 그 어떤 짐승도
> 늙고 흉한 이 추녀들과 어울리려고 하지 않아.
> 악을 행하려고 태어난 존재들이지.
> 그들은 땅 밑 타트타로스의
> 사악한 암흑 공간에 살고 있어.
> 인간도 올림포스 신들도 증오하는 존재들이지.[28]

복수는 「끔찍하고 역겨운」 것이다. 복수의 여신들은 아폴론과 같은
올림포스의 신들도 「증오하는 존재들」이다. 그럼에도 불구하고 복수
의 고리를 끊는 것은 거의 불가능하다. 복수는 인간사회의 가장 원
초적인 규범이었을 뿐만 아니라 인간은 아테네의 민주주의가 탄생
할 때까지 단 한번도 그 고리를 끊어보지 못했기 때문이다. 오레스
테스의 재판은 복수의 고리를 끊고자 연 것이다. 이 재판이 열린 곳
은 인류 역사상 최초로 민주주의를 시작한 아테네였다.

팔라스의 도시(아테네)에 도착하거든

탄원자로서 무릎을 꿇고 빌면서

아테나 여신의 오래된 신상을 안아라.

그럼 거기서 오레스테스 너는

이 사건에 대한 재판을 받게 될 것이고,

나는 설득을 통해 너를 고통에서

영원히 해방시켜 줄 방안을 강구할 것이다.[29]

아폴론도 분명히 말하고 있듯이 재판은 「설득」이다. 복수의 악순환을 끊고 인간을 「고통에서 영원히 해방시켜줄 방안」이란 재판과 설득이다. 아테네는 원한과 복수의 끝 없는 악순환에 빠진 인간들의 원시적인 사회에서 벗어나기 위해 끝까지 노력한다. 복수의 논리가 얼마나 무서운지 알기 때문이다. 이것이 정치다.

부디 이 아테네 땅에

피비린내 나는 불화의 씨를 뿌리지 마라.

젊은이의 영혼을 파괴하고

술에 취하지도 않은 젊은이들을

광란의 도가니로 몰아넣을

불화의 씨를 뿌리지 마라.

서로를 잔인하게 죽이도록 하지 마라.

타국과 치르는 전쟁으로 족하다.

아레오파고스 언덕 아래에 있는 「에리니에스 사당」

내란이 일어나지 않도록 하라.

타국과의 전쟁만으로도

영예에 대한 모든 사내의 갈증이

얼마든지 채워질 것이다.[30]

아테나는 자신의 모든 매력을 총 동원하여 설득하지만 복수의 여신들은 세 번이나 거절한다. 그러나 네 번째 시도에 이들은 받아들인다. 비극은 에리니에스가 아레오파고스 근처에 마련된 그들의 신전으로 떠나고 축복의 노래 속에 막을 내린다. 복수의 여신들은 이제 「에리니에스」가 아닌 「에우메니데스」, 즉 「자비로운 여신들」로 바뀐다.

여기 이 자리에서 축원하노라!

아테네 성안에서

그 어떤 내란도 일어나지 않게 하시고

상대를 심하게 비방하는 일이 없게 하소서!

시민들의 검은 피로

이 땅을 적시는 일이 없게 하시고,

격정과 분노로 불타는 마음이

파괴적인 복수의 살육으로 이어져

이 땅을 유린하지 못하도록 하소서!

대신 서로를 사랑하는 마음에서

기쁨을 기쁨으로 갚게 하시고,

모두가 한마음으로 악을 증오하고

세상의 고통과 해악을 치유하게 하소서! [31]

『오레스테이아』는 정치의 탄생 설화다. 아이스킬로스는 아트레우스 집안의 복수극이 아레오파고스 법정이 대표하는 폴리스의 공공 영역으로 옮겨가는 과정을 추적하고 있다.[32] 원시 씨족, 부족사회에서 혈연관계에 얽힌 복수의 악순환 속에서 살던 인간들이 도시국가를 건설하고 자신들이 만든 법정을 통하여 「정의」를 구현하면서 시민으로 변모하는 과정을 그린다.

『에우메니데스』는 정치가 가능하기 위해서는 중용과 절제의 원칙이 받아들여져야만 한다는 것을 보여준다. 민주정치는 너무 경직되어도, 너무 느슨해도 안 된다. 민회와 재판소의 결정을 받아들이고 그 정당성을 인정하는 것은 이성과 절제, 우아함과 세련됨, 고상함과 점잖음을 절대적으로 요한다. 그리고 무엇보다 승자가 화해와 평화를 원해야 한다. 아테나가 에리니에스를 끝까지 설득하는 장면에서 볼 수 있듯이 승복하기를 거부하는 패자를 끝까지 설득해야 한다. 옛 것과 새것이 조화를 이룰 수 있는 유일한 방법이다. 옛 것을 「적폐」, 「시대착오적인」 것으로 치부하여 제거하려고 하지 않고 포용함으로써 옛 것은 승리한 새 정치제도 속에 자리를 보장 받고 새로운 것과 옛 것, 새로운 가치관과 과거의 세계관이 「올바른 질서」, 「정의로운 질서」 속에 융화되도록 해야 한다.[33] 『에우메니데스』는 올바른 질서, 정의로운 질서가 정립되고 유지되기 위해서는 복수의 여신들처럼 가공할, 무서운, 괴물 같은 것이 필요하 다는 것을 보여준다. 민주적인 질서가 무너지면 얼마나 가공할, 무서운 과거로 되돌아간다는 것을 시민들은 결코 잊어서는 안 된다.

비극은 인간이 자신 말고는 아무도 의지할 수 없게 되었음을 보여준다. 인간은 더 이상 신의 명령을 따를 수 없다. 『오레스테이아』는 아폴론의 말을 따라 복수를 하지만 아테네의 시민들은 거꾸로 신들 간의 다툼을 중재해야 한다. 아테나 여신은 그들에게 사건을 재판하고 판결을 내리는 자유와 권한을 줬다. 그리스인들은 더 이상 태고의 요순시대와 같은 황금기가 있었고 인류는 그때부터 타락했다는 그런 역사관을 믿지 않는다. 아테네의 시민들은 문명이란 인간이 만드는 것이라고 생각하기 시작한다. 인간은 무(無)에서 시작하여 필

아테네의 「에클레시아」(민회)가 소집되었던 프닉스 언덕

요와 필연에 의해서 문명을 건설한다.[34]

『오레스테이아』는 폴리스가 불가항력의 힘들에 의해서 휘둘리는 것에서 시작한다. 그러나 작품의 끝에는 정치를 통하여 자신들의 운명을 결정하는 공동체로 거듭난다. 제어할 수 없는 원한과 복수의 논리와 전통, 감정의 노예가 되는 사회가 아니라 열정적이지만 결코 폭력적이지 않은 토론을 통하여 화해를 도출해내는데 성공한다. 혈연이 판치고 복수가 당위로 뿌리내렸던 봉건사회가 민주적인 토론을 통하여 자신들의 운명을 결정하는 자유시민들의 공동체인 폴리스로 거듭난다. 이 과정은 결코 쉽지도 않고 자연스럽지도 않다. 옛 것과 새것, 혈연관계와 혼인관계, 여자와 남자, 이방인과 그리스인, 야만과 문명, 어두움과 빛, 고대의 신과 새로운 신 등 수 많은 대립 항들이 끊임없이 충돌한다. 이러한 상황에서 옳고 그름을 가를 수 있는 유일한 길은 재판이란 절차를 통해서다.

제 6 장

◆

철학이란 무엇인가?

제6장

철학이란 무엇인가?

소크라테스의 죽음

기원전 399년, 아테네의 「500인 평의회(boule, 그리스어: βουλή)」는 당시 71세의 소크라테스에게 사형을 언도한다. 소크라테스는 다음 날 독약이 든 사발을 마시고 죽는다. 소크라테스의 죄목은 두 가지 였다. 첫 번째는 「아테네의 젊은이들을 타락시킨 것」이고 두 번째는 「이상한 신들을 신봉하도록 한 것」이다. 소크라테스는 아테네의 정 치와 민주주의를 경멸하였다. 그는 민주주의의 근간인 수사학을 「궤변」에 불과하다며 비판하였다. 「연설가는 법정에서나 그 밖의 군 중들에게 정의로운 것과 정의롭지 못한 것에 관해 가르치기는커녕 그들에게 진정한 지식이 없는 확신 만을 갖도록 설득하는 자」이며[1] 수사학은 「사실 자체에 대해서는 알 필요도 없이 설득을 위한 계책 만을 찾아내어 무지한 자들 앞에서 아는 자들보다 더 많이 알고 있

「소크라테스의 죽음」. 다비드(Jacques-Louis David, 1748. 8. 30. ~ 1825. 12. 29.)의 1787년 작품

는 것처럼 보일 수 있게 하는 것」이라고 맹비난한다.[2] 수사학은 잘못된 정보를 제공하여 청중을 속이고 연설가가 원하는 방향으로 청중을 끌고 갈 수 있는 속임수의 기술에 불과하다. 청중의 마음을 읽고 그들의 맘에 드는 말을 하여 그들을 자기 쪽으로 끌어들이는 대중영합의 기술, 아부의 기술일 뿐이다. 플라톤 역시 수사학자들을 「소피스트(sophist)」라고 하면서 이들을 신랄하게 비판한다.

형상 만들기에서 파생된, 겉으로 그럴듯해 보이는 것 만드는 종(種)에서 나온, 정직하지 못한 자만심에 찬 흉내내기로부터 내려오는 모순 만들어내기의 예술, 특징이라고는 신성(神性)이 아닌 인성(人性)에 기반한 말의 그림자 놀이 공연 뿐인 것 - 이것이야 말로 진정한

소피스트의 혈통이자 계통이라고 정직하게 말할 수 있다.[3]

플라톤은 소피스트들을 철학자들과 구별한다. 소피스트는 「속임수로 먹고 사는 사람」인 반면 철학자는 「지혜를 사랑하고 진리를 찾는 자」다.[4]

소크라테스는 비극도 싫어한다. 그는 그리스 비극이 상정하는 상황, 즉 두 가지 상충되는 윤리관 사이에서 갈팡질팡하다가 마지못해 한쪽을 선택함으로써 비극적인 종말을 맞게 되는 설정은 비이성적인 것이라고 질타한다.

에우튀프론이여, 이러한 논리라면 도덕적인 사람과 부도덕한 사람은 같은 것이 되고 만다.[5]

다시 말해서 소크라테스는 아테네의 정치와 민주주의를 총체적으로 비판하고 부정한다. 「신성모독죄」란 이를 두고 한 말이다.

소크라테스는 「정치」 대신 「철학」이라는 새로운 사유체계를 제안한다. 그렇다면 「철학」이란 무엇일까? 철학은 비극적 세계관을 부정한다. 비극작가들이 인간의 실존을 근본적으로 모순된 것이라고 봤다면 소크라테스는 궁극적으로 합리적인 것이라고 믿었고 인간의 이성으로 세계를 완벽하게 이해할 수 있다고 생각했다. 지금 당장은 이해할 수 없는 부분이 있더라도 「진리(truth)」, 「이상(idea)」을 찾는 훈련을 받는다면 결국은 찾아낼 수 있을 것이라고 믿었다. 소크라테스가 상정한 「철인왕」이란 진리와 이상을 찾은 사람이다. 그의 제자 플라톤 역시 인간이 직면하는 모든 문제에 대한 합리적인 답을 찾을 수 있을 것이라고 믿었다. 플라톤의 현전하는 35개의 대화록들은 때로는 황당하게 들리는 의견을 가진 각양각색의 사람들과의 대화를 기록하고 있다. 가장 중요한 교훈은 어떤 의견도 100% 틀린 것, 오류인 것은 없으며 그 어떤 의견이라도 나름대로의 사실에 기반하고 있다는 것이다. 이것이 플라톤의 대화록의 위대성이다. 그러나 동시에 이는 인간이 모든 문제에 대한 궁극적인 「정답」, 「해답」에 도달 할 수 있다는 믿음에 기반하고 있다.

동굴의 우화

소크라테스가 「철학(philosophy)」의 논리와 구조를 가장 명쾌하게 밝힌 것은 플라톤의 『공화국』 제 7장에 실린 「동굴의 우화」라는 대화를 통해서다. 이 대화는 소크라테스가 친구이자 당대의 유명한 수사학자인 글라우콘(Glaucon)에게 교육의 중요성에 대해 설명하는 내용이다. 「동굴의 우화」를 통해서 소크라테스는 아테네의 젊은이들이 받고 있는 교육, 즉 민주시민이 되기 위한 수사학을 근간으로 하는 인문학 교육이 얼마나 잘못된 것인지를 논증하면서 아테네의 자랑인 「정치」의 세계에서는 상상도 못 하는 전혀 다른 종류의 앎, 배움, 「진정한 지식」인 「이데아(idea)」, 즉 「진리(Truth)」를 추구하는 「철학」을 가르칠 것을 주장한다.

「동굴의 우화」의 줄거리는 다음과 같다. 인간은 원래 모두 지하 동굴 같은 곳에서 살고 있다. 사람들은 동굴의 맨 안 쪽에 다리와 목이 쇠사슬에 묶인 채 어려서부터 그곳에서 살아왔다. 그들이 볼 수 있는 것은 자신들의 눈앞에 있는 것뿐이다. 빛은 그들의 뒤쪽 위에 있는 횃불이 유일하다. 그들과 횃불 사이에는 위쪽으로 오르막 비탈길이 있다. 그리

동굴의 우화

고 낮은 벽이 있다. 이 벽을 따라서 사람들이 동상이나 조각 등의 물건을 지고 지나가면서 서로 얘기하기도 한다. 동굴 안쪽에 묶여 있는 사람들은 평생 자신들이 바라보는 벽면에 비치는 사람들과 그들이 지고 가는 물건들의 그림자만 보고 산다. 다른 것을 볼 수 없는 이들은 그림자를 실제 사물로 착각하고 산다. 그리고 메아리 쳐 들리는 지나는 사람들의 말소리를 그림자가 내는 소리로 착각한다.

어느 날, 한 명의 쇠사슬이 우연히 풀린다. 사슬이 풀리자 그는 일어나서 주변들 돌아보기 시작한다. 그리고는 뒤에 있는 횃불 쪽으로 가 본다. 그러나 어두 컴컴한 동굴 속에서 그림자만 바라보며

동굴의 우화

살던 그는 밝은 횃불에 비치는 사람들과 사물들이 눈이 부셔 제대로 볼 수가 없다. 그러나 차츰 눈이 익숙해져서 사람과 사물들이 눈에 보이기 시작한다. 만일 누가 그에게 지나가는 것들을 보여주면서 그것들에 대해서 질문을 하면 그는 너무 놀라서 정신이 없으면서도 자기가 보는 것이 실체에 가깝다는 것을 인정할 수 밖에 없게 된다. 이때 누가 이 사람을 강제로 끌고 동굴의 입구로 향하는 가파른 언덕을 올라가 해가 비추는 동굴 바깥으로 나간다. 이 과정에서 끌려가는 사람은 고통과 분노에 떤다. 그리고 햇빛에 나가자 그의 눈은 너무나 부셔서 아무것도 안 보인다. 그러나 이내 햇빛에 눈이 익숙해지면서 사물들이 보이기 시작한다. 처음에는 사물의 그림자만 볼 수 있고 물에 비친 사물들의 모습만 볼 수 있지만 이내 눈이 빛에 익숙해지면서 사물들 그 자체를 쳐다볼 수 있게 된다. 그리고 하늘의 별과 달도 보게 되고 마침내 해도 바라볼 수 있게 되면서 계절을 가져다 주고 모든 사물이 보일 수 있게 해주는 것도 태양이라는 사실을 알게 된다.

　밝은 해가 비추는 아름다운 세상을 만끽하던 사람은 이내 아직도 동굴 안에 살고 있는 자신의 동료들을 생각하게 된다. 그는 그들이 「앎」이라고 생각하는 것이 모두 가짜임을 알게 되면서 자신이 얼마나 행운아인지, 그리고 동굴에 남아 있는 사람들이 얼마나 불쌍한지 깨닫는다. 동굴 안에 묶여 있는 사람들은 여전히 자신들의 앞으로 지나가는 그림자를 누가 가장 먼저 알아보고 또 다음에 어떤 그림자가 지나갈지 가장 정확하게 맞추는 사람들에게 상도 추고 찬사를 보내고 있다. 동굴 밖의 빛의 세계를 본 사람은 이것이 얼마나 우스꽝스러운 일인지 알고 조금도 부러워하지 않게 된다. 그 사람은 결국 다시 동굴 안으로 들어가서 자신이 쇠사슬에 묶여 있던 자리로 돌아간다. 그리고는 동료들에게 그들이 보고 있는 것이 모두 그림자에 불과하다고 설득 한다. 그러나 사람들은 오히려 그가 동굴 밖을 나갔다 오더니 시력을 망쳐서 아무것도 보지 못하게 되었다고 비웃으면서 절대로 동굴 밖을 나가면 안 된다고 한다. 빛의 세계를 보고 온 사람이 동료들의 사슬을 풀어주고 그들을 동굴 밖으로 이끌고 나가려 하자 사람들은 그를 죽인다.

　소크라테스는 아테네의 시민들이 모두 쇠사슬에 묶인 채 어두운 동굴 속에 갇혀 살고 있는 것과 마찬가지라고 한다. 그들은 희미

한 불빛에 어른거리는 그림자를 바라보면서 그것이 사물의 실체라고 착각하고 산다. 아테네의 시민들이 추구해야 할 것은 사물들의 그림자가 아닌 사물 자체, 즉 「진리」, 「이데아(idea)」다. 이는 「계몽(Enlightenment)」을 통해서만 가능하다. 영어로 「enlighten」이란 말 그대로 「빛을 밝히다」, 「불이 켜지다」를 뜻한다. 서양 문명은 깨달음, 앎, 득도의 순간을 늘 「빛」을 보게 되는 것에 비유한다. 창세기에도 태초에 「빛이 있으라」는 하나님의 명령으로 천지 창조가 시작되듯이, 소크라테스도 진정한 앎을 깨닫는 것을 빛의 세계로 나가는 것으로 비유한다.

형이상학

현세는 헛되이 지나가는 그림자에 불과하며 이곳에서의 삶은 한시적인, 임시적인 것이며 불완전하고 「빛」과 「진리」의 세계는 이 현세에서 벗어나야 한다는 사유방식을 「형이상학(metaphysics)」이라고 한다. 우리가 다양한 모양의 「의자」를 접하면서 이 물건들이 다 의자임을 알 수 있는 것은 그 의자들이 갖고 있는 의자의 「이데아」때문이다. 현세의 모든 사물들은 형이상학의 차원에만 존재하는 「이데아, idea」의 지극히 불완전하고 한시적인, 「형이하학적」인 「반영(reflection)」에 불과하다. 형이하학적 세계의 사물은 모두 시간이 지나면 썩어 무너져 사라지게 되지만 형이상학적인 이데아 차원의 것들은 「영원불변(eternal)」하다.

고대 그리스인들에게 「형이상학」의 차원이 존재하고 있음을 가장 잘 보여준 것은 「기하학」과 「수학」이었다. 기하학에서 「점」은 면적이 없다. 따라서 점을 그릴 수는 없다. 아무리 연필을 날카롭게 깎아서 작은 점을 찍으려고 하여도 점을

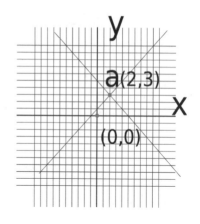

점

찍는 순간, 면적이 생기는 순간, 점이 형상화되는 순간, 그것은 더 이상 점이 아니다. 점이 모인 「선」 역시 면적이 없다. 따라서 점과 선은 현세에서 어떤 형태로도 묘사할 수 없다. 속세의 방법으로는 제아무리 정교하게 묘사하더라도 묘사되는 순간 그 점의 이데아의 매우 불완전한, 한시적인 반영일 뿐 더 이상 점은 아니다.

점(點)은 크기가 없고 위치만 있는 도형을 말한다. 점은 유한직선(有限直線)의 일단(一端)이며, 선의 교차에 의하여 생긴다. 점은 선, 면, 도형 등의 기초가 된다.[6]

그러나 점과 선은 분명 있다. 그 점과 선을 이용하여 파르테논 신전과 같은 아름다운 건축물을 세울 수 있다.

소크라테스는 기하학을 「순간적으로 존재한 후 사라지는 것이 아

니라 영원불변토록 존재하는 것에 대한 지식을 추구하는 과학」이라고 한다.[7] 플라톤이 운영했던 학교 「아카데미」의 정문에는 「기하학을 모르는 사람은 출입금지」라고 써 있었다고 한다.[8]

대표적인 형이상학이 「기독교」다. 기독교에서 「우상」을 만들지 말라고 하는 이유다. 신은 완벽한 이데아 차원의 존재다. 「영원불변」한 존재는 「시공」을 초월한 형이상학적인 차원에서만 존재한다. 그러한 완벽한 존재, 「로고스(logos)」를 시간과 공간이라는 속세의 방법으로 묘사하는 순간 그것은 이데아의 지극히 불완전한, 제한적인 묘사가 될 수 밖에 없다. 기독교에서는 이를 「신성」을 모독하는 것으로 간주한다. 기독교에서 우상숭배를 금지하는 이유다.

철학의 한계

그렇다면 형이상학적인 지식, 「이데아」, 「진리」는 어떻게 얻나? 소크라테스는 『공화국』 「제 2장」에서 공화국의 「수호자」들은 어려서부터 체육과 인문학 훈련을 받아야 한다고 한다. 「제 7장」에서는 공화국을 통치할 사람들이 나이가 들어가면서 받아야 되는 훈련에 대해 자세하게 논한다.

어려서부터 가장 중요한 것은 「수학」 훈련이다. 추상적인 사고가 가능해야 하기 때문이다. 「산수(arithmetic)」, 「기하학(geometry)」, 「천문학(astronomy)」, 「음운학(harmonics)」도 필요하다. 30세가 되면 「변증법(dialectics)」을 5년간 배우고 그 후에는 15년간 속세로 돌아가서 도시국가를 실제로 운영하는 연습을 한다. 이 모든 과정을 성공적으로 마친 「수호자」는 50세가 되면 「철인왕(Philosopher-King)」이 되어 자신들이 터득한 형이상학의 「진리」, 「이데아」를 구현하는 도시국가, 「공화국」을 통치하게 된다. 문제는 이러한 훈련을 받은 「수호자」들은 없다는 사실이다. 철인왕이 기적적으로 출현한다 해도 이상적인 공화국을 건설하려면 기존의 도시를 완전히 해체시키고 기초부터 다시 쌓아야 한다.

이 도시에서 10살이 넘은 사람들은 시골로 보내져야 한다. 그리고 그들의 아이들을 [철인왕들이] 대신 키우면서 아이들의 부모들이 갖고 있는 성격과는 철저하게 거리를 두고 지금까지 얘기한 자신들의 방법과 법에 따라 키울 것이다.[9]

물론, 이런 일은 없었고 있을 수도 없다. 소크라테스 자신도 철인왕이 아니다. 그러나 그는 철인왕만이 이데아 차원의 「진리」를 알 수 있다는 사실은 안다. 자신이 그러한 「앎」을 얻지 못했다는 것도 안다. 그가 「나는 내가 아무것도 모른다는 것 밖에 아는 것이 없다」고 고백 한 이유다.

그리스도의 원형

「동굴의 우화」에서 동굴 바깥의 세상, 빛의 세상, 진리의 세상을 보고 돌아와 어둠의 세계, 그림자의 세계에서 살고 있는 동료들을 구원하여 바깥 세상으로 이끌려고 하지만 그들의 손에 죽는 사람은 「예수 그리스도」의 원형이다. 아무리 진리를 가르쳐주고 「영원한 생명」을 주려고 언덕을 끌고 올라가더라도 끝내 현세를 벗어나는 데서 오는 고통과 분노를 참지 못하고 진리의 전령을 죽이고야 마는 것이 인간이고 그럼에도 불구하고 그들을 끝내 진리의 세계로 이끄는 것이 「메시아」, 「그리스도」다.

기독교의 예수 그리스도는 「동정녀」 마리아에게 「성령」으로 잉태하여 태어난다. 소위 「무염시태」다. 「이데아」, 「로고스」, 「말씀」이 무염시태를 통하여 「사람의 아들」로 태어난다. 「형이상학」적인 존재가 「형이하학」의 세계에, 영원 불변한 존재가 「시공」의 제약을 받는 「속세」로 내려온다.

초기 기독교의 교리를 정립한 아우구스티누스는 「플라톤주의자들보다 우리(기독교인)와 가까운 사람들은 없다」면서 자신을 기독교로 인도한 것도 플라톤이었음을 인정한다.[10]

당신은 아테네인들에게 당신의 사도[플라톤]를 통하여 그들의 시인들이 말 한대로 우리는 당신 안에 살고, 움직이고, 존재한다고 하셨습니다.[11]

마리아의 원죄 없는 잉태. 페테르 파울 루벤스의 1628년 경 작품

물론 플라톤의 한계는 분명하다.

그들은 신을 알아도, 그분을 신으로 받들지도 않고 감사해 하지도
않는다. 플라톤주의자들은 시공을 초월한 육체가 없는 존재, 영혼

(Soul)에 대해서는 알지만 인간을 사랑하는 신, 섬김을 받기보다는 섬기러 온 신, 우리를 사랑으로 품는 그런 신에 대해서는 모른다. 따라서, 그들의 상상력은 독선적이 된다. 그들의 어리석은 마음은 어두워지고 자신들이 지혜롭다고 하면서 어리석은 자들이 된다.[12]

아우구스티누스는 플라톤이 스승 소크라테스의 입을 빌어 정립한 형이상학의 논리와 구도는 받아들이면서 소크라테스가 제시하지 못한 형이상학의 최고 난제, 속세에서 진리의 세계로, 형이하학에서 형이상학의 세계로 나가는 방법에 대한 답을 제시한다.

아우구스티누의 신학에서 진리와 절대선의 근원은 사랑 그 자체인 신이다. 때문에 신은 자신이 창조한 물질의 세계로 내려가 그 세계를 사랑으로 구원하고자 한다. 따라서 현세의 형이하학적 세계에 있는 사람들이 세속과 이데아의 경계를 넘기 위해서는 예수와 같아져야 했다. 가난한자, 약한 자, 온유한자를 끌어 안음으로써 그리스도와 한 몸이 되고 자신을, 자신의 이기심을 죽임으로써 하나님과 함께 영원한 사랑의 교제를 할 수 있는 이데아의 세계, 영원의 세계로 올라갈 수 있다. 기독교의 방식은 동굴의 우화에서처럼 일방적으로 형이하학의 세계에서 형이상학의 세계로 수직적으로 상승해 나가는 것이 아니었다. 「구원」은 「구원의 역사」가 된다. 신이 인류를 구원하기 위해서 속세, 역사 속으로 들어 온다. 계시와 인류의 구원은 세속의 시간과 공간 속에서 이루어진다. 아우구스티누스 『고백록』의 다음 구절은 형이상학적 구도를 적나라하게 보여준다.

저는 당신을 누릴 수 있는 충분한 힘을 얻는 방법을 찾으려 하였습니다. 그러나 저는「신과 인간의 중재자, 인간 예수그리스도」,「모든 것을 다스리고 영원히 축복받은 하나님」,「내가 길이요 진리요 생명이다」고 하면서 저희를 찾아와서 육신을 가진 인간들과 천상의 양식을 나누시는 분을 받아 들일 때까지 그 방법을 찾을 수 없었습니다. 만물을 창조하신 당신의 지혜가 우리가 갓난 아이들의 젖이 되기 위하여「말씀이 육신이 되어」오신 것입니다. 그러나 그럼에도 불구하고 저는 겸손한 예수를 받아들일 수 있을 만큼 겸손하지 않았습니다. 당신의 가장 높은 창조물보다도 더 높이 찬양 받을 당신의 말씀과 영원한 진리는 당신의 백성들을 당신께 가까이 끌어올리십니다. 그러나 이 아래 세계에서 그분은 우리와 같은 흙으로 만든 미천한 몸에 자신을 의탁하심으로써 저희들을 저희들 자신들로부터 끌어내려 당신에게 끌어오고자, 그들의 자만심을 낮추고 그들의 사랑을 높이면서 자만심에 더 이상 빠지지 않게 하고 그 대신 더 약해지시고 자신들의 발 밑에 당신의 육신을 나눔으로써 약해진 신을 보고, 그래서 기진한 자신들을 그분의 몸 위에 던짐으로써 그분이 올라가실 때 같이 올라갈 수 있도록 하셨습니다.[13]

이처럼 아우구스티누스는 플라톤이 제시한 형이상학의 틀을 받아들이고 해결책을 제시한다. 기독교가 로마의 멸망 이후 서구문명의 중심 담론이 될 수 있었던 이유다.

현실 대 이상

소크라테스는 정치가 싫었다. 객관적인 진리에 입각해서 결정을 하기보다 그때 그때 바뀌는 상황에 따라 수사학을 동원하여 군중들을 설득하는 것은 그림자 놀이에 불과했다. 소크라테스는 철학적 진리를 아테네의 현실정치 세계에서 구현시키고자 변증법(dialectic)을 채용한 대화들을 통하여 아테네의 젊은이들에게 「정치」란 「그림자」를 쫓는 잘못된 것이라고 설득하려 한다. 그리고 아테네인들의 세계관을 떠 받치고 있는 그리스 신화와 신들을 믿지 말고 그 대신 「이데아(idea)」라는 「이상한 신」을 믿으라고 한다. 아테네의 시민들이 그를 처형시킨 이유다.

플라톤은 스승이자 자타가 공인하는 아테네 최고의 현인을 사형에 처한 아테네의 시민들을 결코 용서할 수 없었다. 복수하고 싶었다. 플라톤은 평생 동안 스승 소크라테스가 설파한 철학이 아테네의 시민들이 지키고자 한 정치보다 우월한 것임을 끊임없이 설파하면서 스승의 억울한 죽음을 알리고 아테네 정치의 우매함을 알리고자 한다. 그 과정에서 소크라테스의 생각을 체계화시키고 글로 정리한 것이 『공화국』을 위시한 플라톤의 대화록들이다. 철학은 그렇게 탄생한다.

철학의 발명으로 고대 그리스 문명은 서구 문명에 「정치」와 함께 「철학」이라는 이상도 물려준다. 정치와 철학은 상극이다. 정치와 철학의 대립은 그 후 서양사상사를 규정하는 가장 중요한 틀이다. 그

대립은 다음의 표로 요약할 수 있다.

정치/Politics	철학/Philosophy
비극/Tragedy	평화/Peace
불멸/Immortality	영원/Eternity
행동/Action	명상/Contemplation
공화국/Republic	제국/Empire
시민/Citizen	철학자/Philosopher
활동적인 삶/vita activa	명상하는 삶/vita contemplativa

정치가 비극적인 세계관을 전제로 한다면 철학은 모든 것이 궁극적으로 평화를 이룰 수 있다는 이상주의에 기반한다. 시민이, 정치인이 추구하는 것은 「불멸」이다. 공동체를 위하여 희생하고 봉사하고 죽으면 그 공동체의 동료 시민들이 나를 위해서 동상을 세워주고 기념관을 만들고 전기를 써서 기억해주는 것이 가장 보람된 삶이다. 반면 형이상학에서 추구하는 것은 「만고불변」하는 「영원」의 세계다. 정치인이 불멸의 삶을 살기 위해서 끊임없이 논쟁하고, 연설하고, 선거운동 하면서 「활동적인(active) 삶」, 「끊임없이 행동하는(active) 삶」을 살고자 한다면 철학자는 조용히 「명상」, 「관조」하는 삶을 추구한다. 불변하는 진리는 활동적인 삶을 살면서는 결코 찾을 수 없다. 시민이, 정치인이 추구하는 공동체는 공화국이다. 시민들의 적극적인 참여, 끊임없는 탁월성의 발휘로, 오직 시민들만의 힘으로 유지

되는 공동체다. 반면 철학, 형이상학이 추구하는 「영원불변」한 질서는 「제국」이다. 「제국」은 우주의 기본질서인 「리(理)」, 「이데아(idea)」, 「로고스(logos)」 등의 반영이기에 형이상학에 기반한 공동체다.

제 7 장

◆

정치 대 철학

제7장

정치 대 철학

철학의 승리와 정치의 쇠락

영국의 수학자이자 철학자 화이트헤드(Alfred North Whitehead, 1861.2.15.-1947.12.30.)는 「일반론적으로 유럽 철학 전통은 플라톤에 대한 각주들이라고 봐도 무방하다」고 했다.[1] 소크라테스와 플라톤이 설정한 「형이상학」적인 세계관이 유럽을 지배하게 되었다는 뜻이다. 「동굴의 우화」가 설정한 사고의 틀, 즉 속세를 그림자의 세계로 보고 「이데아」의 세계를 진리의 세계로 본 소크라테스와 플라톤의 틀을 아우구스티누스가 수용하여 초기 기독교 신학을 정립한 이후로 유럽 철학은 오로지 어떻게 하면 이데아 차원의 지식을 습득할 수 있을까에 대해 고민해왔다. 토마스 아퀴나스의 스콜라 철학이 「자연법」을 통하여 인간이 「신법」을 헤아릴 수 있는 방법을 찾아내면서 철학은 곧 신학이 되고 중세 교회의 권위는 절정에 달한다. 아우

구스티누스 수도회 출신이었
던 마틴 루터는 「구원예정설」
을 통해서 타락한 인간이 신의
뜻을 헤아릴 방법은 없다면서
종교개혁을 일으키지만 「속세
대 내세」, 「동굴 안쪽 대 동굴
바깥쪽」, 「현상(phenomena) 대
정신(noumena)」의 이분법은
여전히 모든 철학적 사고를
규정한다. 「나는 생각한다 고

화이트헤드

로 나는 존재한다(cogito ergo sum)」라는 데카르트의 명제, 칸트의
「순수이성 비판」, 헤겔의 「정신의 현상학(Phenomenology of Spirit)」에
이르기까지의 서양 철학은 플라톤이 설정한 「physis(자연)대 idea」의
이분법에서 한치도 벗어나지 못한다. 그런 의미에서 화이트헤드의
말대로 서양철학사는 「플라톤에 대한 각주」에 불과하다. 서양 지성
사에서는 철학이 정치를 이겼다.

플라톤주의와 토미즘(Thomism)의 승리로 중세유럽에서 「정치」는
사라진다. 신의 뜻을 정확히 알고 그것을 「교회」라는 조직을 통해서
현세에 구현하는 로마 가톨릭 교회와 제국들, 「왕권신수설」에 기반
한 왕국들이 「가부장적」인, 「전제적」인 권력을 행사하면서 「정치」는
유럽에서 자취를 감춘다. 중세 봉건사회의 구성원들은 절대다수가
정치에 참여하지 못하는 「피치자(被治者)」들이었다.

제정 로마 초기의 그리스 출신 스토아학파 철학자 에픽테투스(Epictetus, c. 55- 135)는 「정치」를 「우리의 힘으로는 어쩔 수 없는 일들」 중 하나로 꼽았다. 그는 로마의 시민들에게 「정치는 나와 상관없는 일이다」라고 말할 것을 권한다. 정치적 야망을 갖거나 관직을 추구하는 것에 대한 경고에 그치지 않고 「정치」에 대한 관심조차 갖지 말 것을 권한다. 철

에픽테투스

학자는 「내적인 것」들에 관심을 가질 것을 종용하면서 「모든 외부의 사안, 예를 들러 명예, 관직, 법정, 그 외의 소소한 일에서는 항상 열등한 위치를 점할 것을 각오해야 한다」고 했다. 공적인 임무를 혹시 맡게 될 경우에는 아무런 비전도 없고 국가를 어떻게 개혁해야 하는지도 모르고 아무런 정치적 목표도 없기 때문에 최선을 다하되 영예롭게 임무를 마치는 것 외에 다른 목표를 두어서는 안 된다고도 한다.[2] 노예 출신이었던 에픽테투스는 「시민」의 존재가 사라지면서 모든 사람들이 「신하」, 또는 「신민(臣民)」으로 전락하기 시작한 시대에 살았다. 「신민」으로 전락한 사람들이 정치에 참여할 수 있는 유일한 방법은 「로마제국의 법」을 충실히 따르는 것뿐이었다.[3]

그러나 서로마제국이 멸망(395)하면서 그나마 에픽테투스가 당연한 것으로 여겼던 보편적인 법체계와 그러한 체계 속에서 개인들이 누리던 최소한의 자유마저도 사라진다. 중세의 봉건체제는 「정치적인 관계」 자체를 완전히 소멸시킨다. 공적이고 객관적이고 보편적인 「로마법」의 자리를 대신 한 것은 「가문」, 「사적인 계약(private contract)」, 「사적인 관계(private relationship)」, 소위 「자연적」이고 「가부장적」이고 「온정주의적」인 관계였다. 공동의 이해와 이상을 중심으로 개인들을 묶어서 정치적인 목표를 추구하는 공동체는 사라지고 그 자리를 사적인 충성심, 혈연관계, 지연관계를 중심으로 하는 조직들이 대신한다. 이로서 합리적이고 보편적인 법을 따르는 대신 「관습」에 맹종하는 봉건사회 특유의 체제가 자리잡는다.[4]

봉건사회 사람들은 땅과 재산만 물려받는 것이 아니라 신분과, 윤리적, 사적 관계망도 물려받았다. 가부장과 영주들에 대한 숭배, 전통에 대한 숭배는 개인의 이해를 초월하는 이상과 공적 영역, 국가에 대한 충성을 불가능하게 하였다. 봉건사회에서는 가문과 왕조 간의 투쟁이 소위 「정치」의 전부였던 이유다. 그렇다고 왕이 중앙집권화된 강력한 권력을 행사하는 것도 아니었다. 봉건체제가 뿌리내리면서 왕들 조차도 멀리 있는 개인들의 삶에 아무런 실질적 영향을 미치지 못하는 무기력한 존재들이 되어 버린다. 「왕권신수설」을 앞세워 대관식과 같은 화려한 정치-종교 예식을 거행하면서 정통성과 위엄을 과시하고자 하지만 일반 신민들과는 아무런 관계가 없는 머나먼 「구중궁궐」 속에 갇힌 존재가 되어 버린다. 정치는 점차 마술과 신비에 둘러싸인 왕과 귀족들의 전유물이 되어버리고 신민들은 가족과 마을, 봉건영주가 규정하는 비좁은 세계 속에서 「시민」, 「공적 영역」, 「정치」 등의 개념을 망각한 삶을 살게 된다.[5]

11세기와 12세기에 정립된 중세의 신학과 철학 역시 「정치」란 개인의 삶과 아무런 관련이 없는 것이라는 점을 끊임 없이 상기시킨다. 물론 봉건 체제도 「정치공동체」의 일종으로 묘사되고 정당화된다. 그러나 봉건시대의 공동체는 구성원들의 의지나 참여에 의존하는 공동체가 아니었다. 대등한 시민들의 공동체는 더욱 아니었다. 토마스 베켓의 비서와 샤르트르(Chartre) 주교를 역임하고 12세기 유럽의 주요 정치적, 신학적 논쟁을 주도한 당대의 석학 솔즈베리의 존(John of Salisbury, 1110년대 후반-1180.10.25.)은 「정치공동체」를 거대한 유기체에 비유하였고 인간의 힘으로는 고치거나 수정할 수 없는, 가족처럼 「자연스러운 것」, 「자연」이 제공하는 것으로 간주한다.[6]

유기체적인 공동체의 구성원은 「시민」이 아닌 말 그대로 「수족(member)」이었다.[7] 팔다리는 몸통과 기능적으로나 생물학적으로나 불가분의 관계에 있다. 따라서 「수족」들은 당연히 몸 전체의 건강과 안녕에 대하여 「공동의 이해」를 갖고 있다. 그러나 그 「공동의 이해」를 어떻게 규정하고 극대화시킬 것인지에 대하여 의견을 개진하거나 논의에 참여할 수 있는 여지는 없었다. 「정체(body politic)」라는 중세의 개념은 봉건체제가 고도의 유기체적 통합성을 유지해야 함을 강조하였으나 통합을 유지하는 주체는 오직 군주뿐이었다. 「정체」론은 봉건 군주들과 영주들의 이해를 대변하는 이론에 불과했다.

「정치」는 「백성」이나 「민중」들에게는 신비롭기만 하고 감히 접근할 수 없는 것이었다. 「머리」가 하는 일을 「수족」이 이해하고 간여할 수는 없는 노릇이었다.[8]

솔즈베리의 존

정치공동체를 유기체로 보는 이러한 사상은 봉건체제의 신분질서를 정당화시켜준다. 왕, 공작, 후작, 남작, 백작 등으로 이어지는 신분질서는 인간의 몸과 같은 유기체일 뿐만 아니라 신이 만든 우주의 질서를 반영한다. 신이 세상을 통치하고 머리가 몸통을 통치하듯이 왕이 나라를 통치해야한다. 천사들이 신 밑에서 9개 층을 형성하듯이 왕 밑에는 귀족들이, 그리스도의 몸인 교회의 수장 교황 아래 사제들이 있는 것이 우주의 질서

홉스의 『레비아단』의 표지 (1651)

다. 이러한 이론은 불평등한 신분질서, 위계질서를 정당화시키고 이

「쟈케리(Jacquerie)의 진압」. 1358년 여름 북부 프랑스에서 일어난 민란. 「쟈케리」는 그 후 프랑스와 영국에서 「민란」을 뜻하는 단어가 된다.

에 대한 복종을 당연한 것으로 만듦으로써 독립적인 정치행위는 이론적으로나 실질적으로 불가능하게 만든다.[9]

절대적인 위계질서를 근간으로 하는 체제를 변화시키는 것은 위로부터의 개혁을 통해서만 가능했다. 그러나 교황이나 군주, 승려들은 자신들이 통치하는 신민들을 정치에 참여시키는 것은 꿈에도 생각하지 못했다. 봉건시대의 전쟁들은 호전적이고 야심만만한 귀족 가문들 간의 무질서한 권력투쟁의 산물이었을 뿐 체제 개혁이나 피지배 계층의 권익을 위한 것이 아니었다. 민란은 절망적인 상황에서 농민들이 무질서하게, 아무런 정치적 목표나 계획도 없이 저항하는 허망한 몸짓에 불과했다. 불변하는 질서, 위계적이고 유기체적이며 사적이고 특수한 관계를 추종하고 전통을 중시하는 봉건적 세계관은 정치적 사유나 행위를 원천적으로 차단하였다.[10]

마키아벨리와 정치의 부활

중세 봉건체제의 붕괴와 르네상스로 고대 그리스와 로마의 문명이 다시 서유럽에 소개되면서 공화주의와 민주주의에 대한 관심과 이해도 싹트기 시작한다.[11] 특히 일부 북부 이탈리아의 도시국가들은 길드의 독립과 민주적인 운영을 위한 오랜 투쟁을 통하여, 또한 도시국가의 공화정과 독립을 유지하기 위하여 벌여온 투쟁을 통하여 봉건제 하에서와는 근본적으로 다른 정치적 사유와 행태가 가능해진다. 부르크하르트(Jacob Christoph Burckhardt, 1818.5.25.-1897.8.8.)는 이를 다음과 같이 묘사한다.

우리는 이탈리아 도시국가들에서 본능에 자신을 던져버리고, 고삐 풀린 이기주의의 가장 나쁜 모습들을 노정하면서, 옳은 것은 모조리 짓밟고 보다 건전한 문화의 씨앗은 모조리 죽여버리는 유럽 근대 정치의 기상(modern political spirit)을 최초로 목격한다. 그러나 이 잔인한 경향이 극복되거나 어떻게든 상쇄되는 경우에는 새로운 존

재 즉, 의식적인 계산에 의
해 창조된, 예술작품으로서
의 국가가 역사에 그 모습을
드러냈다. 이 새로운 생명체
는 공화국과 전제국가를 막
론한 모든 형태의 국가에서
수백 가지 다양한 방법으로
그 모습을 드러내면서 국가
들의 내부형태는 물론 그 외
교정책까지 규정하였다.[12]

부르크하르트

가장 놀라운 것은 피렌체의 인문주의자들이었다. 이들은 최고수
준의 인문 교육을 통하여 터득한 그리스와 로마의 역사와 사상에 대
한 이해를 바탕으로 시민과 정치, 시민공동체에 대한 신선한 이론
들을 제시한다.

대표적인 이론가는 마키아벨리(Niccolò Machiavelli, 1469.5.3.-
1527.6.21.)였다. 마키아벨리는 중세의 숨막히는 봉건체제에 정면으
로 도전하면서 공화주의와 민주주의를 설파한다. 부르크하르트는
국가와 정치체제를 인간의 이성과 참여를 통하여 키울 수도, 죽일
수도 있고, 강하게 만들 수도, 약하게 만들 수도 있는 살아 있는 존
재로 본 최초의 사상가가 마키아벨리라고 했다. 중세 봉건 시대의
사상가들은 국가를 자연질서의 일부분으로 보고 사람의 몸과 같이

유기체적인 것으로 본 반면 마키아벨리는 국가를 정교한 시계와 같이 만들고 제대로 작동하게 만들 수 있고 그것이 정치인의 역할이라고 보았다.[13] 다시 말해서 마키아벨리는 고대 그리스인들처럼 국가를 시민들의 「탁월함(arête, virtus, virtue)」을 통해서 「정치적 동물」

마키아벨리

인 인간이 인위적으로 만들고 유지하는 것이라고 생각했다.

마키아벨리는 격동기를 살았던 동시대의 인문주의자들처럼 실로 다양한 정치체제를 경험한다. 중세에는 감히 상상할 수 없었던 일이다. 마키아벨리는 1494년 피렌체에서 메디치 가문이 축출되고 공화정이 복원되었을 때 정부에 합류한다. 1500년대 초반에는 교황청 대사를 역임하면서 교황청 내의 적나라한 권력투쟁을 직접 목격한다. 피렌체로 돌아온 후에는 고대 그리스와 로마공화국을 따라 민병대를 조직한다. 1509년에는 그가 지휘하는 피렌체의 민병대가 피사의 군을 격파한다. 그러나 1512년 메디치 가문은 교황 율리오 2세(Papa Giulio II, 제216대 교황, 재위: 1503.10.31.-1513.2.21.)의 지원을 받아 스페인 용병들을 고용하여 피렌체의 민병대를 프라토(Prato) 전투에서 격파한다. 이로써 공화정은 무너지고 마키아벨리는 구속되어 고문을 받고 풀려나지만 다시는 정치에 참여하지 못한다. 그는 만년까지 정계에 있는 유력 인사들과 편지를 주고 받으면서 참정의 기회를 찾지만 실패한다.

피렌체의 공화정, 교황청의 전제주의, 이탈리아의 종주권을 놓고 끊임없이 격돌하던 발루와(Valois) 절대군주제 하의 프랑스와 카를 5세의 신성로마제국, 그리고 고향의 공화정을 끊임없이 위협하던 메디치 가문의 독재를 고루 경험한 마키아벨리의 이상은 로마였다. 마키아벨리는 로마가 강했던 이유는 오로지 공화주의와 민주주의 때문이었다고 믿었다. 그리고 왜 공화주의와 민주주의가 공화정 하의 로마를 왜 강하게 하였는지 다른 체제를 가진 국가들과 비교하면서 설명한다.

마키아벨리는 우선 공화주의와 민주주의가 다양한 계층의 정치 참여를 가능케 함으로써 상이한 이해관계와 세계관을 가진 계층간의 불필요한 갈등과 마찰을 유도할 뿐이라는 봉건주의자들의 비판을 정면으로 반격한다.

> 로마의 귀족들과 평민들간의 갈등을 비판하는 사람들은 로마가 자유로울 수 있었던 가장 중요한 원인을 비판한다. 그들은 그러한 갈등이 가능하게 한 것, 좋은 결과에 주목하기 보다 그 과정에서 나오는 소음과 소란에만 주목한다. 그들은 또한 모든 공화국에는 두 개의 상반된 경향, 즉 평민과 상류층간의 상반된 경향이 있다는 사실과, 자유를 보호하는 모든 법률은 이 두 경향의 충돌 속에서 나온다는 사실을 모른다.[14]

봉건주의자들은 국가가, 사회가, 공동체가 늘 조화롭고 평화롭게 사는 것을 이상으로 생각한다. 그러나 마키아벨리는 고대 그리스와 로마인의 시민들처럼 진정한 정치란 논쟁적이고, 격정적이고, 소란스럽고, 시끄러운 것이며 자유와 역동성은 바로 여기에서 나온다는 사실을 정확히 알고 있었다.

그러나 그 방법이 과했고 거의 야만적이었다고 이의를 제기하는 사람도 있을 것이다. 봐라, 사람들이 모여서 상원을 상대로 얼마나 소란을 피웠는지, 상원이 얼마나 사람들을 비난하였는지, 사람들이 얼마나 길거리에서 이리 뛰고 저리 뛰었는지, 가게들이 얼마나 자주 닫히고 평민들이 떼를 지어서 로마 밖으로 나가버리는 등 이에 대해서 읽는 사람들로 하여금 공포에 질리게 만들 그런 일들이 많았는지.

나는 이렇게 답한다. 모든 도시는 거주민들의 야심이 배출될 수 있는 길과 방법을 찾아야 한다. 특히 중요한 과업에 주민들을 동원할 생각이 있는 도시들은 더욱 그렇다. 로마는 그런 길과 방법을 제공한 도시 중 하나였다. 예를 들어 주민들이 특정 법안이 통과되기를 원한다면 앞에서 얘기한 식으로 행동을 하든지(소동을 피우든지) 아니면 전쟁에 자원하는 것을 거부함으로써 시의 입장에서는 이를 무마하고자 어느 정도 만족시켜줄 수 밖에 없었다.[15]

무지한 평민들을 정치에 참여시키는 것은 잘못이라고 비판하는 봉건적 온정주의자들에게 마키아벨리는 다음과 같이 답한다.

인민이 요구하는 것들도 자유에 해로운 경우는 드물다. 왜냐하면 그 요구사항들은 인민이 억압받고 있거나 억압받게 될 것이라는 의심이 들어서이며 만일 이것이 오판이었다면 공적인 무대가 마련되어 있어서 누군가가 올라가서 군중들에게 그들이 잘못 알고 있었음을 설득하면 된다. 그리고 툴리우스(키케로)가 말하였듯이 인민들이 무지할 수는 있지만 진실을 파악할 능력은 있으며 믿을 만한 사람이 사실을 있는 그대로 보여줄 경우에는 흔쾌히 받아들인다.[16]

그리스와 로마 정치사상가들의 후예답게 마키아벨리는 다양한 정치체제에 대한 해박한 지식을 바탕으로 로마의 공화정과 민주주의의 우월성을 주장한다. 물론 로마가 추구하는 것이 평화와 안정이었다면 공화정과 민주주의를 택해서는 안 되었다. 베네치아처럼 과두정을 택하든지 스파르타처럼 왕정을 택했다면 훨씬 평화로웠을 것이다. 그러나 그 대신 로마 같이 위대해질 수는 없었다.

모든 것을 고려할 때 로마가 앞에서 언급한 나라들과 같이 평화롭기 위해서는 로마의 입법자들은 두 가지 중 하나를 해야 한다: 베네치아 사람들처럼 평민들을 전쟁에 동원하지 않거나 스파르타 사람들처럼 외국인들을 받아들이지 말아야 한다. 로마는 둘 다 했고 그렇게 함으로써 평민들에게 소동을 부릴 수 있는 힘과 수 없이 많은 기회를 끊임없이 제공하였다. 반면, 만일 로마의 정부가 평화를 유지하는 것을 목표로 하였다면 다음과 같은 불편한 일들이 일어났을 것이다: 로마가 위대해 질 수 있었던 근원을 차단해버림으로써 로마는 더 약해졌을 것이고, 따라서 소란의 원인을 제거하는 과정에서 로마 팽창의 원인도 제거했을 것이다.[17]

왕정과 과두정은 공화정이나 민주정보다 평화롭고 안정적이다. 가부장과 전제군주가 통치하는 세계에서 갈등과 마찰은 용인되지 않는다. 그러나 고대 그리스의 비극이 보여주듯이 그 대가는 복수의 악순환이다. 반면 아테네의 폴리스나 로마의 원로원은 시끄럽고 소란스러운 곳들이었다. 그러나 그 대가는 자유와 위대함이었다.

　마키아벨리의 공화주의 실험은 실패로 돌아간다. 그러나 그는 끝까지 인문학자의 삶을 산다. 낙향하여 칩거하면서 저술에만 전념하던 마키아벨리가 이 당시 친구 프란체스코 베토리(Francesco Vettori)에게 보낸 편지에는 인문학자의 참 모습이 그려져 있다.

저녁이 오면 나는 집으로 돌아와 나의 서재로 갑니다. 나는 문 앞에서 흙과 오물이 묻은 작업복을 벗고 대사나 입을 옷을 입습니다. 정장을 하고 나면 나는 오래 전에 죽은 군주들의 고대 조정에 등청합니다. 거기서 나는 따뜻한 환대를 받고 유일하게 나의 원기를 회복시켜주는, 나를 위해 준비된 양식을 먹습니다. 나는 수줍어하지 않고 그들에게 말을 걸고 그들이 왜 그렇게 행동했는지 설명해 달라고 하고 그들은 친절하게 답을 해줍니다. 나는 모든 근심걱정을 잊습니다. 그때만큼은 가난도 무섭지 않고 죽음도 두렵지 않습니다. 나는 온전히 그들을 통해서 삽니다.[18]

피렌체의 산타 크로체 성당에 있는 마키아벨리의 무덤

마키아벨리는 1527년 6월 21일, 58세의 일기로 페르쿠씨나의 산탄드레아(Sant'Andrea in Percussina)라는 피렌체 외곽의 작은 마을에서 숨을 거둔다.

마르크스와 정치의 소멸

18, 19세기 유럽에는 소위 「그리스 광풍(Graecomania, Philhelle-nism)」이 휩쓸고 있었다. 특히 독일에서는 고대 그리스 문명이 건축, 교육제도, 미학, 사회, 정치 등 전 분야에 걸쳐 지대한 영향을 끼친다. 훔볼트(Friedrich Wilhelm Christian Carl Ferdinand von Humboldt,

베를린의 브란덴부르크 문

뮌헨의 프로필레아(Propylaea)

바이에른주 레겐스부르크의 발할라

대영박물관

오스트리아의 국회의사당

필라델피아 미술관

1767.6.22.-1835.4.8.)는 「그리스인들은 인간이란 개념의 가장 모범적인 표현이었다」라고 하였다. 헤겔, 빙켈만(Winchelmann (Johann Joachim Winckelmann, 1717.12.9.-1768.6.8.), 레씽, 실러, 괴테 등 계몽주의 시대의 독일 인문학자들은 모두 「그리스 광풍」의 산물들이

워싱턴의 링컨 기념관

다. 이들에게 고대 그리스인은 인간의 보편성, 자아 실현 능력, 자유, 독립성, 미적 감각을 대표하는 존재였다.

마르크스(Karl Marx, 1818.5.5.–1883.5.31.)도 마찬가지였다. 트리어(Trier)의 고등학교와 본 대학과 베를린 대학에서 마르크스는 당시 독일의 부르주아 집안 출신 청년이 받을 수 있는 최고의 고전 교육을 받는다. 그의 1841년 박사학위 논문 제목은 「데모크리투스(Democritus)와 에피큐루스(Epikouros)의 자연철학 비교연구」였다.[19] 고전에 대한 공부와 애정은 평생 이어졌다. 그의 딸 엘레노어(Eleanor)에 의하면 놀라운 뛰어난 기억력을 가진 마르크스는 「호메로스 서사시의 칸토(canto: 장편시의 장)들을 처음부터 끝까지 암송할 수 있었다」고 한다.[20] 영국의 저명한 마르크스주의 사학자 드세인트크

로익스(Geoffrey Ernest Mau-
rice de Ste. Croix, 1910.2.8.-
2000.2.5.)는 마르크스에 대해
다음과 같이 말한다:

마르크스

> 그의 글들에는 그리스와 로
> 마의 역사, 문학 그리고 철
> 학에 대한 언급이 놀라울 정
> 도로 많다. 그는 무수한 맥
> 락에서 그리스 작가들을 (번
> 역본으로보다는 원문으로)

인용한다. 라틴 작가들도 마찬가지다. 아이스킬로스, 아피안, 아
리스토텔레스, 아테네이우스, 데모크리투스, 디오도루스, 디오니소
스, 에피규로스, 헤로도투스, 헤시오도스, 호메로스, 이소크라테스,
루시안, 핀다르, 플루타크, 섹스투스 엠피리쿠스, 소포클레스, 스트
라보, 투쿠디데스, 크세노폰 등등……박사학위 논문 이후 고전세계
에 대한 긴 글을 쓸 기회는 없었지만 놀라운 혜안을 보이는 언급은
수 없이 하였다.[21]

그러나 마르크스는 해박한 고전에 대한 지식을 바탕으로 고대 그
리스의 「정치」를 전복시킨다. 고대 그리스인들은 「경제」를 의식주를
해결하기 위한 노동의 영역, 생존을 위한 「수단」으로 간주하고 「정

치」를 「그 자체적으로 의미 있는 일」, 「그 자체가 목적인 일」을 할 수 있는 영역으로 간주하였다. 경제는 필요하지만 가치 있는 삶, 인간다운 삶은 「정치」의 영역에서만 가능하였다. 반면 마르크스는 당시 아담 스미스나 리카르도 같이 모든 가치는 「노동」에서 나온다는 「노동가치설」을 주장한다.

소위 세계사라는 것은 전부 인간이 인간의 노동을 통하여 창조한 것에 불과하다. [22]

상품이 가치가 있는 것은 사회노동의 결정체이기 때문이다. 그 가치의 크고 작음, 또는 상대적 가치는 그 상품에 내재된 사회적 요소, 다시 말해서, 그것을 생산하기 위해서 소요되는 노동의 상대적 규모에 이해서 결정된다. [23]

사용가치, 또는 유용한 물건이 가치를 가치를 가질 수 있는 것은 추상적인 인간의 노동이 그 속에 객관화되고 실체화되었기 때문이다. 그렇다면 가치의 규모는 어떻게 측정할 수 있는가? 그 물건이 포함하고 있는 「가치-창조의 요소」, 즉 노동의 양을 통해서다. 이 양은 그것이 지속된 시간으로 측정되고 노동시간은 시간, 날 등의 단위로 측정할 수 있다. [24]

모든 가치는 노동에 의해서, 즉 「경제」의 영역에서 창조되는 반면

「정치」의 영역은 경제적 「토대(base)」에 의해서 규정되는 「상부구조(superstructure)」에 불과하다.

자신들의 존재를 사회적으로 생산하는 과정에서 인간은 필연적으로 자신들의 의지와는 관계가 없는 특별한 관계, 즉 생산을 위한 물질적 토대의 발전 단계에 적합한 생산양식의 관계를 형성하기 마련이다. 이러한 생산관계들의 총합은 그 위에 법률적, 정치적 상부구조가 올라가고 그에 따른 특정한 형태의 사회적 의식이 형성되는 사회의 경제적 구조, 진정한 토대를 형성한다. 물질적 삶의 생산양식은 사회적, 정치적, 지적인 삶의 전반적인 과정을 규정한다. 인간의 존재를 규정하는 것은 그들의 의식이 아니라 그들의 사회적 존재다. 특정 발전 단계에 도달하면 사회의 물질적 생산력은 기존의 생산관계 ─ 법률적인 용어로 표현하자면 지금까지 작동하던 소유관계 ─ 의 틀과 충돌하기 마련이다. 이들 관계들은 생산력의 발전 형태에서 그것을 저해하는 요소로 바뀐다. 그때부터 혁명의 시대가 시작된다. 경제적 토대의 변화는 조만 간에 거대한 상부구조 전체의 변화로 이어진다.[25]

엥겔스(Friedrich Engels, 1820.11.28.-1895.8.5)는 경제적 토대의 「반영」에 불과한 「상부구조」인 국가마저도 공산주의가 도래하고 생산관계의 계급적 모순이 사라지면 스러지고 말 것이라고 한다.

국가는 사회전체의 공식적인 대표, 즉 사회가 가시적으로 구체화된 것이었다. 그러나 그것도 그 당시 사회전체를 대표하는 특정 계급의 국가, 즉 고대에는 노예를 소유 한 시민들의 국가, 중세에는 봉건영주들의 국가, 우리시대에는 부르주아의 국가였기 때문이다. 종국에 국가가 진정으로 사회전

엥겔스

체를 대표하게 되는 순간, 국가는 불필요한 것이 된다. 복속시켜야 할 사회계급이 사라지는 순간, 우리 시대가 겪고 있는 생산의 무정부상태에 기반한 계급 통치와 생존을 위한 개인들의 투쟁, 그리고 그것이 야기하는 충돌과 무절제가 제거되는 순간, 더 이상 억압해야 할 것이 없게 되면서 특별히 억압적인 세력, 즉 국가는 더 이상 필요 없게 된다. 국가가 진정한 사회전체의 대표로 수립되기 위하여 행하는 첫 조치 – 사회의 이름으로 생산수단을 장악하는 것 – 이는 동시에 국가로서 행하는 마지막 조치가 될 것이다. 국가가 사회 관계에 개입하는 것은 각 영역에서 점차 불필요해지고 결국 스스로 소멸한다. 인간에 의한 통치는 사물에 의한 행정으로 대체되고 결국 생산과정들의 진행에 의해서 대체된다. 국가는 '철폐'되는 것이 아니다. 그냥 소멸된다.[26]

마르크스와 엥겔스는 고대 그리스의 정치-경제관계를 뒤집는다. 고대 그리스인들은 진정 가치 있는 삶은 경제적인 문제가 배제된 「공적 영역」에서 가능하고 자유는 「폴리스」, 즉 「도시국가」에서만 가능하다고 보았다면 마르크스와 엥겔스는 모든 가치는 「노동」에서 나오고 자유는 국가가 소멸될 때 가능해진다고 주장한다. 한나 아렌트가 서양정치사상의 전통이 마르크스에 와서 끝났다고 선언한 이유다.[27]

니체와 비극의 부활

마르크스가 「자본주의」를 유럽문명에 대한 가장 큰 위협으로 간주하였다면 니체는 유럽문명을 멸망으로 이끌고 있는 것은 「허무주의 (nihilism)」라고 진단했다. 니체는 허무주의의 근원을 소크라테스의 「형이상학」에서 찾는다. 소크라테스가 발명한 형이상학은 그의 제자 플라톤을 통하여 전파되고 아우구스티누스와 토마스 아퀴나스에 의해 중세 기독교 신학으로 다시 태어난다. 기독교가 유럽문명을 지배할 수 있었던 것은 형이상학을 발명한 소크라테스 본인도 보지 못한 이데아의 세계가 존재할 뿐만 아니라 신앙을 통하여 누구나 경험할 수 있다고 약속하였기 때문이다. 그러나 현세를 그림자로 보고 진리는 오직 「이데아」의 세계, 형이상학의 세계에만 존재한다고 믿으면서 끊임 없이 현세를 부정하고 내세를 긍정하는 형이상학은 이데아의 세계가 도달할 수 없는 세계라는 것이 명백해지는 순간 허무주의로 전락한다. 니체는 유럽이 중세 기독교의 몰락으로 허무주의로 치닫고 시작했음을 간파한다. 「신은 죽었다」는 그의 유명한 명제는 형이상학적 문제, 즉 「현세에서 내세로 어떻게 나갈 것인가?」라는 문제에 대해 중세 기독교의 답이 더 이상 설득력이 없어져버린 상황을 묘사한 것이다.

중세 기독교 윤리는 사람들에게 「본질적 가치(intrinsic value)」라는 것이 있으며, 믿을 수 있는 신이 있으며, 「객관적인 지식」이 가능하다는 것을 보여주었다. 기독교는 「객관적인 진리」가 있으며 인간이 그 진리를 신에 대한 신앙을 통하여 깨달을 수 있다고 한다. 그런 의미에서 기독교는 허무주의에 대한 가장 강력한 예방주사 겸 해독제였다. 그러나 중세 기독교는 「객관적 진리」를 집요하게 추구하는 과정에서 교회 자체가 인간이 만들어낸 구조물, 허상이란 것을 발견하게 되면서 붕괴하기 시작한다. 「종교개혁」은 「진리」만을 추구하는 기독교 정신이 기독교 내부를 겨냥하면서 교회를 안으로부터 붕괴시킨 사건이다. 니체는 유럽이 기독교로부터 벗어나기 시작한 이유가 「우리가 너무 그것(기독교)로부터 너무 멀리 떨어져서 살았기 때문이 아니라 오히려 너무 가깝게 살았기 때문이다」고 한다.[28] 기독교의 와해는 그 자체가 허무주의의 일종이다. 그리고 기독교가 세상에 대한 궁극적인 해석으로 군림하였기 때문에 기독교의 붕괴는 모든 의미의 상실을 야기한다.[29]

니체는 허무주의의 도래를 막을 수 있는 유일한 방법은 소크라테스가 「형이상학」을 발명하기 이전에 존재했던 고대 그리스의 세계관, 소크라테스의 「철학」이 무너뜨린 「정치」의 세계관, 그리스의 전사와 시민들의 세계관의 복원이라고 진단했다. 그러나 당시 독일에서 불고 있던 「그리스 광풍」에 대해서는 비판적이었다. 그는 헤겔(Georg Wilhelm Friedrich Hegel, 1770.8.27.-1831.11.14.), 쇼펜하우어(Arthur Schopenhauer, 1788.2.22.-1860.9.21.), 바그너(Wilhelm Richard Wagner, 1813.5.22.-1883.2.13.)등 선배

젊은 시절의 니체(1861)

철학자, 역사학자, 미술사학자, 음악가들이 고대 그리스를 근본적으로 잘못 이해하고 있다고 생각했다. 니체는 독일인들이 그토록 흠모하고 모방한 「파르테논신전」이나 「비너스상」처럼 기하학적이 구도

니체

와 완벽한 조형미를 갖춘 예술

이 그리스 문명을 대변하는 것이 아니라고 주장했다.

그는 대신 그리스 문명의 정수를 「비극」에서 찾았다. 그리고 비극을 떠받치는 것이 「디오니소스적 세계관」임을 간파한다. 아이스킬로스, 소포클레스, 에우리피데스 등의 비극들이 「디오니소스제」기간 동안 「디오니소스 극장」에서 공연된 것은 결코 우연이 아니었다. 니체는 소크라테스의 철학에 의해서 무너진 그리스 문명을 복원하기 위해서는 소크라테스 이전의 그리스문명의 근원인 비극의 기원을 찾아야 된다고 생각했다. 따라서 니체의 목표는 「디오니소스적 세계관」의 복원을 통한 고대 그리스 정신의 부활이었다. 니체가 「나 이전에는 디오니소스적인 것을 철학적인 파토스로 전환시킨 경우는 없었다. 비극적 지혜란 것은 없었다」라면서 자신을 「최초의 비극 철학자」라고 부른 이유다. 그의 첫 책의 제목은 『그리스 비극의 탄생』이었다.[30]

니체는 우선 당시에 유행하던 그리스 비극에 대한 이해를 비판하는 데서 출발한다. 계몽주의 시대의 지식인들은 그리스 문명의 이성과 예술적 성취를 흠모하는 한편 그리스 비극 해석에 어려움을 겪었다. 대부분은 비극을 비관주의, 허무주의로 이해하였다. 쇼펜하우어가 대표적이었다. 니체는 쇼펜하우어가 「의지와 표현으로서의 세계」라는 글에서 비극에 대해 언급한 것을 직접 인용한다.

모든 형태의 비극이 특유의 숭고함을 느끼게끔 하는 것은 이 세상과 삶을 통하여 진정한 만족을 느낄 수 없으며 따라서 거기에 집착할 아무런 가치가 없음을 깨닫게 해주기 때문이다. 이것이 비극의 정신

이다. 따라서 그것은 체념으로 이어진다.[31]

니체는 곧 이어서 「디오니소스는 나에게는 너무나도 다른 말을 해줬다! 그 당시 이 체념의 철학이야말로 나에게 얼마나 이질적으로 느껴졌는지 모른다!」라고 일갈한다.[32] 니체에게 비극은 세상에 대한 체

쇼펜하우어

념을 종용하는 것이 아니라 오히려 고통 속에서도 삶을 의기양양하게(triumphant) 긍정할 수 있게 해준다. 니체는 비극의 신화에서 실존에 대한 강렬한 긍정을 찾아낸다.

니체에게 그리스 비극에 등장하는 신화는 동화가 아니었다. 비극은 철학이 도래하기 이전에 인간의 실존을 묘사하는 방법이었다.

신화란 세계의 응축된 형상이다…… 신화 없이는 모든 문화는 건강한 자연스러운 창조력을 상실한다. 신화로 규정된 지평선만이 한 문화를 완성시키고 통일시킨다. 신화만이 모든 상상력을 보전하고 아폴로적인 꿈이 방향을 잃고 헤매는 것을 구해줄 수 있다…… 국가도 신화적 토대보다 국가와 종교, 바로 신화로부터 발전해 나온 종교와의 연결을 보장해주는 더 강력한 불문법은 없다는 사실을 안다.[33]

그렇다면 비극에 등장하는 그리스의 신화들은 어떻게 만들어졌나? 니체는 그리스 문화의 신화적 근저, 즉 「아폴론적(Apollinian)」문화가 만들어진 동인을 찾고자 한다. 그리스의 시인들은 왜 그토록 화려한 올림푸스의 신들의 세계를 창조했을까? 니체는 그 이유가 호메로스 세계의 폭력과 카오스를 극복하기 위해서였다고 추정한다. 카오스의 세계는 포도주의 신 디오니소스의 추종자로 반인반수 종족인 실레노스(Silenus)가 가장 적나라하게 표현한다.

> 가장 좋은 것은 인간이 절대로 가질 수 없다: 태어나지 않는 것, 존재하지 않는 것, 무(無)가 되는 것. 그러나 두 번째로 좋은 것은 일찍 죽는 것이다.[34]

소포클레스는 이를 「실레노스의 지혜」라고 한다. 니체는 호메로스가 「일찍 죽는 것이 가장 나쁘고 그 다음으로 나쁜 것은 죽어야만 한다는 것이다」라고 함으로써 「실레노스의 지혜」를 전복했다고 한다.[35]

그리스의 예술이 표현한 올림포스의 신들은 호메로스 시대 이전의 문화를 지배한 실존에 대한 비이성적인 공포를 극복하기 위한 것이었다.

> 그리스인들은 살기 위해서, 가장 원초적인 필요 때문에 이 신들을 만들어야 했다……이 과정은 다음과 같이 상상해볼 수 있다: 태고적 타이탄들의 공포의 질서에서 올림포스의 신들의 환희(joy)의 질서

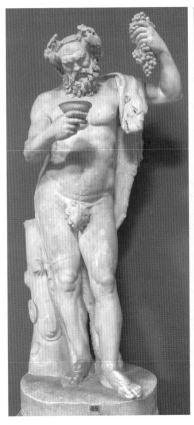

실레노스   아폴론

가 아폴로적인 아름다움에 대한 본능을 통하여 서서히 진화해 나왔

다. 그렇지 않았다면 이 사람들이, 그토록 감성적이고, 그토록 욕망

이 충만하고, 고통을 감내하는데 있어서 타의 추종을 불허하는 사람

들이 그들의 신들, 보다 높은 차원의 영광에 둘러싸인 그들의 신들

을 통해서만 그 공포의 질서를 엿보는 것이 아니었다면 그것을 어떻

게 견딜 수 있었을까? 신들은 이런 방법으로, 즉 그들 자신들도 똑

같은 삶을 삶으로써 인간의 삶을 정당화시켜 준다. - 유일하게 만족

할 만한 신론(神論, theodicy) 아닌가! [36]

올림포스의 신들은 태초의 카오스와 폭력을 질서 잡힌 아름다운 우주로 전환시키는 과정에서 태어난다. 헤겔은 「철학과 종교 강연」에서 헤시오도스의 『신들의 계보』를 다루면서 신들의 전쟁을 그리스 종교의 핵심적인 요소로 간주한다.[37] 니체는 헤겔의 해석을 그대로 받아들인다. 타이탄들을 격퇴하고 신들의 영역이 만들어지면서 원초적인 「카오스(chaos)」는 질서, 즉 「코스모스(cosmos)」로 대체된다. 그 결과 「이들 신들의 밝은 햇빛 아래서의 삶은 그 자체적으로 바람직한 것으로 간주된다.」[38] 올림포스의 신들, 즉 아폴론적 세계는 예술과 함께 탄생한다. 예술은 철학이나 형이상학은 아니지만 형이상학적인 중요성을 지니고 있다. 실존의 가장 공포스러운 측면들은 예술을 통해서만 표현될 수 있고 그것들에 대응할 수 있는 것도 예술을 통해서 뿐이다: 「실존과 세상이 영원히 정당화될 수 있는 것은 오직 예술적인 현상으로써 뿐이다.」

아폴론적 세계관은 아름다움, 예술을 통하여 「개체화(個體化, in-dividuation)」를 이룬다.

아폴론은 우리에게 개체화의 원리(principium individuationis)의 현현(顯現, apotheosis)이다. 이를 통해서만 원초적 일체감이라는 영원한 목표에 도달할 수 있다. 비록 그저 외모를 통한 구원이라 할지라도.[39]

아폴론적 세계관이 인간의 원초적인 카오스와 고통을 극복하는 방법은 아름다움과 선함을 그 위에 덧입힘으로써, 즉「예술」을 통해서다. 그리고 개인을 구분하는 경계선을 긋고, 개인의 한계를 획정한다. 이는「절제」하는 개인을 통해서 가능해진다.

> 아폴론은 그의 제자들로부터 절제(measure)를 강요하고 이를 유지하기 위해서는 자기이해(self-knoweldge)를 요구한다…… 그리고 그와 함께 아름다움을 위해 필요한 미적인 것들과 함께「너 자신을 알라」,「주제를 알라」라는 요구도 등장한다.[40]

「너 자신을 알라」는 너 자신의 한계를 알고 그 한계 안에 머물면서 벗어나려고 하지 말라는 얘기다. 아폴론적인 관점에서 본다면「과도한 자부심(pride)과 무절제(excess)는 비아폴론적인 영역에 살고 있는 가장 적대적인 악귀들이다. 다시 말해서 아폴론적 시대 이전 시대, 타이탄들의 시대를 상징하는 것들이다.」[41] 아폴론적 그리스가 볼 때 디오니소스적인 술주정이야말로「타이타닉(titanic)」하고 야만스러운 것으로 보였다.[42]

아폴론적 세계의 탄생으로 실존이 좋은 것, 자연스러운 것이 되지만 사람들은 점차 과거를 망각하면서「순진(naïve)」해져 버린다. 이 망각과 순진함은 곧 아폴로적인 세계관의 승리를 뜻한다.[43] 그러나 인간은 아폴론적 세계관이 극복해야만 했던 심연의 카오스, 공포는 잊어버린다.

예술에서 「순진함」에 직면할 때 우리는 그것이 아폴론적인 문화의 절정임을 알아 보아야 한다. 동시에 아폴론적 문화는 항상 가장 먼저 타이탄의 제국을 멸망시키고 괴물들을 퇴치하고 심연의 공포스러운 세계관과 고통에 가장 민감하게 반응하는 상태를 가장 강력하고 쾌락적인 환상을 통하여 제패해야만 한다는 사실도 알아야 한다.[44]

이것을 깨닫게 하고 끊임없이 상기시던 것이 그리스의 비극이다.

니체에 의하면 그리스의 비극은 아폴론적인 아름다운 꿈속의 이미지들과 음악을 통하여 표현되는 디오니소스적인 술주정, 만취상태, 흥분상태를 합친 것이다. 디오니소스적인 것과 아폴론적인 것이 융합할 수 있는 계기는 「그 모든 아름다움과 절제에도 불구하고 나의 실존 자체가 고통과 디오니소스적인 것이 보여주는 지식으로 형성된 감춰진 기저에 근거하고 있음을 깨닫는 순간……디오니소스가 없이는 아폴론이 존재할 수 없다! 「타이타닉」하고 「야만적」인 것은 아폴론적인 자제와 절제만큼이나 필요한 것이다.」 라는 깨달음이 제공한다.[45]

실존을 위해서는 이 어두운 심연과 원초적인 근원이 필수불가결한 조건임을 깨닫는 순간 호메로스와 아폴론적인 「순진함」은 깨진다. 그런 순진함은 자신을 망각하기 마련이다. 그리고 자신을 손수 설정해 놓은 경계 속에 가둬 놓고 원초적인 심연과의 관계를 단절하게 되면 우스꽝스러운 존재가 된다. 반면 아폴론적인 개별화의 원칙과 디오니소스적인 원초적 심연이 상호의존적이라는 것을 깨닫게 되면 불협화음이 생긴다. 그리고 그 불협화음 속에서 실존의 진실을 깨닫게 된다. 진실은「절제」와「한계」속에서 찾아지는 것이 아니라「무절제가 진리로 그 모습을 드러낸다. 모순, 고통을 통해 탄생하는 환희(bliss)가 자연의 심장부로부터 말한다.」[46] 인간의 실존은 달콤함과 빛이 아닌 모순과 갈등이다. 아폴론적인 아름다운 개인, 개체들의 세계가 아닌 무절제와 고통과 괴로움을 통하여 얻게 되는 환희다. 로버트 케네디가 인용한 아이스킬로스의 한 구절처럼「잠 속에서도 잊지 못할 고통이 한 방울 한 방울 가슴 위에 떨어진다. 절망 속에서, 우리의 의지와는 반대로, 신의 무서운 은총으로 지혜가 찾아올 때까지.」

비극적 신화는 쇼펜하우어가 생각했듯이 비관주의와 체념으로 회귀하는 것을 뜻하는 것이 아니다. 오히려 그 반대로 비극은 공포와 충격에도 불구하고 실존은 좋은 것임을 보여준다. 비극이 비관적인 측면을 보여주더라도 이 비관주의는 곧 삶의 창조성을 기뻐하는 힘이 된다.「삶은 궁극적으로는 모든 변화하는 현상 속에서도 불멸의 힘과 쾌락이다.」[47]

실존이 좋은 것은 아폴론적인 아름다움과 위대한 개인들을 통해서 표현된다. 따라서 아폴론적인 관점에서 본다면 개별화는 아름답고 좋은 것이다. 왜냐하면 괴물들을 극복하고 타이탄들을 추방하는 한편 자제와 절제, 한계와 지식을 가능케 하기 때문이다.[48] 그러나 아폴론적인 세계관은 그 존재조건으로 생명력 넘치는 자연의 심연을 숨기고 개인들을 그것으로부터 단절시키는 동시에 개인을 살아 움직이는 전체로부터 단절시킬 수 밖에 없다. 디오니소스적인 관점에서 보면 아폴론적인 개별화는 절단, 전체를 가르는 것이다. 이 단절은 개인들이 디오니소스의 재탄생이 상징하는 생명의 원천인 창조적인 과정에 자신을 일치시킴으로써 극복해야 한다. 그렇기 때문에 니체는 비극적 신화에서 주인공이 파멸에 이르는 것이 그저 파멸에 그치는 것이 아니라 전체의 재구성과 재탄생의 과정이라고 한다. 파괴는 융합과 창조의 과정의 이면이다. 비극은 디오니소스적인 무절제와 상태를 아폴론적인 방식으로 표현한 것이다. 「비극적 신화는 아폴론적인 기교(artifice)들을 통해서 디오니소스적인 지혜를 상징하는 것이다.」[49]

소크라테스는 비극을 이해하지 못했다.

소크라테스는 몰이해(misunderstanding) 그 자체였다. 가장 눈멀게 하는 대낮: 어떤 값을 치르더라도 합리성을 추구하는, 밝고, 차갑고, 소심하고, 의식하고, 본능도 없이, 본능에는 반대하는 삶 - 이는 병일 뿐이다. 또 다른 질병일 뿐 결코 「덕성」, 「건강」, 행복으로의 회귀가 아니다. 본능과 싸워야 한다는 것 - 그것은 쇠잔, 퇴폐로 가는 길이다. 삶이 상승곡선을 그리고 있는 한 행복은 곧 본능이다.

소크라테스는 이론적 낙관론자의 전형이다. 그는 사물의 원리를 캐낼 수 있다는 믿음으로 지식과 지혜가 만병통치의 능력을 갖고 있다고 믿는다. 반면 오류는 악(惡) 그 자체로 이해한다. 진정한 앎(true knowledge)을 탐구하여 현상과 오류로부터 분리하는 것이야말로 소크라테스적 인간에게는 가장 고상한, 어쩌면 거의 유일하게 진정 인간다운 소명으로 비친다. 그리고 소크라테스 이후 개념과 판단력, 추론의 기제들은 가장 고귀한 것이자 다른 그 어떤 능력보다 자연이 인간에게 준 가장 귀한 선물로

소크라테스

여겨져 왔다. 가장 숭고한 윤리적 행동도, 동정심, 자기 희생, 의협심, 그리고 너무나도 달성하기 힘든, 아폴론적인 그리스인들이 「소프로수네(sophrosune, temperance, 절제, 자제)」라고 부른 저 영혼의 평온한 바다는 모두 소크라테스와 그의 추종자들이 지식의 변증법을 통하여 도출하면서 오늘날까지도 물려주고 있고 가르칠 수 있는 것으로 간주되고 있다.[50]

그리스인들에 대한 묵상을 통하여 우리의 눈을 강하고 새롭게 하고 우리주변 세상의 가장 높은 영역들을 돌아보자. 그렇게 한다면 우리는 소크라테스가 가장 모범적인 것으로 간주하는 끝없고 낙관적인 지식에 대한 욕구는 비극적인 체념과 궁핍한 예술에 대한 갈망으로 전락해 버렸음을 알 수 있다. 동시에 같은 욕구는 더 낮은 차원에

서는 예술에 대한 적대감으로 표현되기도 하고 그리고 특히 디오니소스적-비극 예술을 혐오해야만 된다. 이는 오래 전 소크라테스주의가 아이스킬로스의 비극을 상대로 벌인 싸움에서 볼 수 있었다.[51]

니체는 비극세계의 회복만이 소크라테스의 형이상학이 잉태한 허무주의로 인하여 서구 근대문명이 몰락하는 것을 막을 수 있다고 믿었다. 비극세계는 곧 정치의 세계다. 니체는 「정치사상가」는 아니었지만 「정치」의 근간인 비극의 근원과 논리를 파헤치면서 복원시키고자 노력하였다. 정치사상은 니체에 많은 빚을 지고 있다.

산업혁명과 정치

18-19세기 서유럽에서 일기 시작한 자본주의 산업혁명은 폭발적인 생산성 증가를 가져온다. 그리고 생산성 증가는 고대, 중세 사회에서는 상상도 할 수 없던 규모의 잉여를 창출한다. 19세기에 도처에서 노예, 농노, 노비가 해방 되는 이유다. 산업혁명에 성공한 국가에서는 한때 노예, 농노, 노비였던 다수의 인구가 과거에는 극소수의 특권층만 누릴 수 있었던 여가를 누리기 시작한다. 그리고 이 「여가」를 이용하여 「학교(school)」에서 교육을 받은 「중산층」은 「참정권」을 요구하면서 「민주화 혁명」을 일으켜 「시민」이 된다. 자본주의 산업혁명은 수 많은 사람들에게 처음으로 고대 그리스가 발명한 「정

치」에 참여할 수 있는 조건을 제공한다.

마르크스는 자본주의의 폭발적인 생산성을 이해하지 못했다. 고전적인 세계관에 갇혀 있던 마르크스는 경제를 여전히 제로섬 게임으로 밖에 이해하지 못했다. 따라서 「자본가」가 막대한 부를 축적할 수 있는 것은 다수의 「프롤레타리아(노동자)」를 착취하기 때문이라고 생각했다. 극소수의 자본가가 모든 부를 갖게 되고 대다수의 노동자들은 노예와 다름 없는 상태로 전락하게 되면 노동자들이 주도하는 「계급혁명」이 일어나 사유재산제를 폐지하고 모두가 「능력에 따라 노동하고, 필요에 따라 분배」하는 공산사회가 도래할 것을 예측했다.

그러나 마르크스의 예측은 빗나갔다. 산업화에 성공하여 세계 10위의 경제대국이 된 한국은 「프롤레타리아 혁명」이 아닌 「시민 혁명」을 경험하였다. 대다수의 한국인들은 「단군이래」 최초로 자식들을 논밭에 보내 노동을 시키는 대신 학교에 보내 공부를 시킬 수 있게 되었다. 한국이 세계 최고의 교육열과 대학진학률을 자랑하는 이유다. 이제 한국은 잉여와 여가를 바탕으로 교육을 받은 「시민」들이 주도하는 사회가 되었다. 세계 1위의 인터넷 보급률, 스마트폰 보급률을 기반으로 전통적인 미디어는 물론 각종 신종 SNS를 통하여 수많은 시민들이 정치에 참여하고 있다. 한국은 이제 본격적인 「정치」의 시대에 접어들고 있다.

결론

◆

한국의 정치

결론

한국의 정치

정치는 인간사회의 가장 원초적인 작동원리인 생존(경제)과 복수(정의)를 극복하기 위하여 발명되었다. 민주주의는 정치를 하기 위하여 고안된 제도다. 정치와 민주주의의 유일한 수단은 「말(수사)」을 통한 설득이다. 강제와 폭력은 일체 허용되지 않는다. 궁극적인 목적은 타협을 통한 공화(共和), 공존(共存), 공영(公營)이다.

한국은 민주공화국이다. 그러나 한국의 정치인들은 「공화」를 위한 비전을 감동적인 「말」로 제시하고 설득할 줄 모른다. 그렇기에 표를 모으기 위해서는 학연, 혈연, 지연 등 봉건적인 연고주의에 기반한 패거리 정치, 중상모략, 스캔들 터뜨리기에 의존할 수 밖에 없다. 궁극적인 목표는 경제적 이권과 복수다. 한번 잡은 권력은 놓을 수 없다. 이권을 빼앗기고 복수를 당하는 것이 두렵기 때문이다. 그러면서 자신들은 정치를 하는 것으로 착각한다. 정치는 원래 그런 것이라고 자위하면서.

말과 설득을 통한 타협은 어느 편도 완전히 만족시킬 수 없다. 정치가 어려운 이유다. 독일을 통일한 「철혈재상」 비스마르크(Otto von Bismarck, 1815.4.1.−1898.7.30)는 「정치는 가능한 것, 달성할 수 있는 것의 예술이다. 다시 말해서 차선책의 예술이다」고 하였다.[1] 미국의 경제학자 갈브레이스(John Kenneth Galbraith, 1908.10.15.−2006.4.29.)는 더 냉소적이었다. 그는 「정치는 가능한 것의 예술이 아니다. 정치란 처참한 것과 밥맛 떨어지는 것 중에서 선택하는 것이다」고 하였다.[2] 비스마르크나 갈브레이스 모두 정치는 이상적인 것, 완벽한 것을 추구해서는 안 된다는 점을 강조한다.

이는 그저 일이 되게 하기 위한 편의주의적 사고에서 나온 얘기가 아니다. 충분한 시간을 갖고 토론하면 「정답」을 얻을 수 있겠지만 그럴 시간이 없기 때문에 「일단」 빨리 결정하고 넘어가자는 것이 아니다. 인간의 이성과 본성, 능력에 대한 깊은, 보다 근본적인 의심, 회의에서 나오는 얘기다. 인간은 「정답」을 찾을 수 있는 능력도 없을뿐더러 특히 정치에서는 「정답」이란 것은 없다는 얘기다. 「정답」은 수학과 이론, 이념 속에만 있지 현실, 특히 정치에는 없다는 얘기다.

인간은 완벽한 진리를 찾아낼 수 없는 존재다. 최소한 속세에서는 그렇다. 따라서 지상에서는 이상적인 사회나 국가를 건설할 수 없다. 「이상국가」나 「이상사회」란 모든 문제가 해결된 국가와 사회다. 이상국가를 건설할 수 있다는 믿음은 인간의 이성으로 풀 수 없는 문제가 없고 해결할 수 없는 일이 없다는 믿음이다. 그리고 국가와 그 국가의 지도자가 모든 문제에 대한 답을 갖고 있다는 믿음이다.

이것은 거짓말이다. 인간의 이성과 능력을 비하해서 하는 얘기가 아니다. 인간은 분명히 이성적인 존재다. 그러나 역사는 인간이 자신의 이성과 능력을 믿고 완벽을 추구할 때, 이상을 현실에서 실현시키고자 할 때 얼마나 큰 비극을 초래하는지 보여준다.

기원전 5세기의 고대 그리스인들은 비극을 통해서 인간은 안다고 생각하지만 가장 중요한 것은 모르는 존재, 조심스럽게 선택을 한다고 하지만 실질적으로는 감정과 욕구의 노예가 되어 잘못된 선택을 하는 존재임을 절감했다. 그리고 이 교훈을 바탕으로 민주주의와 정치를 발명한다. 그러나 이미 고대 아테네 때부터 비극적인 인간관과 이에 기반한 정치에 불만을 품고 인간세계의 갈등, 모순, 이율배반, 이기심, 욕구를 완벽하게 해결하고 해소할 수 있는 이상국가가 있고 그러한 이상국가에 도달할 수 있는 방법이 있다고 주장하는 「이상주의자(idealist)」들이 나온다. 소크라테와 플라톤은 고대 그리스의 시민들이 정치를 하는데 사용한 「수사학(rhetoric)」 대신 「변증법(dialectic)」을 사용하면 「이상(idea)」에 도달하고 「이상국가(ideal state)」를 건설할 수 있다고 주장한다.

현세에서 이상국가를 건설할 수 있다는 플라톤의 형이상학은 「천국」을 이 땅에서 대변하고 「천국」으로 가는 길의 비밀을 알고 있다고 주장하는 초기 기독교 신학의 이론적 틀을 제공해 준다. 그리고 신의 뜻이 자신들의 전유물이라고 주장한 가톨릭 교회와 왕권신수설을 주장한 왕들과 귀족들이 이 억압과 폭력, 무지가 난무하는 사회를 건설하고 통치한다. (조선에서는 「격물치지(格物致知)」를 통하여 진정한 앞에 도달한 사대부들이 진정한 문명은 자신들만이 해석할 수 있는 것이라고 주장하면서 「사문난적(斯文亂賊)」을 숙청하면서 유사한 사회를 건설했다.) 그리고 자연과학과 기술을 발달시키고 이를 역사의 발전 법칙을 알아냈다는 이데올로기와 접목시킨 20세기는 가톨릭 교회(와 조선 성리학)의 편협함과 폭력성은 조족지혈이었음을 보여준다.

만일 당신은 인류의 모든 문제에 대한 해결책이 있다고 진정 믿는다면, 사람들이 해야 될 일을 하기만 하면 이상사회에 도달할 수 있다고 믿는다면, 그렇다면 당신과 당신의 추종자들은 그러한 낙원의 문을 열기 위해서는 그 어떤 대가도 치를 수 있다고 믿을 것이다. 단순한 진리를 가르쳐주는데도 이에 저항하는 것은 아둔하고 악한 자들뿐이다. 저항하는 자들은 설득해야만 한다. 설득이 불가능하다면 그들을 제어할 수 있는 법안들을 통과시켜야 한다. 그것도 안되면 강압, 어쩔 수 없다면 결국은 폭력이, 필요하다면 공포와 학살이 필연적으로 동원되어야 한다. 레닌은 『자본론』을 읽은 후 자신이 제안한 방식을 통하여 정의롭고, 평화롭고, 행복하고, 자유롭고, 도덕적인 사회를 건설할 수 있다면 그 목적을 달성하는데 필요한 어떤 수단도, 말 그대로 그 어떤 수단도 정당화될 수 있다고 일관되게 주장하였다.[3]

결과는 자국민 6천만명을 학살한 레닌과 스탈린의 반인륜적, 비인간적, 잔인 무도한 전체주의, 4천만명을 굶어 죽이고 때려 죽인 모택동의 「인민 민주주의」, 8백만의 전체 인구 중 2백 5십만명을 처형시키고 굶어 죽인 캄보디아 「크메르루즈(붉은 크메르)」의 「킬링필드」, 3대에 걸친 「수령체제」를 유지하면서 동족을 죽이고 수용소에 보내서 고문하고 굶어 죽이고 때려죽이는 북한의 「노동자의 낙원」이었다.

모든 갈등과 모순이 사라진 이상국가를 건설할 수 없는 이유는 인간이 가장 소중하다고 생각하고 절대적이라고 여기는 가치들이 서로 조화될 수 없기 때문이다.

인류는 항상 자유, 안보, 평등, 행복, 정의, 지식 등등을 갈구하여 왔다. 그러나 완벽한 자유는 완벽한 평등과 양립할 수 없다. 인간이 완전히 자유롭다면 늑대들은 자유롭게 양들을 잡아먹을 것이다. 완벽한 평등은 인간의 자유가 제한되어야만 가능하다. 가장 능력 있고 재능 있는 사람들도 그들과의 경쟁에서 질 수 밖에 없는 사람들을 생각해서 능력과 재능을 마음껏 발휘하도록 놔두면 안 된다. 안보, 그리고 모든 자유도 그것들을 마음껏 유린할 수 있는 자유를 허용한다면 보전할 수 없다. 사실 모두가 안보와 평화만 원하는 것도 아니다. 만일 그렇다면 전쟁이나 위험한 스포츠를 통해서 영예를 추구하는 사람들이 있을 리가 없다. 정의는 인류의 이상이지만 자비와 꼭 조화될 수 있는 것이 아니다. 창의적인 상상력과 순발력은 멋진 것들이지만 계획을 짜고, 조직을 만들고, 신중하게 책임을 다 할 수 있도록 숙고하는 것과는 완벽하게 조화될 수 없다. 지식, 진리의 추구 등 가장 숭고한 목표들은 행복, 자유와 항상 양립할 수 있는 것이 아니다. 내가 불치의 병을 앓고 있다는 것을 아는 것은 나를 더 행복하게도, 자유롭게도 해주지 못하기 때문이다. 우리는 항상 선택해야 한다. 평화와 열정 중에서, 지식과 행복한 무지(blissful ignorance) 중에서, 등등… [4]

민주주의는 인간의 모든 가치를 조화시키고, 모든 모순을 제거한 완벽한 사회는 건설할 수 없음을 아는 사람들이 생존과 공존, 최소한의 정의, 한시적인 평화를 위한 차선책으로 도입한 제도다. 처칠(Winston Churchill)은 다음과 같이 말했다.

이 죄악과 고통의 세상에서 인류는 다양한 형태의 정부를 시도해봤고 앞으로도 시도할 것이다. 민주주의가 완벽하거나 가장 지혜로운 체제라고 감히 주장할 사람은 없다. 실제로 민주주의는 인류가 때때로 시도해본 다른 모든 체제들을 제외하고는 최악의 정부형태라는 사람들도 있다. [5]

정치는 최선의 차선책을 찾는 예술이다. 민주주의는 아무리 개조해도 인간은 완벽해 질 수 없는 존재라는 사실을 아는 사람들이 건설하고 가꾼다. 미국 헌법의 전문은 다음과 같이 시작한다.

우리 합중국의 인민들은 보다 완벽한 연방을 형성하기 위하여…[6]

완벽한 연방을 형성하는 것이 아니라 보다 완벽한 연방을 건설하는 것이 목표다. 항상 완벽을 추구하되 결코 완벽해 질 수 없음을 알기 때문이다. 미국 민주주의의 비밀이다. 미국 헌법의 아버지 매디슨 (James Madison, Jr., 1751.3.16.-1836.6.28.)은 성인군자의 반열에 오른 지도자가 출현하여 미국을 다스릴 것이라고 기대하지 않았다. 오히려 무지한, 형편없는 인격을 가진 사람도 민주주의 국가에서는 지도자가 될 가능성이 충분히 있다고 생각했다. 따라서 미국의 정치 체제는 어떤 한 사람이, 그 사람이 비록 대통령이라 할지라도 망칠 수 없도록 삼권분립을 하고 의회를 상, 하원으로 나누고, 대통령 선거도 인구의 절대다수가 아닌 「선거인단」이 선출하도록 고안했다.

이처럼 불완전한 인간들이 인간의 불완전함을 절감하여 만든 민주주의는 설득과 투표를 통하여 유지된다. 서로의 지식이 불완전함을 알기에 능력껏, 자신이 갖고 있는 모든 지식과 최고의 수사를 총동원하여 상대방을 설득하되 모두를 완전하게 설득하는 것은 불가능하기에 투표를 통하여 사안을 결정한다. 물론 투표도 최소한 2, 4, 5년에 한번씩 반복한다. 상황이 바뀌고 사람들의 지식과 심리가 늘 바뀌기 때문에 늘 새로운 지도자들을 선출해야 한다.

설득과 투표가 가능하기 위해서는 예의, 우의, 겸양, 타협과 절제, 용기가 필요하다. 링컨의 우상이었으며 「1850년의 타협(The 1850 Compromise)」을 주도하여 남북전쟁의 발발을 10년 지연시킨 「대 타협가(The Great Compromiser)」 클레이(Henry Clay, 1777.4.12.-1852.6.29.)는 다음과 같은 말을 남겼다.

모든 법, 모든 정부, 모든 사회는 양보, 공손함, 우의, 예의의 원칙에 기반한다. ……자신을 인류보다 우월하다고 생각하는 사람, 자신은 인간의 약점, 허약함, 모자람, 부족한 점을 안 갖고 있다고 생각하는 사람은 원한다면 「나는 결코 타협하지 않을 거야」라고 말하도록 내버려둬라. 그러나 우리 모두가 갖고 있는 원초적인 단점들을 갖고 있는 사람들은 결코 타협을 경멸해서는 안될 것이다.[7]

미국의 정치학자 로씨터(Clinton Rossiter, 1917.9.18.-1970.7.11.)는 다음과 같이 말했다.

민주주의 없는 미국은 없다. 정치 없는 민주주의는 없다. 정당 없는 정치는 없다. 타협과 절제 없는 정당은 없다.[8]

책을 오크쇼트의 말을 인용하면서 시작했다. 이제 오크쇼트의 또 다른 말을 인용하면서 마칠 때다.

정치를 할 때 인간은 끝도 없고 깊이도 알 수 없는 망망대해를 항해한다. 쉴 항구도, 닻을 내릴 수 있는 바닥도, 출발점도, 정해진 행선지도 없다. 오직 가라앉지 않도록 균형을 잡는 것이 목표다. 바다는 친구가 되기도 하고 적이 되기도 한다. 항해술이라고는 전통적인 행동 방식의 유산들을 이용하여 어려운 상황이 올 때마다 유리한 것으로 만들어보고자 노력하는 것뿐이다.[9]

부록

◆

연설

Pericles' "Funeral Oration" (BC 431?) [1]

Most of my predecessors in this place have commended him who made this speech part of the law, telling us that it is well that it should be delivered at the burial of those who fall in battle. For myself, I should have thought that the worth which had displayed itself in deeds would be sufficiently rewarded by honors also shown by deeds; such as you now see in this funeral prepared at the people's cost. And I could have wished that the reputations of many brave men were not to be imperiled in the mouth of a single individual, to stand or fall according as he spoke well or ill. For it is hard to speak properly upon a subject where it is even difficult to convince your hearers that you are speaking the truth. On the one hand, the friend who is familiar with every fact of the story may think that some point has not been set forth with that fullness which he wishes and knows it to deserve; on the other, he who is a stranger to the matter may be led by envy to suspect exaggeration if he hears anything above his own nature. For men can endure to hear others praised only so long as they can severally persuade themselves of their own ability to equal the actions recounted: when this point is passed, envy comes in and with it incredulity. However, since our ancestors have stamped this custom with their

페리클레스의 「추도사」 (기원전 431?)

앞서 이 자리에서 연설한 분들은 대부분 전몰장병들의 명예를 기리기 위해서라면, 이 연설 순서를 장례식순에 포함시키는 것이 충분한 가치가 있는 옳은 결정이라 하였습니다. 그러나 저는 그분들의 고결한 희생을 기리는 것은 오늘 시민들의 부담으로 거행하는 이 장례식 만으로도 충분하다고 생각합니다. 만일 그랬다면 용맹했던 분들의 명예가 어느 한 사람의 말에 좌우되는 일, 즉 그의 언변이 좋은지 나쁜지에 따라 드높여지거나 더럽혀지는 일은 없었을 것입니다. 청중들에게 자신의 진실성 조차 설득하는 것이 어려운 상황에서 이러한 주제에 대해서 합당한 말을 한다는 것은 어렵기 때문입니다. 한편으로 내용을 이미 완벽하게 알고 있는 전몰자의 친구는 어떤 부분은 그가 바라는 만큼 자세하게 이야기가 안되었다고 생각할 수 있습니다. 다른 한편, 내용을 잘 모르는 사람은 자신의 능력을 뛰어넘는 얘기를 들으면 시기하는 마음이 생기고 과장이라고 의심할 수도 있습니다. 인간이 다른 사람들에 대한 칭찬을 들을 수 있는 것은 자신도 그 정도는 할 수 있다고 생각할 때입니다. 그러나 그 정도를 뛰어넘는 경우에는 질투하기 시작하면서 믿지 않으려 하기 마련입니다. 그러나 우리 선조들이 승인한 순서이기에 법을 따르고 제 능력껏 여러분들의 다양한 기대와 뜻을 저버리지 않도록 노력하는 것이 제 임무일 뿐입니다.

저는 우리 선조들에 대한 이야기로 시작하겠습니다. 이러한 자리

approval, it becomes my duty to obey the law and to try to satisfy your several wishes and opinions as best I may.

I shall begin with our ancestors: it is both just and proper that they should have the honor of the first mention on an occasion like the present. They dwelt in the country without break in the succession from generation to generation, and handed it down free to the present time by their valor. And if our more remote ancestors deserve praise, much more do our own fathers, who added to their inheritance the empire which we now possess, and spared no pains to be able to leave their acquisitions to us of the present generation. Lastly, there are few parts of our dominions that have not been augmented by those of us here, who are still more or less in the vigor of life; while the mother country has been furnished by us with everything that can enable her to depend on her own resources whether for war or for peace. That part of our history which tells of the military achievements which gave us our several possessions, or of the ready valor with which either we or our fathers stemmed the tide of Hellenic or foreign aggression, is a theme too familiar to my hearers for me to dilate on, and I shall therefore pass it by. But what was the road by which we reached our position, what the form of government under which our greatness grew, what the national habits out of which it sprang;

에서 먼저 그분들을 기억하는 것은 옳고 합당한 일이라고 생각합니다. 그분들은 대대로 이 땅에 살아 오면서 용맹으로 지켜낸 자유의 땅을 오늘에 물려주었습니다. 그리고 우리의 먼 조상들이 칭송을 받아 마땅한 만큼 자신들이 획득한 것들을 우리 세대에 물려주고자 모든 고통을 감내하면서 결국 자신들이 물려받은 유산에 우리가 지금 보유하는 이 제국을 추가한 우리의 아버지들은 더욱 칭송 받아 마땅합니다. 끝으로, 우리의 영토 중에 여기에 모인 우리들, 아직 활력이 넘치는 우리들이 넓히지 않은 곳이 없습니다. 그리고 우리는 모국이 전시든 평시든 필요한 모든 자원을 자력으로 공급하는데 필요한 모든 것을 확보해 놓았습니다. 우리의 역사에서 오늘 우리의 영토를 확보할 수 있도록 한 군사적 성취에 대한 이야기 들이나, 아니면 우리 또는 우리 아버지들이 그리스나 외국의 침략을 용맹하게 막아낸 이야기들은 제가 첨언하기에는 청중 여러분들이 이미 너무 잘 알고 있기에 넘어가도록 하겠습니다. 그러나 전몰자들을 기리기 전에 우리가 어떤 길을 걸어서 오늘의 위치에 도달할 수 있었는지, 어떤 형태의 정부 밑에서 우리가 강대해질 수 있었는지, 그것이 어떤 국속(國俗)에서부터 비롯되었는지, 이러한 문제들에 대한 답을 제시하고자 합니다. 이러한 주제야말로 오늘 같은 자리에서 다루기에 합당할 뿐만 아니라 시민이든 외국인이든 이 자리에 모인 모든 분들에게 유익하리라 생각하기 때문입니다.

우리의 정치 체제는 이웃나라들의 법을 모방하지 않습니다. 우리는 남을 따르기 보다 다른 나라들이 따르는 본이 되고 있습니다. 우

these are questions which I may try to solve before I proceed to my panegyric upon these men; since I think this to be a subject upon which on the present occasion a speaker may properly dwell, and to which the whole assemblage, whether citizens or foreigners, may listen with advantage.

Our constitution does not copy the laws of neighboring states; we are rather a pattern to others than imitators ourselves. Its administration favors the many instead of the few; this is why it is called a democracy. If we look to the laws, they afford equal justice to all in their private differences; if no social standing, advancement in public life falls to reputation for capacity, class considerations not being allowed to interfere with merit; nor again does poverty bar the way, if a man is able to serve the state, he is not hindered by the obscurity of his condition. The freedom which we enjoy in our government extends also to our ordinary life. There, far from exercising a jealous surveillance over each other, we do not feel called upon to be angry with our neighbor for doing what he likes, or even to indulge in those injurious looks which cannot fail to be offensive, although they inflict no positive penalty. But all this ease in our private relations does not make us lawless as citizens. Against this fear is our chief safeguard, teaching us to obey the magistrates and the laws, particularly such as regard the

리 체제는 소수가 아닌 다수에게 유리합니다. 우리 체제를 민주주의라고 부르는 이유입니다. 우리의 법은 개인적인 차이에도 불구하고 공정하게 집행됩니다. 사회적 지위가 낮더라도 공직에서의 승진 여부는 능력에 대한 평판을 따릅니다. 사회계급은 자격을 결정하는 데 전혀 개입할 여지가 없습니다. 가난도 그의 길을 막을 수 없습니다. 국가를 위해 봉사를 할 수만 있다면 그의 어려운 상황은 장애물이 되지 않습니다. 우리가 공적 영역에서 누리는 자유는 사적 영역에까지도 연장됩니다. 사적 영역에서 우리는 서로를 질투하면서 감시하기는커녕, 이웃이 자기가 좋아하는 것을 한다고 해서 화를 낼 필요를 못 느끼고 기분 나쁜 눈빛으로 쳐다보면서 서로에게 상처를 주는 일도 하지 않습니다. 사적 영역이 여유롭다고 해서 우리가 법을 모르는 시민이라는 것은 결코 아닙니다. 이를 방지하기 위한 우리의 가장 중요한 안정장치는 공직자들을 따르고 법을 지킬 것을 가르치는 일입니다. 이는 특히 어려운 사람들을 보호하는데 있어서 더욱 그렇습니다. 그리고 관련 법조항의 유무를 떠나, 비록 성문법이 아니더라도 어길 경우에는 불명예가 따를 수 밖에 없는 법까지 지킬 것을 가르칩니다.

뿐만 아니라 우리는 업무에서 벗어나 우리의 기분을 전환시킬 수 있는 수 많은 방법을 제공합니다. 우리는 연중 운동경기를 개최하고 축제를 지냅니다. 우리의 우아한 사저들은 우리를 쾌적하게 해줌으로써 나쁜 생각이 들지 못하도록 합니다. 우리의 도시의 규모를 보고 전세계의 산물들이 우리의 항구로 모여들기 때문에 우리는 외국

protection of the injured, whether they are actually on the statute book, or belong to that code which, although unwritten, yet cannot be broken without acknowledged disgrace.

Further, we provide plenty of means for the mind to refresh itself from business. We celebrate games and sacrifices all the year round, and the elegance of our private establishments forms a daily source of pleasure and helps to banish the spleen; while the magnitude of our city draws the produce of the world into our harbor, so that to the Athenian the fruits of other countries are as familiar a luxury as those of his own.

If we turn to our military policy, there also we differ from our antagonists. We throw open our city to the world, and never by alien acts exclude foreigners from any opportunity of learning or observing, although the eyes of an enemy may occasionally profit by our liberality; trusting less in system and policy than to the native spirit of our citizens; while in education, where our rivals from their very cradles by a painful discipline seek after manliness, at Athens we live exactly as we please, and yet are just as ready to encounter every legitimate danger. In proof of this it may be noticed that the Lacedaemonians do not invade our country alone, but bring with them all their confederates; while we Athenians advance unsupported into the territory of a neighbor, and fighting

의 상품들도 우리의 상품들만큼이나 쉽게 누립니다.

다음으로 우리의 군사정책을 살펴보면 이 분야에서도 우리는 우리의 적들과 다릅니다. 우리는 우리의 도시를 전세계에 활짝 열어놓습니다. 그리고 이방인에 관련한 법규를 만들어 외국인들이 배우고 볼 수 있는 기회를 박탈하지 않습니다. 물론 때로는 우리 적의 눈이 우리의 개방성을 악용할 수 있음을 알고 있습니다. 그러나 우리는 제도보다는 우리 시민들의 정신을 믿습니다. 교육에 있어서는 우리의 적들이 남자다움을 추구하여 요람에서부터 고통스러운 훈육을 하지만 우리 아테네인들은 각자가 마음껏 원하는 대로 살지만 누구 못지 않게 모든 위협에 맞설 준비가 되어 있습니다. 이를 증명하는 것은 라카다에몬(Lacadaemon, 스파르타) 사람들은 우리 나라를 침공할 때 혼자 하지 않고 모든 동맹국들을 동원해서 옵니다. 반면 우리 아테네인들은 우리 이웃의 영토에 외부의 도움 없이 진격합니다. 그리고 대부분의 경우 외국 땅에서 싸우면서도 자기들의 고향을 지키는 사람들을 섬멸합니다. 우리의 적들은 우리의 전군(全軍)을 상대로 싸워본 적이 없습니다. 우리는 해병대도 파견해야 하고 육군 민병대를 동시에 수백 곳에 파견해야 합니다. 따라서 적들은 우리 군사력의 일부하고만 싸우고 나서도 이길 경우에는 우리 전 국가를 상대로 승리했다고 하고 질 경우에는 우리 전군에게 패했다고 합니다. 그리고 고역이 아니라 여유로움에서 나오는 습관, 인위적인 것이 아닌 자연스러운 용기로 무장 한 채 위험에 맞서고자 함으로써 우리는 어려운 때를 대비하기 위해서 고통을 감내해야 하지도 않고 어려움

upon a foreign soil usually vanquish with ease men who are defending their homes. Our united force was never yet encountered by any enemy, because we have at once to attend to our marine and to dispatch our citizens by land upon a hundred different services; so that, wherever they engage with some such fraction of our strength, a success against a detachment is magnified into a victory over the nation, and a defeat into a reverse suffered at the hands of our entire people. And yet if with habits not of labor but of ease, and courage not of art but of nature, we are still willing to encounter danger, we have the double advantage of escaping the experience of hardships in anticipation and of facing them in the hour of need as fearlessly as those who are never free from them.

Nor are these the only points in which our city is worthy of admiration. We cultivate refinement without extravagance and knowledge without effeminacy; wealth we employ more for use than for show, and place the real disgrace of poverty not in owning to the fact but in declining the struggle against it. Our public men have, besides politics, their private affairs to attend to, and our ordinary citizens, though occupied with the pursuits of industry, are still fair judges of public matters; for, unlike any other nation, regarding him who takes no part in these duties not as unambitious but as useless, we Athenians are able to judge at all events if

이 닥쳤을 때는 고통을 감내해온 사람들 못지 않고 두려움 없이 어려움과 맞설 수 있습니다.

우리 도시가 존경 받는 이유는 이뿐만이 아닙니다. 우리는 호사스럽지 않게 세련됨을, 유약하지 않은 지식을 추구합니다. 부(富)는 과시하기 위한 것이 아니라 유용하기 때문에 사용하고 가난을 수치스럽게 여기는 것은 가난 그 자체가 문제가 아니라 가난과 싸우려고 하지 않을 때입니다. 우리의 공직자들은 정치 이외에도 사적인 일들도 돌봐야 하고 우리의 일반 시민들은 생업에 종사하고 있더라도 모두 공적인 문제에 대한 공정한 판관 역할을 할 줄 압니다. 왜냐하면 다른 어떤 나라와도 달리 이러한 임무를 수행하지 않는 사람은 야심이 없어서 그런 것이 아니라 쓸모가 없는 사람으로 간주하는 한편 우리 아테네인들은 어떤 사안에 대해서도 판단을 할 수 있고 토론을 실천을 방해하는 장애물로 생각하는 대신 지혜로운 행동을 하기 위한 필수적인 준비단계로 간주합니다. 일반적으로 대부분의 결정은 무지와 경박의 결과이지만 우리는 모든 일에 있어서 한 사람, 한 사람이 자기 안에서 대담함과 신중함을 동시에 최고의 수준으로 발휘하는 놀라운 광경을 연출합니다. 그러나 진정한 용기는 역경과 쾌락의 차이를 가장 잘 알고 그럼에도 불구하고 위험을 회피하지 않는 사람들에게서 나올 것입니다. 우리는 누구와도 비교할 수 없게 관대하며 호의를 받으면서 친구를 만드는 것이 아니라 호의를 베풀어 친구를 만듭니다. 그러나 물론 호의를 베푸는 것이 더 진정한 친구이고 수혜자에게 계속해서 친절을 베풀어 줌으로써 그를 자신에게 빚진 자

we cannot originate, and, instead of looking on discussion as a stumbling-block in the way of action, we think it an indispensable preliminary to any wise action at all. Again, in our enterprises we present the singular spectacle of daring and deliberation, each carried to its highest point, and both united in the same persons; although usually decision is the fruit of ignorance, hesitation of reflection. But the palm of courage will surely be adjudged most justly to those, who best know the difference between hardship and pleasure and yet are never tempted to shrink from danger. In generosity we are equally singular, acquiring our friends by conferring, not by receiving, favors. Yet, of course, the doer of the favor is the firmer friend of the two, in order by continued kindness to keep the recipient in his debt; while the debtor feels less keenly from the very consciousness that the return he makes will be a payment, not a free gift. And it is only the Athenians, who, fearless of consequences, confer their benefits not from calculations of expediency, but in the confidence of liberality.

In short, I say that as a city we are the school of Hellas, while I doubt if the world can produce a man who, where he has only himself to depend upon, is equal to so many emergencies, and graced by so happy a versatility, as the Athenian. And that this is no mere boast thrown out for the occasion, but plain matter of fact,

로 만듭니다. 빚진 자는 자신이 돌려주는 것은 선물이 아니라 빚을 갚는 것이라고 생각하기 때문에 진정성을 덜 느낄 수 밖에 없습니다. 그리고 아테네인들만이 그 결과에 개의치 않고, 유불리를 따지지 않고 오직 후한 것이 옳은 것이라는 믿음에서 혜택을 베풉니다.

한마디로, 우리 도시는 헬라스(그리스)의 학교입니다. 반면 전세계는 아테네인 만큼 자신밖에 의지하지 않으면서도, 그 어떤 위기도 극복할 수 있고, 행복하게 다재다능 한 사람을 만들 수 없을 것이라고 생각합니다. 이것은 이런 순간을 위해서 괜히 뱉어내는 자랑이 아니라 바로 이 점 덕분에 우리 나라가 보유하게 된 국력이 증명해주는 명백한 사실입니다. 아테네는 시험에 들면 그 명성보다도 더 위대하다는 것을 보여주는 이 시대의 유일한 국가이고, 그를 공격하는 적에게 부끄러워할 기회도 주지 않고, 그의 시민들에게 오직 능력으로 통치할 수 있는 권한이 있음을 의심할 기회도 주지 않습니다. 이 시대와 앞으로 올 시대는 우리를 존경할 것입니다. 왜냐하면 우리의 힘을 목격한 자들이 있어서가 아니라 위대한 증거들을 남김으로써 그 힘을 보여줬기 때문입니다. 그리고 호메로스와 같이 우리를 칭송해주는 사람도, 그 순간을 사로잡을 수 있는 인상을 남기지만 사실 앞에서 이내 녹아 사라져버리고 마는 시를 짓는 기술도 필요하지 않습니다. 우리는 모든 바다와 땅 위에 우리의 대담성을 발휘할 수 있는 길을 놓았고 도처에서 싫든 좋든 불멸의 기념비들을 남겼습니다. 이 분들이 고귀하게 싸우다 죽은 것은 바로 이러한 아테네를 결코 잃지 않겠다는 결의 때문이었고 모든 생존자 한 사람, 한 사람은

the power of the state acquired by these habits proves. For Athens alone of her contemporaries is found when tested to be greater than her reputation, and alone gives no occasion to her assailants to blush at the antagonist by whom they have been worsted, or to her subjects to question her title by merit to rule. Rather, the admiration of the present and succeeding ages will be ours, since we have not left our power without witness, but have shown it by mighty proofs; and far from needing a Homer for our panegyrist, or other of his craft whose verses might charm for the moment only for the impression which they gave to melt at the touch of fact, we have forced every sea and land to be the highway of our daring, and everywhere, whether for evil or for good, have left imperishable monuments behind us. Such is the Athens for which these men, in the assertion of their resolve not to lose her, nobly fought and died; and well may every one of their survivors be ready to suffer in her cause.

Indeed if I have dwelt at some length upon the character of our country, it has been to show that our stake in the struggle is not the same as theirs who have no such blessings to lose, and also that the panegyric of the men over whom I am now speaking might be by definite proofs established. That panegyric is now in a great measure complete; for the Athens that I have celebrated is

아테네를 위해서 죽을 각오가 되어 있습니다.

제가 우리 나라의 국격에 대해서 길게 말씀 드린 이유는 이 전쟁에서 상대편은 우리만큼 잃을 것이 많지 않음을 보이기 위해서였고 또한 제가 지금 말씀 드리고 있는 분들에 대한 칭송이 사실임을 입증할 확실한 증거를 남기고자 하기 때문입니다. 이제 이분들에 대한 칭송은 이제 거의 완성이 되었습니다. 왜냐하면 제가 자랑한 아테네는 여기 이분들, 그리고 그분들 같은 분들의 영웅적인 희생을 통해서 만들어진 것이고 그분들의 명성은 다른 그리스인들과는 달리 충분이 자격이 있는 것이기 때문입니다. 그리고 자격이 있는지 증거가 필요하다면 그 증거는 그분들의 마지막 순간에서 찾을 수 있습니다. 이는 그분들의 자격을 마지막으로 증명한 경우만이 아니라 처음으로 그러한 용기를 보였던 경우에도 해당됩니다. 나라를 위한 싸움에서 물러서지 않았다는 것은 한 사람의 결점들을 덮어주는 외투와 같다는 말은 옳을 말입니다. 좋은 행위가 나쁜 행위를 지워버렸기 때문에, 그리고 그가 개인으로써 갖고 있던 단점들은 시민으로서의 장점으로 만회하고도 남음이 있기 때문입니다. 그러나 이분들은 그 누구도 미래에 누릴 수 있는 부가 생각나서 용기를 잃거나, 가난해서 언젠가는 자유와 부를 누릴 수 있게 되리라는 희망 때문에 위험을 피하지도 않았습니다. 적들에게 복수하는 것이 개인적으로 받을 수 있는 어떤 축복보다 중요하다고 믿으며, 그것이야말로 가장 영광스러운 위험이라고 생각하며 그 위험을 기꺼이 감수하겠다고 결심하고, 자신들의 복수가 확실히 이루어지도록 하기 위하여

only what the heroism of these and their like have made her, men whose fame, unlike that of most Hellenes, will be found to be only commensurate with their deserts. And if a test of worth be wanted, it is to be found in their closing scene, and this not only in cases in which it set the final seal upon their merit, but also in those in which it gave the first intimation of their having any. For there is justice in the claim that steadfastness in his country's battles should be as a cloak to cover a man's other imperfections; since the good action has blotted out the bad, and his merit as a citizen more than outweighed his demerits as an individual. But none of these allowed either wealth with its prospect of future enjoyment to unnerve his spirit, or poverty with its hope of a day of freedom and riches to tempt him to shrink from danger. No, holding that vengeance upon their enemies was more to be desired than any personal blessings, and reckoning this to be the most glorious of hazards, they joyfully determined to accept the risk, to make sure of their vengeance, and to let their wishes wait; and while committing to hope the uncertainty of final success, in the business before them they thought fit to act boldly and trust in themselves. Thus choosing to die resisting, rather than to live submitting, they fled only from dishonor, but met danger face to face, and after one brief moment, while at the summit of their fortune, escaped, not

자신들의 소망을 미뤄두었습니다. 궁극적인 승리의 불확실성을 희망으로 극복하면서 용맹하게 행동하면서 자신들을 믿었습니다. 그렇게 살아서 복종하기 보다는 싸우면서 죽을 것을 택하면서 그들은 불명예로부터 탈출하면서 위험을 상대하였고 한 짧은 순간 후, 그들의 운의 정점에 달했을 때, 그들의 두려움이 아니라 영광으로부터 탈출하였습니다.

이렇게 이분들은 아테네인들답게 죽었습니다. 여러분, 그분들의 생존자들은, 전장에 서게 되면 비록 보다 행복한 결말이 나기를 기도하겠지만 그분들 못지 않게 흔들리지 않는 결의를 가질 각오를 다져야 합니다. 그리고 이 나라를 지켜냄으로써 얻게 될 이익들에 대한 말들이 떠올리는 것들에 만족하지 않고, 비록 그 내용이 이 청중만큼 살아 숨쉬는 사람들 앞에서 연설하는 연사가 사용할 수 있는 매우 요긴한 내용들이 되겠지만, 여러분들은 아테네에 대한 사랑이 여러분의 가슴을 가득 채울 때까지 각자가 직접 아테네의 위대함을 느끼고 매일 아테네를 바라보아야 합니다. 그리고 아테네의 위대함이 여러분을 휘감을 때 이분들이 이 모든 것을 획득할 수 있었던 것은 용기, 의무감, 그리고 깊은 명예심 때문이었다는 사실을 상기해야 합니다. 그리고 그 어떤 개인적인 좌절도 나라를 위해서 용기를 발휘하는 것을 결코 막을 수 없었다는 것을, 그리고 그것을 자신들이 바칠 수 있는 가장 영광스러운 기여라면서 아테네의 발 밑에 바쳤다는 사실을 상기해야 합니다. 이 분들은 공동으로 목숨을 바침으로써 한 분, 한 분 불멸의 명성을 얻었고, 관은 뼈를 묻는데 그치

from their fear, but from their glory.

So died these men as became Athenians. You, their survivors, must determine to have as unfaltering a resolution in the field, though you may pray that it may have a happier issue. And not contented with ideas derived only from words of the advantages which are bound up with the defense of your country, though these would furnish a valuable text to a speaker even before an audience so alive to them as the present, you must yourselves realize the power of Athens, and feed your eyes upon her from day to day, till love of her fills your hearts; and then, when all her greatness shall break upon you, you must reflect that it was by courage, sense of duty, and a keen feeling of honor in action that men were enabled to win all this, and that no personal failure in an enterprise could make them consent to deprive their country of their valor, but they laid it at her feet as the most glorious contribution that they could offer. For this offering of their lives made in common by them all they each of them individually received that renown which never grows old, and for a sepulchre, not so much that in which their bones have been deposited, but that noblest of shrines wherein their glory is laid up to be eternally remembered upon every occasion on which deed or story shall call for its commemoration. For heroes have the whole earth for their tomb; and in lands far

는 것이 아니라 그분들의 영광이 올려져서 그분들의 업적과 이야기를 기념할 때마다 영원히 기억되는 가장 숭고한 제단이 될 것입니다. 영웅들은 전 지구가 그분들의 무덤이기 때문입니다. 그리고 그들의 고향으로부터 멀리 떨어진 땅에서도, 기둥과 그 비문들이 선포하기를, 모든 사람의 가슴속에 불문의 기록이 동판에 보존 되는 것이 아니라 심장에 새겨져 있다고 할 것입니다. 이를 여러분들은 본으로 삼고 행복이란 자유의 결과물이고 자유는 용기의 결과물임을 알고 전쟁의 위험을 결코 피하지 마십시오. 왜냐하면 목숨을 초개같이 버릴 수 있는 것은 불행한 사람들이 아닙니다. 그들은 아무런 희망이 없습니다. 오히려 계속 살 수 있다면 앞으로 예측할 수 없는 반전이 있을 수 있고 만일 전사하게 된다면 참으로 중대한 결과를 초래할 사람들이 목숨을 바칠 수 있습니다. 그리고 정신이 살아 있는 사람에게는 비겁함의 굴욕이야말로 그의 힘과 애국심이 절정에 달했을 순간에 그를 덮치는 느끼지 못하는 죽음보다 비할 수 없이 비통한 것입니다.

따라서 제가 오늘 이 자리에 계실 전몰자들의 부모님들께 드릴 수 있는 것은 위로가 아니라 평안입니다. 그분들이 알다시피 사람이 일생에 맞이하는 기회는 수 없이 많습니다. 그러나 여러분들이 오늘 애도하는 그처럼 영광스러운 죽음을 맞이할 수 있는 것은, 그리고 인생이 태어났을 때와 똑 같은 행복 속에 끝날 수 있도록 운명 지어진 것은 참으로 큰 축복입니다. 그럼에도 불구하고 이것이 매우 냉정한 말이라는 것을 압니다. 특히 이분들은 여러분이 다른 사람들

from their own, where the column with its epitaph declares it, there is enshrined in every breast a record unwritten with no tablet to preserve it, except that of the heart. These take as your model and, judging happiness to be the fruit of freedom and freedom of valor, never decline the dangers of war. For it is not the miserable that would most justly be unsparing of their lives; these have nothing to hope for: it is rather they to whom continued life may bring reverses as yet unknown, and to whom a fall, if it came, would be most tremendous in its consequences. And surely, to a man of spirit, the degradation of cowardice must be immeasurably more grievous than the unfelt death which strikes him in the midst of his strength and patriotism!

Comfort, therefore, not condolence, is what I have to offer to the parents of the dead who may be here. Numberless are the chances to which, as they know, the life of man is subject; but fortunate indeed are they who draw for their lot a death so glorious as that which has caused your mourning, and to whom life has been so exactly measured as to terminate in the happiness in which it has been passed. Still I know that this is a hard saying, especially when those are in question of whom you will constantly be reminded by seeing in the homes of others blessings of which once you also boasted: for grief is felt not so much for the want of what we have

의 집을 방문할 때 여러분들도 한 때 누렸던 행복을 목격할 때 마다 생각하게 될 분들이기 때문이다. 슬픔은 우리가 한번도 알지 못하던 것이 없어졌을 때 느끼는 것이 아닙니다. 오히려 우리가 오랫동안 익숙했던 것을 잃었을 때 슬픔을 느끼기 때문입니다. 그럼에도 불구하고 여러분들 중 아직도 아이를 가질 수 있는 나이인 분들은 전몰자들을 대신할 아이들을 갖는 희망을 갖고 버티셔야 합니다. 왜냐하면 그 아이들은 여러분들이 잃은 사람들을 잊는데 도움이 될 것이기 때문만 아니라 나라에게도 힘이 되고 보안이 될 것이기 때문입니다. 모든 결정을 내리는데 있어서 아버지가 자식에게 보이는 것과 같은 관심과 걱정을 보이지 않는 시민으로부터는 공정하고 정의로운 정책을 기대할 수 없습니다. 이미 삶의 전성기를 지낸 여러분은 삶의 가장 좋았던 때가 축복받았던 때였다는 사실을 자축하면서 남은 짧은 기간은 떠나간 분들의 명성으로 활기를 띨 것을 생각하시기 바랍니다. 늙지 않는 것은 명예에 대한 사랑뿐입니다. 그리고 나이 들고 힘이 없을 때 즐거움을 주는 것은 이득이 아닌 명예라고 말하는 사람들도 있습니다.

　전몰자들의 아들과 동생들에게는 앞으로 힘든 투쟁이 남아 있습니다. 사람이 죽으면 모두 그를 칭송하고 싶어합니다. 그리고 여러분이 아무리 출중한 공을 세운다 하더라도 그분들 따라잡는 것은 물론 그분들의 명성에 근접하는 것도 어렵다는 것을 알게 될 것입니다. 살아 있는 자들은 질투심과 싸워야 하지만 더 이상 우리 앞에 있지 않는 분들은 시기심이 끼어들 수 없는 선의로 기려집니다. 다른

never known, as for the loss of that to which we have been long accustomed. Yet you who are still of an age to beget children must bear up in the hope of having others in their stead; not only will they help you to forget those whom you have lost, but will be to the state at once a reinforcement and a security; for never can a fair or just policy be expected of the citizen who does not, like his fellows, bring to the decision the interests and apprehensions of a father. While those of you who have passed your prime must congratulate yourselves with the thought that the best part of your life was fortunate, and that the brief span that remains will be cheered by the fame of the departed. For it is only the love of honor that never grows old; and honor it is, not gain, as some would have it, that rejoices the heart of age and helplessness.

Turning to the sons or brothers of the dead, I see an arduous struggle before you. When a man is gone, all are wont to praise him, and should your merit be ever so transcendent, you will still find it difficult not merely to overtake, but even to approach their renown. The living have envy to contend with, while those who are no longer in our path are honored with a goodwill into which rivalry does not enter. On the other hand, if I must say anything on the subject of female excellence to those of you who will now be in widowhood, it will be all comprised in this brief exhortation.

한편, 미망인이 된 분들에게 여성의 탁월함에 대해서는 다음과 같은 짧은 권고로 대신하겠습니다. 여러분들의 자연스러운 성격에 못 미치는 일만 없으면 여러분들의 영광은 클 것입니다. 그리고 좋은 의미에서든 나쁜 의미에서든 남자들 입게 가장 적게 오르내리는 여성의 영광이 가장 클 것입니다.

저의 임무는 끝났습니다. 제 능력이 닿는 데까지 하였습니다. 다시 말하자면 최소한 법이 요구하는 것은 다 하였습니다. 오늘 여기에 묻히는 분들은 받을 수 있는 칭송의 일부를 이미 받았습니다. 나머지는 그분들의 아이들이 어른이 될 때까지 나라가 양육비용을 댐으로써 받게 될 것입니다. 국가는 귀한 상을 줍니다. 이 용맹의 경쟁에서 승리한 전몰자들과 그들의 유가족 모두에게 주는 화환입니다. 가장 큰 공로상을 받는 사람들, 그분들이 최고의 시민들입니다.

이제 여러분들의 친척들을 위한 애도를 끝냈으니 이제 모두 돌아가시기 바랍니다.

(번역: 함재봉)

Great will be your glory in not falling short of your natural character; and greatest will be hers who is least talked of among the men, whether for good or for bad.

My task is now finished. I have performed it to the best of my ability, and in word, at least, the requirements of the law are now satisfied. If deeds be in question, those who are here interred have received part of their honors already, and for the rest, their children will be brought up till manhood at the public expense: the state thus offers a valuable prize, as the garland of victory in this race of valor, for the reward both of those who have fallen and their survivors. And where the rewards for merit are greatest, there are found the best citizens.

And now that you have brought to a close your lamentations for your relatives, you may depart.

Marc Anthony's Speech

Antony: Friends, Romans, countrymen, lend me your ears;

I come to bury Caesar, not to praise him.

The evil that men do lives after them;

The good is oft interred with their bones;

So let it be with Caesar. The noble Brutus

Hath told you Caesar was ambitious:

If it were so, it was a grievous fault,

And grievously hath Caesar answer'd it.

Here, under leave of Brutus and the rest—

For Brutus is an honourable man;

So are they all, all honourable men—

Come I to speak in Caesar's funeral.

He was my friend, faithful and just to me:

But Brutus says he was ambitious;

And Brutus is an honourable man.

He hath brought many captives home to Rome

Whose ransoms did the general coffers fill:

Did this in Caesar seem ambitious?

When that the poor have cried, Caesar hath wept:

Ambition should be made of sterner stuff:

안토니의 연설

안토니: 친구들이여, 로마인들이여, 국민들이여, 제 말을 들으시오.

나는 시저를 묻기 위해서 왔지 그를 칭송하기 위해서 온 것이 아닙니다.

사람들의 악행은 그들이 죽은 후에도 오래 기억됩니다.

그러나 선행은 그들의 뼈와 함께 묻혀 버리기 마련입니다.

시저도 그렇게 될 것입니다.

존경하는 브루투스는 시저가 야심을 품었다고 합니다.

만일 그것이 사실이라면 이는 심각한 결점이었습니다.

그리고 시저는 그 때문에 심각한 대가를 치렀습니다.

나는 여기 브루투스와 나머지 사람들의 허락을 받고

브루투스는 존경 받는 사람이니까요;

그들 모두가 그렇습니다, 모두 존경 받는 사람들입니다.

한마디 하기 위해 시저의 장례식에 왔습니다.

그는 나의 친구였습니다, 나에게는 신실하고 정의로운.

그러나 브루투스는 그가 야심을 품었다고 합니다.

브루투스는 물론 존경 받는 사람입니다. 그는 로마로 수많은 포로들

을 잡아 와서 그들의 몸값으로 국고를 가득 채웠습니다:

이것 때문에 시저는 야심이 있는 것으로 보였던 것일까요?

가난한 사람들이 울부짖을 때 시저도 울었습니다.

야심이란 이거 보다는 근엄한 재질로 만들어져야 할 것입니다.

그러나 브루투스는 그가 야심을 품었다고 합니다.

Yet Brutus says he was ambitious;

And Brutus is an honourable man.

You all did see that on the Lupercal

I thrice presented him a kingly crown,

Which he did thrice refuse: was this ambition?

Yet Brutus says he was ambitious;

And, sure, he is an honourable man.

I speak not to disprove what Brutus spoke,

But here I am to speak what I do know.

You all did love him once, not without cause:

What cause withholds you then, to mourn for him?

O judgment! thou art fled to brutish beasts,

And men have lost their reason. Bear with me;

My heart is in the coffin there with Caesar,

And I must pause till it come back to me.

First Citizen: Methinks there is much reason in his sayings.

Second Citizen: If thou consider rightly of the matter,

Caesar has had great wrong.

Third Citizen: Has he, masters?

물론, 브루투스는 훌륭한 사람입니다.

여러분들도 루퍼칼 축제 때 다 보았을 것입니다.

나는 그에게 세 번이나 왕관을 바쳤습니다.

그러나 그는 세 번 다 거절했습니다: 이것이 야심이었나요?

그럼에도 브루투스는 그가 야심을 품었었다고 합니다.

그리고, 물론, 그는 훌륭한 사람입니다.

저는 브루투스의 말을 반박하려는 것이 아닙니다.

그저 제가 알고 있는 것을 말하고자 할 뿐입니다.

여러분들도 한때 그를 사랑했습니다. 그럴 만한 이유도 충분히 있었지요.

그렇다면 무슨 이유로 여러분들은 그를 애도하지 못하는 것입니까?

아, 판단력이여! 그대는 잔인한 야수들에게 가버렸습니다.

그리고 사람들은 이성을 잃었습니다. 잠깐만요;

제 심장은 저 관속에 시저와 함께 있습니다.

제게 되돌아올 때까지 잠시 멈추어야겠습니다.

시민 1: 그의 말이 일리가 있는 것 같소.

시민 2: 이 사태를 제대로 생각해보면 시저에게 큰 잘못이 저질러졌소.

시민 3: 정말 그런 걸까요, 나으리들? 그보다 못한 자가 그를 대신하게 될 것 같아 걱정입니다.

I fear there will a worse come in his place.

Fourth Citizen: Mark'd ye his words? He would not take the crown;

Therefore 'tis certain he was not ambitious.

First Citizen: If it be found so, some will dear abide it.

Second Citizen: Poor soul! his eyes are red as fire with weeping.

Third Citizen: There's not a nobler man in Rome than Antony.

Fourth Citizen: Now mark him, he begins again to speak.

Antony: But yesterday the word of Caesar might

Have stood against the world; now lies he there.

And none so poor to do him reverence.

O masters, if I were disposed to stir

Your hearts and minds to mutiny and rage,

I should do Brutus wrong, and Cassius wrong,

Who, you all know, are honourable men:

I will not do them wrong; I rather choose

시민 4: 그의 말 들었지요? 그가 왕관을 받지 않았대요; 그러니까 그가 야심을 품지 않았던 것은 확실합니다.

시민 1: 만일 그게 사실로 판명 되면 누군가가 그 대가를 톡톡히 치르게 될 것입니다.

시민 2: 불쌍한 영혼! 울어서 눈이 빨갛게 충혈이 되었네!

시민 3: 로마에 안토니 보다 고결한 사람은 없소.

시민 4: 자 주목합시다, 그가 다시 말하기 시작합니다.

안토니: 어제까지 만 해도 시저의 말은 전세계를 호령할 수도 있었습니다.

이제 그는 여기에 누워있습니다.

그리고 아무리 지체가 낮은 자도 그에게 예를 갖추지 않습니다.

나으리들, 제가 만일 여러분의 마음과 생각을

반란과 분노로 휘저어 놓고자 한다면

나는 브루투스에게 잘못을 저지르는 것이 되고,

캐씨우스에게도 잘못을 저지르는 것이 될 것입니다.

그들이 훌륭한 사람들인 것은 여러분들도 잘 알고 있습니다.

나는 그들에게 잘못을 저지르지 않을 것입니다. 나는 차라리

To wrong the dead, to wrong myself and you,

Than I will wrong such honourable men.

But here's a parchment with the seal of Caesar;

I found it in his closet, 'tis his will:

Let but the commons hear this testament—

Which, pardon me, I do not mean to read—

And they would go and kiss dead Caesar's wounds

And dip their napkins in his sacred blood,

Yea, beg a hair of him for memory,

And, dying, mention it within their wills,

Bequeathing it as a rich legacy

Unto their issue.

Fourth Citizen: We'll hear the will: read it, Mark Antony.

All: The will, the will! we will hear Caesar's will.

Antony: Have patience, gentle friends, I must not read it;

It is not meet you know how Caesar loved you.

You are not wood, you are not stones, but men;

And, being men, bearing the will of Caesar,

It will inflame you, it will make you mad:

죽은 자에게 잘못을 저지르고 나 자신과 여러분들에 잘못을 저지르더라도 그렇게 훌륭한 사람들에게 잘못을 저지르지 않겠습니다.

그러나 여기 시저의 도장이 찍힌 문서가 있습니다;

내가 그의 옷장에서 찾은 것입니다. 그의 유언장입니다:

사람들이 그의 유언을 들을 수만 있다면…

그러나 미안하지만 저는 그것을 읽을 생각은 없습니다….

그러면 그들은 죽은 시저의 상처에 입을 맞추고

자신들의 손수건을 그의 신성한 피에 적실 것입니다.

뿐만 아니라 그의 머리카락을 기념으로 달라고 애걸 할 것입니다,

그리고 죽을 때가 되면 그것을 자신들의 유언에 언급하고

후손들에게 소중한 유산으로 남길 것입니다.

시민4: 유언을 들어보겠소: 안토니, 읽으시오.

모두: 유언장, 유언장! 우리는 시저의 유언장을 들어보겠소.

안토니: 친애하는 여러분, 참아주세요, 나는 읽어서는 안됩니다.

시저가 여러분을 얼마나 사랑했는지는 여러분들이 모르는 것이 좋습니다.

여러분들은 목석이 아니라 인간입니다.

그리고 사람이기 때문에 시저의 유언을 들으면

여러분들이 분노하게 되고 이성을 잃게 될 것입니다.

'Tis good you know not that you are his heirs;

For, if you should, O, what would come of it!

Fourth Citizen: Read the will; we'll hear it, Antony;

You shall read us the will, Caesar's will.

Antony: Will you be patient? will you stay awhile?

I have o'ershot myself to tell you of it:

I fear I wrong the honourable men

Whose daggers have stabb'd Caesar; I do fear it.

Fourth Citizen: They were traitors: honourable men!

All: The will! the testament!

Second Citizen: They were villains, murderers: the will! read
the will.

Antony: You will compel me, then, to read the will?

Then make a ring about the corpse of Caesar,

And let me show you him that made the will.

Shall I descend? and will you give me leave?

여러분이 그의 상속인이라는 사실은 모르는 것이 좋습니다.

왜냐하면 알게 된다면, 아, 무슨 일이 벌어질지 알 수 없습니다!

시민4: 유언장을 읽으시오; 우리는 듣고야 말겠소 안토니

당신은 유언장을 읽어야만 합니다, 시저의 유언장 말이오.

안토니: 진정하시겠습니까? 잠시만 기다려주시겠습니까?

이에 대해 말한 것은 제 실수였습니다;

훌륭한 분들에게 잘못을 저지르는 것이 아닐까 걱정됩니다

카이사를 단도로 찌른 사람들 말입니다. 매우 걱정됩니다.

시민4: 그들은 반역자들이요: 훌륭한 사람들이라니요!

모두: 유언장! 유언장!

시민2: 그들은 악당들이요 살인자들이요: 유언장! 유언장을 읽으시오.

안토니: 그렇다면 여러분들은 기어코 제게 유언장을 읽도록 강요하겠습니까?

그렇다면 시저의 시신을 중심으로 둘러서주세요.

유언을 남긴 그 분을 여러분들께 보여드리겠습니다.

Several Citizens: Come down.

Second Citizen: Descend.

Third Citizen: You shall have leave.

[ANTONY comes down]

Fourth Citizen: A ring; stand round.

First Citizen: Stand from the hearse, stand from the body.

Second Citizen: Room for Antony, most noble Antony.

Antony: Nay, press not so upon me; stand far off.

Several Citizens: Stand back; room; bear back.

Antony: If you have tears, prepare to shed them now.

You all do know this mantle: I remember

The first time ever Caesar put it on;

'Twas on a summer's evening, in his tent,

제가 내려갈까요? 허락하시겠습니까?

시민 여러 명: 내려오시오

시민 2: 내려오시오.

시민 3: 내려오는 것을 허락하겠소.

[안토니가 내려온다.]

시민4: 동그랗게 원을 만들고 모여 섭시다.

시민 1: 영구차와의 거리, 시신과의 거리를 유지합시다.

시민 2: 안토니에게 공간을 줍시다, 훌륭한 안토니에게

안토니: 아니요, 나에 너무 가깝게 서지 말고 멀리 떨어져 주시오.

여러 시민: 뒤로 물러나시오; 공간이 필요합니다. 뒤로 물러나시오.

안토니: 여러분들에게 눈물이 있다면 이제 흘릴 준비를 하십시오. 여러분은 모두 이 망토를 알아볼 것입니다. 저는 기억합니다.

That day he overcame the Nervii:

Look, in this place ran Cassius' dagger through:

See what a rent the envious Casca made:

Through this the well-beloved Brutus stabb'd;

And as he pluck'd his cursed steel away,

Mark how the blood of Caesar follow'd it,

As rushing out of doors, to be resolved

If Brutus so unkindly knock'd, or no;

For Brutus, as you know, was Caesar's angel:

Judge, O you gods, how dearly Caesar loved him!

This was the most unkindest cut of all;

For when the noble Caesar saw him stab,

Ingratitude, more strong than traitors' arms,

Quite vanquish'd him: then burst his mighty heart;

And, in his mantle muffling up his face,

Even at the base of Pompey's statua,

Which all the while ran blood, great Caesar fell.

O, what a fall was there, my countrymen!

Then I, and you, and all of us fell down,

Whilst bloody treason flourish'd over us.

O, now you weep; and, I perceive, you feel

The dint of pity: these are gracious drops.

시저가 처음 이것을 입었을 때를;

한 여름날 저녁 그의 천막에서였습니다.

그날은 그가 네르비족을 무찌른 날이었습니다.

보십시오, 여기가 캐시우스의 단도가 찌르고 지나간 자리입니다:

질투심 많은 카스카가 얼마나 찢어놓았는지 보시오.

여기를 통해서는 그가 그토록 사랑 하던 브루투스가 찔렀습니다;

그리고 그가 그 저주받은 쇠를 뽑았을 때,

시저의 피가 어떻게 따라서 나왔는지 보시오,

마치 문을 박차고 나와, 확인하고 싶어서

그토록 무례하게 문을 두드린 것이 정말 브루투스였는지

왜냐하면 여러분도 아시겠지만 브루투스는 시저의 천사였기 때문

입니다.

아, 신들은 알고 있습니다, 시저가 그를 얼마나 사랑했는지!

이것이 가장 잔인한 칼자국이었습니다;

왜냐하면 고결한 시저는 그가 찌르는 것을 보자,

반역자들의 흉기보다도 더 강한 배신감이,

그를 무너뜨렸습니다: 그리고 그의 웅대한 심장을 터뜨렸습니다.

그리고 그의 망토가 그의 얼굴을 가린 채,

폼페이의 동상 아래에

흐르는 피 속에 위대한 시저가 쓰러졌습니다.

아, 그가 쓰러졌습니다, 국민들이여!

그때 나와 여러분, 그리고 우리 모두가 쓰러졌습니다,

Kind souls, what, weep you when you but behold

Our Caesar's vesture wounded? Look you here,

Here is himself, marr'd, as you see, with traitors.

[lifts up CAESAR's mantle]

First Citizen: O piteous spectacle!

Second Citizen: O noble Caesar!

Third Citizen: O woful day!

Fourth Citizen: O traitors, villains!

First Citizen: O most bloody sight!

Second Citizen: We will be revenged.

All: Revenge! About! Seek! Burn! Fire! Kill! Slay!
Let not a traitor live!

Antony: Stay, countrymen.

피에 주린 반역이 우리 위에서 판을 치고 있던 때,

아, 그대들은 이제야 우네요. 나는 느낄 수 있습니다. 당신들이

일말의 동정을 느낀다는 것을. 이는 숭고한 눈물방울들입니다.

착한 영혼들이여, 시저의 찢긴 망토만을 보고도 이렇게 운다면

여기를 보시오, 그가 여기 있습니다.

보시다시피 반역자들에 의해서 훼손된 그가 말이요.

[안토니가 시저의 망토를 걷는다.]

시민 1: 오 슬픈 광경이여!

시민 2: 오 위대한 시저여!

시민 3: 오 슬픈 날이여!

시민 4: 오 반역자들, 악당들!

시민 1: 오 이 피를 보시오!

시민 2: 복수를 해야 합니다!

모두: 복수! 가자! 찾아내라! 태워라! 불질러라! 죽여라! 없애라!

First Citizen: Peace there! hear the noble Antony.

Second Citizen: We'll hear him, we'll follow him, we'll die with him.

Antony: Good friends, sweet friends, let me not stir you up

To such a sudden flood of mutiny.

They that have done this deed are honourable:

What private griefs they have, alas, I know not,

That made them do it: they are wise and honourable,

And will, no doubt, with reasons answer you.

I come not, friends, to steal away your hearts:

I am no orator, as Brutus is;

But, as you know me all, a plain blunt man,

That love my friend; and that they know full well

That gave me public leave to speak of him:

For I have neither wit, nor words, nor worth,

Action, nor utterance, nor the power of speech,

To stir men's blood: I only speak right on;

I tell you that which you yourselves do know;

Show you sweet Caesar's wounds, poor poor dumb mouths,

And bid them speak for me: but were I Brutus,

반역자들 한 명도 살려두지 말라!

안토니: 잠깐, 국민 여러분.

시민 1: 거기 조용히 하시오! 훌륭한 안토니의 말을 들으시오.

시민 2: 그의 말을 들을 것이오, 그를 따를 것이오, 그와 함께 죽을 것이오.

안토니: 좋은 친구들이요, 착한 친구들이여, 저는 여러분들이 갑자기 폭동을 일으키도록 충동질하고 싶지 않습니다.
이 짓을 한 자들은 모두 훌륭한 사람들입니다.
어떤 개인적인 원한이 있어, 그 짓을 하였는지 그것은 저도 알 수가 없습니다.
그들은 모두 지혜롭고 훌륭합니다.
그리고 여러분에게 그 이유를 분명히 이성적으로 설명할 수 있을 것입니다.
친구들이여, 저는 여러분들의 마음을 훔치기 위하여 온 것이 아닙니다.
저는 브루투스와 같은 웅변가도 아닙니다;
모두가 다 아시다시피 저는 그저 친구를 사랑한 단순하고 투박한 사람입니다,
저에게 여러분 앞에서 연설을 하도록 한 자들도 이를 잘 알고 있습

And Brutus Antony, there were an Antony

Would ruffle up your spirits and put a tongue

In every wound of Caesar that should move

The stones of Rome to rise and mutiny.

All: We'll mutiny.

First Citizen: We'll burn the house of Brutus.

Third Citizen: Away, then! come, seek the conspirators.

Antony: Yet hear me, countrymen; yet hear me speak.

All: Peace, ho! Hear Antony. Most noble Antony!

Antony: Why, friends, you go to do you know not what:

Wherein hath Caesar thus deserved your loves?

Alas, you know not: I must tell you then:

You have forgot the will I told you of.

All: Most true. The will! Let's stay and hear the will.

니다.

나는 사람들의 피를 끓게 하는 지혜도, 말재주도, 권위도,

또는 제스처나 입담도 연설하는 능력도 없습니다.

저는 그저 직설적으로 말할 뿐입니다.

저는 여러분들이 이미 알고 있는 것을 얘기할 뿐입니다.

사랑하는 시저의 상처들, 가엾고 가엾은 벙어리 입들을 보여주고,

그것들이 저 대신 얘기하도록 할 뿐입니다. 그러나 제가 브루투스라면

그리고 브루투스가 안토니였다면

저는 여러분들을 흥분시키고 시저의 모든 상처로 하여금 혀를 갖게 하여 로마의 돌들도 폭동을 일으키도록 할 수 있었을 것입니다.

모두: 우리는 폭동을 일으킬 것이다.

시민 1: 브루투스의 집에 불을 지르자.

시민 3: 가자, 그러면! 오라, 음모자들을 색출하자.

안토니: 잠깐만, 내 말을 들으시오, 국민 여러분; 잠깐만 내 말을 들으시오.

모두: 조용히! 기다리시오! 안토니 말을 들어봅시다. 아 훌륭한 안토니!

Antony: Here is the will, and under Caesar's seal.

To every Roman citizen he gives,

To every several man, seventy-five drachmas.

Second Citizen: Most noble Caesar! We'll revenge his death.

Third Citizen: O royal Caesar!

Antony: Hear me with patience.

All: Peace, ho!

Antony: Moreover, he hath left you all his walks,

His private arbours and new-planted orchards,

On this side Tiber; he hath left them you,

And to your heirs for ever, common pleasures,

To walk abroad, and recreate yourselves.

Here was a Caesar! when comes such another?

First Citizen: Never, never. Come, away, away!

We'll burn his body in the holy place,

And with the brands fire the traitors' houses.

안토니: 아니, 친구들이야, 여러분들은 아직 무엇을 하려고 하는지도 모르고 있습니다. 시저가 여러분들의 사랑을 받을 만한 일을 한 것이 무엇이 있습니까?

아, 여러분은 모르고 있지 않습니까: 내가 얘기해 주겠습니다.

여러분은 내가 얘기한 유언장에 대해 잊고 있습니다.

모두: 맞다. 유언장! 모두 우선 유언장을 들읍시다.

안토니: 여기 시저의 인장이 찍힌 유언장이 있습니다.

모든 로마 시민에게, 각 개인에게, 75드라크마를 주었습니다.

시민 2: 아, 훌륭한 시저! 우리는 그의 죽음을 복수할 것이다.

시민 3: 아 위대한 시저!

안토니: 조금만 참고 내 말을 들으시오.

모두: 조용히, 모두!

안토니: 뿐만 아니라 티베르 강변 이쪽에 있는 그의 모든 정원, 개인 소유의 숲과 새로 심은 과수원, 이를 여러분들에게, 그리고 여러분들의 후손들에게 영원히, 모두 즐길 수 있도록,

Take up the body.

Second Citizen: Go fetch fire.

Third Citizen: Pluck down benches.

Fourth Citizen: Pluck down forms, windows, any thing.

[Exeunt Citizens with the body]

Antony: Now let it work. Mischief, thou art afoot,

Take thou what course thou wilt!

[Enter a Servant]

How now, fellow!

Servant: Sir, Octavius is already come to Rome.

Antony: Where is he?

마음대로 걷고 즐길 수 있도록 남겼습니다.

시저는 이런 사람이었습니다! 언제 그런 인물이 다시 나타나겠습니까?

시민 1: 다시는 안 나타난다, 다시는. 오라, 가자, 가자!

그의 시신을 성소에서 화장합시다.

그리고 그 불로 배신자들의 집을 불사릅시다.

시신을 듭시다.

시민 2: 가서 불을 가져오시오.

시민 3: 벤치들을 장작으로 씁시다.

시민 4: 창틀들도 끌어내시오, 아무거나.

[시민들: 시신과 함께 퇴장하다.]

안토니: 이제 마음대로 해라. 악령이여, 이제 그대가 움직이기 시작했구나.

가고 싶은 대로 마음대로 흘러가라!

[하인이 들어온다]

Servant: He and Lepidus are at Caesar's house.

Antony: And thither will I straight to visit him:

He comes upon a wish. Fortune is merry,

And in this mood will give us any thing.

Servant: I heard him say, Brutus and Cassius

Are rid like madmen through the gates of Rome.

Antony: Belike they had some notice of the people,

How I had moved them. Bring me to Octavius.

[Exeunt]

어쩐 일이냐!

하인: 주인님, 옥타비아누스가 벌써 로마에 도착하였습니다.

안토니: 어디에 있느냐?

하인: 레피두스와 함께 시저의 집에 있습니다.

안토니: 그렇다면 그곳으로 곧바로 가서 만나겠다:
내가 바란 대로 그가 왔구나. 운명의 여신은 오늘 즐거운 모양이다.
이런 기분이라면 우리가 원하는 것은 무엇이든 주겠구나.

하인: 그가 말하기를 브루투스와 캐시우스가
미친 사람들처럼 말을 달려 로마의 성문들을 빠져 나갔다고 합니다.

안토니: 보나마나 내가 군중을 얼마나 흥분시켰는지 얘기를 들었
던 모양이다.
나를 옥타비아누스에게 안내하거라.

[모두 무대에서 퇴장하다]

(번역: 함재봉)

Lincoln's "Gettysburg Address" (November 19, 1863)

Four score and seven years ago our fathers brought forth on this continent, a new nation, conceived in Liberty, and dedicated to the proposition that all men are created equal.

Now we are engaged in a great civil war, testing whether that nation, or any nation so conceived and so dedicated, can long endure.

We are met on a great battle-field of that war.

We have come to dedicate a portion of that field, as a final resting place for those who here gave their lives that that nation might live. It is altogether fitting and proper that we should do this.

But, in a larger sense, we cannot dedicate -- we cannot consecrate -- we cannot hallow -- this ground.

The brave men, living and dead, who struggled here, have consecrated it, far above our poor power to add or detract.

The world will little note, nor long remember what we say here, but it can never forget what they did here.

It is for us the living, rather, to be dedicated here to the unfinished work which they who fought here have thus far so nobly advanced.

It is rather for us to be here dedicated to the great task remaining before us

링컨의 「게티스버그 연설」(1863. 11. 19.)

80년하고도 7년전 우리 선조들은 이 대륙에 자유 속에서 잉태되고, 인간은 모두 평등하다는 명제를 신조로 하는 새 나라를 탄생시켰습니다.

우리는 지금 이 나라, 또는 이렇게 잉태되고 이런 신조 하에 세워진 그 어떤 나라라도 오래 살아남을 수 있을지 여부를 시험하는 거대한 내전을 치르고 있습니다.

우리는 그 전쟁의 격전지에 모였습니다.

우리는 이 터의 일부를 이 나라를 살리기 위하여 목숨 바친 분들의 영원한 안식처로 봉헌하기 위하여 모였습니다. 이는 마땅하고 옳은 일입니다.

그러나 보다 넓은 의미에서 우리는 이 땅을 봉헌할 수도, 신성하게 만들 수도, 거룩하게 할 수도 없습니다.

생존자와 전사자 할 것 없이 여기서 싸운 용사들이 우리의 보잘것 없는 힘으로는 감히 더할 수도, 뺄 수도 없을 정도로 이미 신성하게 만들었기 때문입니다.

세상은 오늘 우리가 여기서 하는 말에 별다른 관심을 갖지도, 오래 기억하지도 않겠지만 그분들이 이곳에서 한 일은 결코 잊지 않을 것입니다.

따라서 우리 생존자들이 해야 할 일은 그 분들이 이곳에서 싸우면서 숭고하게 진전시킨, 그러나 아직은 미완성인 과제에 우리 자신

-- that from these honored dead we take increased devotion to that cause for which they gave the last full measure of devotion

-- that we here highly resolve that these dead shall not have died in vain

-- that this nation, under God, shall have a new birth of freedom

-- and that government of the people, by the people, for the people, shall not perish from the earth.

Abraham Lincoln

November 19, 1863

을 바치는 것입니다.

즉, 목숨 바친 분들의 숭고한 뜻을 받들어 그분들이 마지막까지 지켜내고자 한 그 과업에 더욱 매진하고

이분들의 죽음이 결코 헛되지 않게 할 것을 다짐하면서,

하나님이 지켜주시는 이 나라에서 자유가 새롭게 탄생하고

그래서 국민의, 국민에 의한, 국민을 위한 정치가 이 지구상에서 결코 사라지지 않도록 하는 이 위대한 과업에 우리 자신을 바칩시다.

(번역: 함재봉)

본 큐알코드로 연결하시면 필자가 국어, 영어로 낭독하는 링컨의 「게티스버그 연설」을 청취하실 수 있습니다.

Lincoln's "Second Inaugural Address" (March 4, 1865)

Fellow Countrymen

At this second appearing to take the oath of the presidential office, there is less occasion for an extended address than there was at the first. Then a statement, somewhat in detail, of a course to be pursued, seemed fitting and proper. Now, at the expiration of four years, during which public declarations have been constantly called forth on every point and phase of the great contest which still absorbs the attention, and engrosses the energies of the nation, little that is new could be presented.

The progress of our arms, upon which all else chiefly depends, is as well known to the public as to myself; and it is, I trust, reasonably satisfactory and encouraging to all. With high hope for the future, no prediction in regard to it is ventured.

On the occasion corresponding to this four years ago, all thoughts were anxiously directed to an impending civil-war. All dreaded it -- all sought to avert it. While the inaugural address was being delivered from this place, devoted altogether to saving the Union without war, insurgent agents were in the city seeking to destroy it without war -- seeking to dissolve the Union, and divide effects, by negotiation.

Both parties deprecated war; but one of them would make war

링컨의 「제 2차 취임사」 (1865. 3. 4.)

국민 여러분

두 번째 대통령 취임 선서를 하는 마당에 첫 번째만큼 긴 연설을 할 상황은 아닌 것 같습니다. 그때는 앞으로 우리가 해야 할 일에 대해 보다 자세히 말씀 드리는 것이 적절하고 의당 해야 할 일이라고 여겼습니다. 임기 4년이 끝나가는 이 시점에, 우리의 모든 관심의 초점이자 나라가 총력을 기울이고 있는 전쟁에 대해서는 이미 수 없이 많은 발표가 있어왔기에 새삼 말씀드릴 것은 별로 없습니다.

모든 것이 걸려 있는 전쟁의 향배는 저나 국민 여러분께서 잘 알고 계신 대로이며 그나마 만족스럽고 고무적이라고 생각하시리라 믿습니다. 미래에 대한 희망은 갖되 이와 관련한 예측은 감히 하지 않겠습니다.

4년전 바로 이 자리에서 우리의 모든 신경은 곧 닥쳐올 내전에 쏠려 있었습니다. 모두가 우려하였고 모두가 피하고자 하였습니다. 전쟁 없이 합중국을 보전하기 위한 목적으로 취임사를 하고 있을 때, 반군의 첩자들은 전쟁 없이 합중국을 파괴 하기 위해서 즉, 협상을 통해서 합중국을 해체시키고 갈라 놓고자 이 도시에 와서 암약하고 있었습니다.

양측은 모두 전쟁을 비난하였습니다. 그러나 그 중 한 쪽은 나라를 보전하기보다 전쟁을 택했고 다른 한쪽은 나라를 보전하기 위해 전쟁을 받아들였습니다. 그렇게 전쟁은 시작되었습니다.

전체 인구의 팔분의 일에 달하는 흑인 노예들은 합중국 전체에 고르

rather than let the nation survive; and the other would accept war rather than let it perish. And the war came.

One eighth of the whole population were colored slaves, not distributed generally over the Union, but localized in the Southern half part of it. These slaves constituted a peculiar and powerful interest. All knew that this interest was, somehow, the cause of the war. To strengthen, perpetuate, and extend this interest was the object for which the insurgents would rend the Union, even by war; while the government claimed no right to do more than to restrict the territorial enlargement of it.

Neither party expected for the war, the magnitude, or the duration, which it has already attained. Neither anticipated that the cause of the conflict might cease with, or even before, the conflict itself should cease. Each looked for an easier triumph, and a result less fundamental and astounding.

Both read the same Bible, and pray to the same God; and each invokes His aid against the other. It may seem strange that any men should dare to ask a just God's assistance in wringing their bread from the sweat of other men's faces; but let us judge not that we be not judged. The prayers of both could not be answered; that of neither has been answered fully.

The Almighty has His own purposes. "Woe unto the world

게 분포되어 있는 대신 남반부에 한정되어 있습니다. 노예제도에는 기이하면서도 강력한 기득권이 얽혀있습니다. 이 기득권이 전쟁의 원인이라는 것은 모두가 알고 있었습니다. 반군들이 전쟁을 일으켜서라도, 합중국을 해체 시켜서라도 달성하고자 한 목표는 이 기득권의 강화, 영속, 확장이었습니다. 반면 정부는 노예제가 다른 지역으로 확산되는 것을 막는 것 외에는 그 어떤 권한도 행사하고자 하지 않았습니다.

어느 한 쪽도 이 전쟁이 이러한 규모로, 이토록 오래 지속되리라고는 예상하지 못했습니다. 어느 한 쪽도 전쟁의 원인이 전쟁과 함께, 아니, 전쟁이 끝나기도 전에 사라져버릴 것이라고는 예상하지 못했습니다. 저마다 손쉬운 승리, 덜 근본적이고 덜 충격적인 결과를 기대했습니다.

양측은 같은 성경을 읽고 같은 신에게 기도합니다. 그리고 그분께 상대편에 맞서 자신만을 도와 주시기를 호소합니다. 정의로운 신에게 다른 사람이 흘린 땀이 배어있는 빵을 빼앗아 달라고 기도하는 것은 이상하다고 할 수도 있겠지만 우리도 심판 받지 아니하려면 남을 심판하지 맙시다. 양측의 기도가 모두 응답 받을 수는 없었습니다. 그리고 그 어느 측의 기도도 완전한 응답을 받지 못했습니다.

전능자께서는 그 분만의 의도가 있으십니다. 「죄로 인하여 세상에는 재앙이 닥칠 것이다! 죄는 생기기 마련이다. 그러나 그 죄를 짓는 사람에게는 재앙이 내릴 것이다!」[2] 만약 미국의 노예제도가 신의 섭리에 따라 생길 수 밖에 없었던 죄의 하나라고 가정하더라도, 그러나 이제 그분이 정해 놓으신 기한이 지나 그분이 그것을 제거하려 하신다면, 그래서 남과 북 모두에게 그 죄의 대가로 이 처절한 전

because of offences! for it must needs be that offences come; but woe to that man by whom the offence cometh!" If we shall suppose that American Slavery is one of those offences which, in the providence of God, must needs come, but which, having continued through His appointed time, He now wills to remove, and that He gives to both North and South, this terrible war, as the woe due to those by whom the offence came, shall we discern therein any departure from those divine attributes which the believers in a Living God always ascribe to Him?

Fondly do we hope -- fervently do we pray -- that this mighty scourge of war may speedily pass away. Yet, if God wills that it continue, until all the wealth piled by the bond-man's two hundred and fifty years of unrequited toil shall be sunk, and until every drop of blood drawn with the lash, shall be paid by another drawn with the sword, as was said three thousand years ago, so still it must be said "the judgments of the Lord, are true and righteous altogether"

With malice toward none; with charity for all; with firmness in the right, as God gives us to see the right, let us strive on to finish the work we are in; to bind up the nation's wounds; to care for him who shall have borne the battle, and for his widow, and his orphan to do all which may achieve and cherish a just, and a lasting peace, among ourselves, and with all nations.

쟁이라는 재앙을 내리신 것이라면 살아계신 하나님을 믿는 자들이 기대하는 신의 모습에서 한치라도 벗어난다고 할 수 있겠습니까?

우리는 전쟁이라는 이 재앙이 하루빨리 지나가기를 간절히 소망하고, 절실히 기도합니다. 그러나250년 간 아무런 보상 없는 노역으로 쌓아 올린 노예주들의 모든 부가 땅 속으로 꺼져버리고, 채찍질로 쥐어짠 피 한 방울, 한 방울이 칼로 흘린 피 한 방울, 한 방울로 모두 보상 받을 때까지 이 전쟁이 계속되는 것이 하나님의 뜻이라면, 3천년 전의 말씀대로 「하나님의 심판은 모두 진실되고 의로우시다」고 할 수 밖에 없습니다.

그 누구에게도 원한을 품지 않고, 모두에게 자비를 베풀면서, 하나님이 우리에게 보여 주시는 정의에 대한 굳은 신념으로 나라의 상처를 치유하고 전쟁에 몸을 바친 분들과 그분들의 미망인과 아이들을 돌보고 우리 사이에, 그리고 모든 나라들 사이에 정의롭고 항구적인 평화를 이룩하고 소중히 가꾸는 과업을 완성하는데 매진합시다.

(번역: 함재봉)

본 큐알코드로 연결하시면 필자가 국어, 영어로 낭독하는 링컨의 「제 2차 취임사」를 청취하실 수 있습니다.

Churchill's "Blood, Toil, Tears and Sweat Speech" (May 13, 1940).

On Friday evening last I received His Majesty's commission to form a new Administration. It is the evident wish and will of Parliament and the nation that this should be conceived on the broadest possible basis and that it should include all parties, both those who supported the late Government and also the parties of the Opposition. I have completed the most important part of this task. A War Cabinet has been formed of five Members, representing, with the Opposition Liberals, the unity of the nation. The three party Leaders have agreed to serve, either in the War Cabinet or in high executive office. The three Fighting Services have been filled. It was necessary that this should be done in one single day, on account of the extreme urgency and rigour of events. A number of other positions, key positions, were filled yesterday, and I am submitting a further list to His Majesty to-night. I hope to complete the appointment of the principal Ministers during to-morrow. The appointment of the other Ministers usually takes a little longer, but I trust that, when Parliament meets again, this part of my task will be completed, and that the administration will be complete in all respects.

처칠의 「피, 수고, 눈물, 그리고 땀 연설」 (1940. 5. 13.)

금요일 저녁 저는 국왕 폐하로부터 새로운 정부를 구성할 수 있는 권한을 부여 받았습니다. 의회와 나라는 새 정부는 가장 광범위한 기반 위에서 최근의 정부는 물론 야권의 모든 정당들까지 모두 포함해야 한다는 것이 의회와 이 나라의 확고한 바램이고 의지입니다. 저는 이 과제의 가장 중요한 부분을 완료했습니다. 전시 내각은 다섯 명으로 구성되었는 바, 이들은 노동당과 반대 당과 자유당, 그리고 조국의 단합을 대표합니다. 세명의 당대표들 전시 내각 또는 최고 위원회에 참여하는데 동의하였습니다. 삼군도 모두 임명되었습니다. 사태의 시급성과 긴급성과 위중함을 고려하여 하루에 완료하지 않을 수 없었습니다. 다른 요직들도 어제 인선했고 오늘 저는 추가 명단을 폐하께 제출할 예정입니다. 주요 장관들도 내일 안으로 임명할 계획입니다. 다른 장관들의 임명은 보통 시간이 조금 더 걸리지만 저는 의회가 다시 개회하면 이와 관련된 제 임무도 완수할 수 있고 정부 구성도 모든 면에서 완성될 것이라고 믿습니다.

저는 의회를 오늘 소집하여 모이도록 하는 것이 국익에 도움이 될 것이라 생각하여 건의 드렸습니다. 의장께서는 동의하셨고 의회의 결의를 통하여 그에게 부여된 권한에 따라 필요한 절차를 밟았습니다. 오늘 회의가 끝나면 화요일 5월21일까지 의회를 휴회할 것을 제안하려고 하는데 물론 그 전에라도 개회 할 필요가 있다면 그렇게 한다는 단서를 달 예정입니다. 그 주에 다룰 사안들에 대해서는 최

I considered it in the public interest to suggest that the House should be summoned to meet today. Mr. Speaker agreed, and took the necessary steps, in accordance with the powers conferred upon him by the Resolution of the House. At the end of the proceedings today, the Adjournment of the House will be proposed until Tuesday, 21st May, with, of course, provision for earlier meeting, if need be. The business to be considered during that week will be notified to Members at the earliest opportunity. I now invite the House, by the Motion which stands in my name, to record its approval of the steps taken and to declare its confidence in the new Government.

To form an Administration of this scale and complexity is a serious undertaking in itself, but it must be remembered that we are in the preliminary stage of one of the greatest battles in history, that we are in action at many other points in Norway and in Holland, that we have to be prepared in the Mediterranean, that the air battle is continuous and that many preparations, such as have been indicated by my hon. Friend below the Gangway, have to be made here at home. In this crisis I hope I may be pardoned if I do not address the House at any length today. I hope that any of my friends and colleagues, or former colleagues, who are affected by the political reconstruction, will make allowance, all allowance, for any lack of ceremony with which it has been necessary to act. I would say to

대한 빠른 기회에 의원께 통보하겠습니다. 저는 이제 의회가 지금까지 제 명의로 취한 조치들을 승인 해줌으로써 새 정부에 대한 신임을 천명해주시기를 앙망합니다.

이만큼 크고 복잡한 정부를 구성한다는 것 자체가 중대한 일입니다. 그러나 우리는 지금 역사상 가장 큰 전쟁을 목전에 두고 있습니다. 우리는 노르웨이와 홀란드의 여러 곳에서 전투 중에 있고 지중해에서도 준비를 해야 합니다. 공중전도 계속 중이고 내각에는 참여하지 않는 존경하는 동료 의원이 지적했듯이 국내에서도 많은 준비를 해야 합니다. 이 위기에 제가 오늘 의회에서 길게 말씀 드리지 못하는 것을 용서해 주시리라 생각합니다. 저는 이번 정치적인 개조로 인해 영향을 받고 있는 내 동료들이나 전(前) 동료들께서는 예의를 제대로 못 갖추고 일을 하게 된 것을 양해해주시기를 바랍니다. 저는 이 정부에 참여한 분들에게 이야기했던 대로 의회에도 다시 말합니다:「제가 드릴 수 있는 것은 피, 수고, 눈물, 그리고 땀 밖에 없습니다.」

우리 앞에는 가장 엄중한 시련이 가로 놓여있습니다. 우리 앞에 놓여 있는 것은 길고 긴 투쟁과 고통의 세월입니다. 우리의 정책은 무엇인가? 라고 여러분이 물으신다면 저는 말합니다, 전쟁 일으키는 것입니다. 바다에서, 땅에서, 그리고 하늘에서 하느님께서 우리에게 주실 수 있는 모든 힘과 능력을 총동원하여, 어둡고 슬픈 인간 범죄의 역사에서도 그 유례를 찾아볼 수 없을 만큼 극악무도한 폭정을 상대로 전쟁을 일으키는 것입니다. 이것이 우리의 정책입니다.

the House, as I said to those who have joined this government: "I have nothing to offer but blood, toil, tears and sweat."

We have before us an ordeal of the most grievous kind. We have before us many, many long months of struggle and of suffering. You ask, what is our policy? I can say: It is to wage war, by sea, land and air, with all our might and with all the strength that God can give us; to wage war against a monstrous tyranny, never surpassed in the dark, lamentable catalogue of human crime. That is our policy. You ask, what is our aim? I can answer in one word: It is victory, victory at all costs, victory in spite of all terror, victory, however long and hard the road may be; for without victory, there is no survival. Let that be realised; no survival for the British Empire, no survival for all that the British Empire has stood for, no survival for the urge and impulse of the ages, that mankind will move forward towards its goal. But I take up my task with buoyancy and hope. I feel sure that our cause will not be suffered to fail among men. At this time I feel entitled to claim the aid of all, and I say, "come then, let us go forward together with our united strength." [3]

우리의 목표는 무엇인가? 라고 여러분께서 물으신다면 저는 한마디로 답할 수 있습니다. 승리입니다. 어떤 대가를 치르더라도 승리입니다. 어떤 공포가 닥치더라도 아무리 길이 멀고 험해도 승리입니다. 승리 없이는 생존도 없기 때문입니다. 모두가 명확히 인식하시기 바랍니다. 대영제국도 생존할 수 없고, 대영제국이 지키고자 해온 모든 것도 생존할 수 없고, 인류가 희구하는 목표를 향하여 전진할 수 있을 것이라는 역사 속에 면면히 흐르는 의지와 본능도 생존할 수 없습니다. 그럼에도 불구하고 저는 저에게 주어진 과제를 기꺼이, 희망 가운데 받아들입니다. 우리가 임무를 완수하는데 실패하는 일은 없을 것이라고 저는 확신합니다. 저는 이제 여러분들의 도움을 당당히 요구하면서 이렇게 말씀드립니다. 「자 그러면, 우리모두 일치단결하여 앞으로 나갑시다」.

(번역: 함재봉)

Kennedy's Inaugural Address (January 20, 1961)

Vice President Johnson, Mr. Speaker, Mr. Chief Justice, President Eisenhower, Vice President Nixon, President Truman, Reverend Clergy, fellow citizens:

We observe today not a victory of party but a celebration of freedom--symbolizing an end as well as a beginning--signifying renewal as well as change. For I have sworn before you and Almighty God the same solemn oath our forebears prescribed nearly a century and three-quarters ago.

The world is very different now. For man holds in his mortal hands the power to abolish all forms of human poverty and all forms of human life. And yet the same revolutionary beliefs for which our forebears fought are still at issue around the globe--the belief that the rights of man come not from the generosity of the state but from the hand of God.

We dare not forget today that we are the heirs of that first revolution. Let the word go forth from this time and place, to friend and foe alike, that the torch has been passed to a new generation of Americans--born in this century, tempered by war, disciplined by a hard and bitter peace, proud of our ancient heritage--and unwilling to witness or permit the slow undoing of those human rights to

케네디의 「취임사」 (1961. 1. 20.)

존슨 부통령님, 하원의장님, 대법원장님, 아이젠하워 대통령님, 닉슨 부통령님, 트루먼 대통령님, 목사님, 동료 시민 여러분:

오늘 이 자리는 한 정당의 승리를 기념하는 것이 아니라 자유를 경축하는 자리입니다. 한 장이 닫히고 새로운 장이 열리는, 그래서 새롭게 태어남과 변화를 상징하는 자리입니다. 저는 여러분과 전능하신 하나님 앞에서 백 년 하고도 75년전에 우리의 선조들이 물려준 그 엄숙한 선서를 했기 때문입니다.

오늘의 세계는 많이 변했습니다. 유한 한 존재인 인간은 이제 일체의 빈곤도, 모든 생명도 없앨 수 있는 힘을 손에 넣게 되었습니다. 그럼에도 불구하고 우리의 선조들이 지켜내고자 혁명을 일으켜 싸웠던 가치들은 아직도 세계 도처에서 실현되지 않고 있습니다. 인간의 권리는 국가가 베푸는 것이 아니라 하나님의 손길로부터 온다는 바로 그 믿음 말씀입니다.

오늘 그 첫 혁명의 계승자가 바로 우리라는 사실을 감히 잊어서는 안될 것입니다. 오늘 이 순간부터, 이 자리에서 우리의 친구와 적에게 공히 선언합니다. 이제 차세대 미국인들이 횃불을 넘겨 받았습니다. 금세기에 태어나서 전쟁으로 단련되고, 힘들고 쓰라린 평화로 훈육되고, 우리의 유구한 전통에 자부심을 갖고 있는, 그리고 이 나라가 처음부터 지켜내고자 한 인간의 권리가 잠식되는 것을 결코 방관하거나 좌시하지 않을, 그리고 그 권리들을 이 땅에서 그리고 세

which this nation has always been committed, and to which we are committed today at home and around the world.

Let every nation know, whether it wishes us well or ill, that we shall pay any price, bear any burden, meet any hardship, support any friend, oppose any foe to assure the survival and the success of liberty.

This much we pledge--and more.

To those old allies whose cultural and spiritual origins we share, we pledge the loyalty of faithful friends. United there is little we cannot do in a host of cooperative ventures. Divided there is little we can do--for we dare not meet a powerful challenge at odds and split asunder.

To those new states whom we welcome to the ranks of the free, we pledge our word that one form of colonial control shall not have passed away merely to be replaced by a far more iron tyranny. We shall not always expect to find them supporting our view. But we shall always hope to find them strongly supporting their own freedom--and to remember that, in the past, those who foolishly sought power by riding the back of the tiger ended up inside.

To those people in the huts and villages of half the globe struggling to break the bonds of mass misery, we pledge our best efforts to help them help themselves, for whatever period

계 방방곡곡에서 지켜낼 것을 약속하는 그런 미국인들 말씀입니다.

우리가 잘되길 바라는 나라든, 우리가 잘못되길 바라든 모든 나라에 알립니다. 우리는 자유를 존속시키고 성공시키기 위해서는 그 어떤 대가라도 치르고, 어떤 짐이라도 지고, 어떤 어려움에도 맞서고, 어떤 우방도 지지하고 어떤 적과도 싸울 것입니다.

이만큼은 우리가 다짐합니다. 그 뿐만이 아닙니다.

우리와 문화적, 정신적 뿌리를 공유하는 오랜 우방국들에게는 충직한 친구의 충정을 약속합니다. 우리가 힘을 합칠 수만 있다면 수많은 협력사업을 통하여 이루지 못할 것이 없습니다. 분열된다면 할 수 있는 것이 없습니다. 우리는 반목하고 분열하는 가운데 거대한 도전에 감히 맞설 수 없기 때문입니다.

신생국들에게는 자유 국가의 대열에 새로이 합류한 것을 환영하는 동시에 식민 통치의 종식이 오히려 더 가혹한 형태의 폭정으로 이어지지 않도록 할 것임을 약속합니다. 그들이 늘 우리의 입장을 지지해줄 것이라고는 기대하지 않습니다. 그러나 그들 자신의 자유만큼은 강력하게 지지하기를 바랍니다. 다만 호랑이 등에 올라타 권력을 탐했던 자들은 결국 잡아 먹히고 말았다는 사실을 기억해주기를 바랍니다.

지구의 절반에 퍼져 있는 오두막과 마을에서 광범위한 불행의 사슬로부터 벗어나기 위해 몸부림치고 있는 사람들에게 우리는 아무리 시간이 걸리더라도 그들이 자립할 수 있도록 최선을 다해서 도울 것을 약속합니다. 공산주의자들이 그런 일을 한다고 해서도 아니

is required--not because the communists may be doing it, not because we seek their votes, but because it is right. If a free society cannot help the many who are poor, it cannot save the few who are rich.

To our sister republics south of our border, we offer a special pledge--to convert our good words into good deeds--in a new alliance for progress--to assist free men and free governments in casting off the chains of poverty. But this peaceful revolution of hope cannot become the prey of hostile powers. Let all our neighbors know that we shall join with them to oppose aggression or subversion anywhere in the Americas. And let every other power know that this Hemisphere intends to remain the master of its own house.

To that world assembly of sovereign states, the United Nations, our last best hope in an age where the instruments of war have far outpaced the instruments of peace, we renew our pledge of support--to prevent it from becoming merely a forum for invective--to strengthen its shield of the new and the weak--and to enlarge the area in which its writ may run.

Finally, to those nations who would make themselves our adversary, we offer not a pledge but a request: that both sides begin anew the quest for peace, before the dark powers of destruction

고, 그들의 표를 받기 위해서도 아닙니다. 그것이 옳은 일이기 때문입니다. 자유로운 사회가 가난한 다수를 도울 수 없다면 부유한 소수를 구할 수는 없습니다.

우리 국경 남쪽의 형제 공화국들에게는 특별한 약속을 합니다. 우리의 말을 행동으로 옮겨 가난의 사슬을 벗어 던지고자 하는 자유민과 자유 정부를 도울 수 있는 진보를 위한 새로운 동맹을 맺겠습니다. 그러나 이 평화로운 희망의 혁명이 적대 세력의 먹이가 되어서는 안됩니다. 우리의 모든 이웃들은 우리가 그들과 힘을 합쳐서 아메리카 대륙 어디에서도 침략과 전복활동에 대항할 것임을 알아야 합니다. 그리고 그 밖의 모든 세력들은 우리 서반구는 우리 지역의 주인으로 남아 있을 것임을 명심해야 할 것입니다.

전쟁의 수단이 평화의 수단을 압도하고 있는 시대에 우리의 마지막 희망인 전세계 주권국가들의 의회인 국제연합에게는 우리의 약속을 다시 한번 확인합니다. 상호비방의 장으로 전락하는 것을 막고 어리고 약한 자들을 보호하는 기능을 강화시키고 헌장의 적용범위를 더 넓힐 수 있도록 돕겠다고 말씀입니다.

마지막으로 우리의 적이 되고자 하는 국가들에는 약속보다는 요청을 합니다. 과학이 노출시킨 가공할 파괴력이 의도적으로 또는 의도하지 않게 인류를 파멸로 이끌기 전에 평화를 향한 노력에 새로이 박차를 가하자고 말입니다.

우리는 약한 모습을 감히 보임으로써 적들이 도발하고 싶은 유혹을 느끼게 해서는 안 됩니다. 우리의 무력이 의심의 여지 없이 충

unleashed by science engulf all humanity in planned or accidental self-destruction.

We dare not tempt them with weakness. For only when our arms are sufficient beyond doubt can we be certain beyond doubt that they will never be employed. But neither can two great and powerful groups of nations take comfort from our present course--both sides overburdened by the cost of modern weapons, both rightly alarmed by the steady spread of the deadly atom, yet both racing to alter that uncertain balance of terror that stays the hand of mankind's final war.

So let us begin anew--remembering on both sides that civility is not a sign of weakness, and sincerity is always subject to proof. Let us never negotiate out of fear. But let us never fear to negotiate.

Let both sides explore what problems unite us instead of belaboring those problems which divide us.

Let both sides, for the first time, formulate serious and precise proposals for the inspection and control of arms--and bring the absolute power to destroy other nations under the absolute control of all nations.

Let both sides seek to invoke the wonders of science instead of its terrors. Together let us explore the stars, conquer the deserts,

분할 때에 비로소 절대로 사용하지 않아도 된다고 확신할 수 있기 때문입니다. 그러나 그렇다고 거대하고 막강한 두 국가 진영이 작금의 상황에 안심할 수는 없습니다. 양측 모두 현대 무기체계의 비용에 짓눌리고 있고, 양측 모두 가공할 핵의 지속적인 확산에 당연히 두려움을 느끼고 있고, 그럼에도 불구하고 인류의 마지막 전쟁을 제지하고 있는 공포의 균형을 깨고자 노력을 경주하고 있는 이 상황 말입니다.

그러므로 우리 다시 시작합니다. 예의 바름이 약점을 노출하는 것도 아니고 진심이란 항상 증명해야 한다는 것을 기억하면서 말입니다. 두려워서 협상해서는 절대 안되겠지만 협상을 두려워하지는 맙시다.

양쪽 진영 모두가 서로를 갈라놓는 문제에 집착하지 말고 모두가 함께 직면하고 있는 문제들이 무엇인지 찾아보도록 합시다.

양쪽 진영 모두 무기들을 검사하고 통제하는데 필요한 진지하고 정확한 제안들을 최초로 내놓음으로써 다른 나라들을 파괴할 수 있는 절대적인 힘을 모든 나라들의 절대적인 통제하에 두도록 합시다.

양 진영 모두 과학의 가공할 힘 대신에 과학의 경이로움을 불러일으키도록 노력합시다. 함께 별들을 탐험하고, 사막을 정복하고, 질병을 퇴치하고, 심연의 바다를 활용하고, 예술과 교역을 장려합시다.

두 진영이 힘을 모아 지구 구석 구석에서 「무거운 짐을 벗기고, 억눌린 자를 해방하라」[5]고 한 이사야의 계명을 따릅시다.

eradicate disease, tap the ocean depths and encourage the arts and commerce.

Let both sides unite to heed in all corners of the earth the command of Isaiah--to "undo the heavy burdens . . . (and) let the oppressed go free."

And if a beachhead of cooperation may push back the jungle of suspicion, let both sides join in creating a new endeavor, not a new balance of power, but a new world of law, where the strong are just and the weak secure and the peace preserved.

All this will not be finished in the first one hundred days. Nor will it be finished in the first one thousand days, nor in the life of this Administration, nor even perhaps in our lifetime on this planet. But let us begin.

In your hands, my fellow citizens, more than mine, will rest the final success or failure of our course. Since this country was founded, each generation of Americans has been summoned to give testimony to its national loyalty. The graves of young Americans who answered the call to service surround the globe.

Now the trumpet summons us again--not as a call to bear arms, though arms we need--not as a call to battle, though embattled we are-- but a call to bear the burden of a long twilight struggle, year in and year out, "rejoicing in hope, patient in tribulation"--a

협력의 교두보가 의심의 정글을 퇴치할 수 있게 된다면, 두 진영이 힘을 모아 새로운 과제를 시작합시다. 새로운 세력 균형이 아니라 강자는 정의롭고 약자는 보호 받고 평화가 유지되는 새로운 법치의 세계를 말립니다.

이 모든 일은 첫 100일 안에 끝마칠 수 없습니다. 첫 천일 안에도, 이 행정부의 임기 중에도, 어쩌면 이 지상에서의 우리 일생 동안에도 말입니다. 그러나 시작해 봅시다.

친애하는 국민 여러분, 우리가 성공하느냐 실패하느냐는 저 보다는 여러분의 손에 달려 있습니다. 이 나라가 세워진 이래 각 세대는 국가에 대한 충성심을 증명해 보이라는 부름을 받았습니다. 나라의 부름에 응답한 젊은 미국인들의 무덤이 지구를 둘러싸고 있습니다.

이제 나팔 소리가 또 다시 우리를 부릅니다. 우리에겐 무기가 필요하지만, 무기를 들라는 나팔 소리가 아닙니다. 악전고투하고 있지만 전투를 하라는 나팔 소리가 아닙니다. 「소망 중에 즐거워하며 환난 중에 참으며」[6] 해를 거듭하는 기나 긴 끝 모를 투쟁의 짐을 지고 인류 공동의 적인 폭정, 빈곤, 질병, 그리고 전쟁 그 자체를 상대로 한 투쟁을 전개하라는 나팔 소리 입니다.

우리는 이러한 적들을 상대로 전 인류에게 보다 풍요로운 삶을 보장해 줄 수 있는 남과 북, 동과 서를 아우르는 위대한 세계동맹을 빚어낼 수 있겠습니까? 이 역사적인 과업에 동참하지 않으시겠습니까?

세계의 긴 역사 속에서 자유가 가장 큰 위기에 처한 시점에 자유를

struggle against the common enemies of man: tyranny, poverty, disease and war itself.

Can we forge against these enemies a grand and global alliance, North and South, East and West, that can assure a more fruitful life for all mankind? Will you join in that historic effort?

In the long history of the world, only a few generations have been granted the role of defending freedom in its hour of maximum danger. I do not shrink from this responsibility--I welcome it. I do not believe that any of us would exchange places with any other people or any other generation. The energy, the faith, the devotion which we bring to this endeavor will light our country and all who serve it--and the glow from that fire can truly light the world.

And so, my fellow Americans: ask not what your country can do for you--ask what you can do for your country.

My fellow citizens of the world: ask not what America will do for you, but what together we can do for the freedom of man.

Finally, whether you are citizens of America or citizens of the world, ask of us here the same high standards of strength and sacrifice which we ask of you. With a good conscience our only sure reward, with history the final judge of our deeds, let us go forth to lead the land we love, asking His blessing and His help, but knowing that here on earth God's work must truly be our own.[4]

지키는 역할을 부여 받은 세대는 많지 않습니다. 저는 이 책임을 결코 회피하지 않습니다. 기꺼이 받아들입니다. 저는 우리 중 다른 나라 사람들이나 다른 세대와 자리를 바꾸고 싶은 사람은 다 한 명도 없을 것이라고 믿습니다. 이 과업을 위해 우리가 동원할 열정, 신념, 헌신은 우리 나라와 조국에 봉사하는 모두를 불타오르게 할 것입니다. 그리고 그 불의 광채는 진정 세계를 밝힐 것입니다.

그러므로 나의 동료 미 국민 여러분, 나라가 여러분을 위해 무엇을 해 줄 수 있는지를 묻지 마십시오. 여러분이 나라를 위해 무엇을 할 수 있는지 물으십시오.

친애하는 동료 세계 시민 여러분, 미국이 여러분에게 무엇을 해 줄 것인지 묻지 말고, 우리가 함께 인간의 자유를 위해 무엇을 할 수 있을지 물어 보십시오.

마지막으로 여러분이 미국 시민이건, 세계의 시민이건 우리가 여러분에게 요구하는 것과 똑 같은 높은 수준의 노력과 희생을 여기에 모인 우리에게 요구하십시오. 가책 없는 양심만이 우리의 유일한 보상임을 확신하면서, 역사를 우리가 하는 일의 궁극적인 심판자로 삼고, 하나님의 은총과 도움을 간구하면서, 그러나 여기 이 지상에서는 하나님께서 하시는 일이 곧 우리가 해야 할 일임을 명심하면서 우리가 사랑하는 이 땅을 이끌어 나갑시다.

(번역: 함재봉)

Martin Luther King Jr.'s "I Have a Dream" Speech (August 28, 1963)

I am happy to join with you today in what will go down in history as the greatest demonstration for freedom in the history of our nation.

Five score years ago, a great American, in whose symbolic shadow we stand today, signed the Emancipation Proclamation. This momentous decree came as a great beacon light of hope to millions of Negro slaves who had been seared in the flames of withering injustice. It came as a joyous daybreak to end the long night of their captivity.

But one hundred years later, the Negro still is not free. One hundred years later, the life of the Negro is still sadly crippled by the manacles of segregation and the chains of discrimination. One hundred years later, the Negro lives on a lonely island of poverty in the midst of a vast ocean of material prosperity. One hundred years later, the Negro is still languished in the corners of American society and finds himself an exile in his own land. And so we've come here today to dramatize a shameful condition.

In a sense we've come to our nation's capital to cash a check. When the architects of our republic wrote the magnificent words

마틴 루터 킹 목사의 「나에게는 꿈이 있습니다 연설」(1963. 8. 28.)

저는 오늘 우리나라 역사에서 자유를 위한 시위 중 가장 위대한 것으로 기록될 시위에 여러분과 함께 하게 되어 기쁩니다.

100여 년 전, 한 위대한 미국인이 「노예 해방 선언」에 서명했습니다. 오늘 우리는 그분의 상징적 그림자 아래 서 있습니다.[7] 이 위대한 법령은 피 말리는 불의의 화염 속에서 타 들어가던 수백만의 흑인 노예들에게 한 줄기 거대한 희망의 빛으로 다가왔습니다. 속박의 오랜 어두움을 끝낼 환희의 여명으로 다가왔습니다.

하지만 100년이 지난 지금, 흑인에게는 아직도 자유가 없습니다. 100년이 지난 지금, 흑인의 삶은 슬프게도 여전히 격리의 족쇄와 차별의 사슬에 불구가 되어 있습니다. 100년이 지난 지금, 흑인은 거대한 풍요의 바다 한가운데 떠 있는 외딴 빈곤의 섬에서 살고 있습니다. 100년이 지난 지금, 흑인은 여전히 미국의 구석진 곳에 방치되고 자신의 나라에 유배 당하고 있습니다. 그래서 우리는 이 수치스러운 상황을 극적으로 폭로하기 위해서 오늘 이곳에 왔습니다.

우리는 수표를 현찰로 바꾸기 위해 우리나라의 수도를 찾아 왔다고도 할 수 있습니다. 우리 공화국의 설계자들이 『헌법』과 『독립 선언서』의 위대한 말들을 썼을 때, 그분들은 미국사람이라면 누구나 상속받을 수 있는 약속어음에 서명하였습니다. 이 어음은 모든 사람, 그렇습니다, 백인뿐만 아니라 흑인을 포함한, 모든 사람은 그 누

of the Constitution and the Declaration of Independence, they were signing a promissory note to which every American was to fall heir. This note was a promise that all men, yes, black men as well as white men, would be guaranteed the "unalienable Rights" of "Life, Liberty and the pursuit of Happiness." It is obvious today that America has defaulted on this promissory note, insofar as her citizens of color are concerned. Instead of honoring this sacred obligation, America has given the Negro people a bad check, a check which has come back marked "insufficient funds."

But we refuse to believe that the bank of justice is bankrupt. We refuse to believe that there are insufficient funds in the great vaults of opportunity of this nation. And so, we've come to cash this check, a check that will give us upon demand the riches of freedom and the security of justice.

We have also come to this hallowed spot to remind America of the fierce urgency of Now. This is no time to engage in the luxury of cooling off or to take the tranquilizing drug of gradualism. Now is the time to make real the promises of democracy. Now is the time to rise from the dark and desolate valley of segregation to the sunlit path of racial justice. Now is the time to lift our nation from the quicksands of racial injustice to the solid rock of brotherhood. Now is the time to make justice a reality for all of God's children.

구도 빼앗을 수 없는 생명, 자유, 행복추구권을 보장 받을 수 있다는 약속이었습니다. 오늘날 누가 보아도 미국이 검은 피부를 가진 시민들에 대해서 만큼은 이 약속어음을 부도 냈다는 것을 알 수 있습니다. 이 신성한 약속을 지키기는커녕, 미국은 흑인들에게 「자금 부족」이란 도장이 찍혀서 되 돌아온 부도 수표를 건넸습니다.

하지만 우리는 정의의 은행이 파산하였다고는 결코 믿지 않을 것입니다. 우리는 이 나라가 보유하고 있는 거대한 「기회의 금고」에 자금이 부족하다고는 결코 믿지 않을 것입니다. 그래서 우리는 이 수표를 현찰화 시키려고 왔습니다. 청구만 하면 자유의 풍요로움과 정의의 보호를 받게 해 줄 수표를 환전하기 위해서 말입니다.

또한 우리는 지금이 이 순간이 얼마나 무섭도록 시급한지를 미국에게 환기시키려고 이 신성한 곳에 왔습니다. 지금은 「냉정할 필요가 있다」는 식의 여유를 부릴 때도, 「점진주의」의 환각제를 복용할 때도 아닙니다. 민주주의의 약속을 실현시킬 때는 바로 지금입니다. 차별의 어둡고 황폐한 계곡에서 벗어나 인종간에 정의의 태양이 비추는 길로 올라가야 할 때는 바로 지금입니다. 우리나라를 인종적 불평등의 구렁텅이로부터 건져내어 형제애라는 견고한 반석 위에 세울 때는 바로 지금입니다. 하나님의 모든 자녀들이 정의를 체감할 수 있도록 해야 할 때는 바로 지금입니다.

작금의 시급함을 간과한다면 이는 우리나라에 치명적일 것입니다. 흑인들의 당연한 분노로 끓어 오르는 이 찌는 듯한 여름은 자유와 평등의 청량한 가을이 오기 전까지는 지나가지 않을 것입니다.

It would be fatal for the nation to overlook the urgency of the moment. This sweltering summer of the Negro's legitimate discontent will not pass until there is an invigorating autumn of freedom and equality. Nineteen sixty-three is not an end, but a beginning. And those who hope that the Negro needed to blow off steam and will now be content will have a rude awakening if the nation returns to business as usual. And there will be neither rest nor tranquility in America until the Negro is granted his citizenship rights. The whirlwinds of revolt will continue to shake the foundations of our nation until the bright day of justice emerges.

But there is something that I must say to my people, who stand on the warm threshold which leads into the palace of justice: In the process of gaining our rightful place, we must not be guilty of wrongful deeds. Let us not seek to satisfy our thirst for freedom by drinking from the cup of bitterness and hatred. We must forever conduct our struggle on the high plane of dignity and discipline. We must not allow our creative protest to degenerate into physical violence. Again and again, we must rise to the majestic heights of meeting physical force with soul force.

The marvelous new militancy which has engulfed the Negro community must not lead us to a distrust of all white people,

1963년은 끝이 아니라 시작일 뿐입니다. 흑인들은 그저 화를 한번 풀 필요가 있었을 뿐 이제 다시 흡족해 할 것 이라고 믿고 싶은 사람들, 그래서 이 나라가 마치 아무 일도 없었던 것처럼 이전과 똑 같은 상태로 되돌아 간다면, 그들은 매우 불쾌하게 미몽에서 깨어나게 될 것입니다. 흑인이 시민의 정당한 권리를 부여 받을 때까지 미국에는 휴식도 평안도 없을 것입니다. 봉기의 회오리바람은 정의의 밝은 날이 올 때까지 이 나라를 기초부터 흔들 것입니다.

그러나 정의의 궁전으로 향하는 따듯한 문턱에 서 있는 동포 들에게 꼭 드려야만 할 말씀이 있습니다. 우리가 당연히 받아야 될 대접을 받고자 하는 과정에서 우리는 잘못된 행동을 해서는 안됩니다. 자유를 향한 우리의 갈증을 원한과 증오의 잔을 마심으로써 풀려고 하지 맙시다. 우리의 투쟁은 존엄과 기강을 지키는 높디 높은 차원에서 전개해 나가야 합니다. 우리의 창의적인 저항이 폭력으로 전락하게 해서는 결코 안됩니다. 우리는 육체적인 폭력에 영적인 힘으로 맞서는 드높은 차원으로 거듭 올라가야 합니다.

흑인사회에 몰아치고 있는 새롭고 경이로운 투쟁의지가 모든 백인들에 대한 불신으로 이어져서는 결코 안됩니다. 오늘 이 자리에 참석한 수많은 분들이 보여주듯이, 수많은 우리의 백인형제들은 자신들의 운명이 우리의 운명과 뗄래야 뗄 수 없음을 깨닫기 시작했습니다. 자신들의 자유가 우리의 자유와 불가분의 관계에 있음을 깨닫기 시작했습니다.

우리는 우리끼리만 갈 수 없습니다.

for many of our white brothers, as evidenced by their presence here today, have come to realize that their destiny is tied up with our destiny. And they have come to realize that their freedom is inextricably bound to our freedom.

We cannot walk alone.

And as we walk, we must make the pledge that we shall always march ahead.

We cannot turn back.

There are those who are asking the devotees of civil rights, "When will you be satisfied?" We can never be satisfied as long as the Negro is the victim of the unspeakable horrors of police brutality. We can never be satisfied as long as our bodies, heavy with the fatigue of travel, cannot gain lodging in the motels of the highways and the hotels of the cities. We cannot be satisfied as long as the negro's basic mobility is from a smaller ghetto to a larger one. We can never be satisfied as long as our children are stripped of their self-hood and robbed of their dignity by signs stating: "For Whites Only." We cannot be satisfied as long as a Negro in Mississippi cannot vote and a Negro in New York believes he has nothing for which to vote. No, no, we are not satisfied, and we will not be satisfied until "justice rolls down like waters, and righteousness like a mighty stream."

그리고 우리는 걸을 때도 우리가 앞장 설 것임을 맹세해야 합니다. 우리는 되돌아 갈 수 없습니다.

인권운동에 헌신하는 사람들에게 「당신들은 언제쯤 만족할 것이냐?」고 묻는 사람들이 있습니다. 우리는 흑인이 계속 형언할 수 없이 잔혹한 경찰의 만행에 희생되는 한 절대 만족할 수 없습니다. 우리는 여행으로 지친 우리의 몸이 고속도로변의 모텔과 도심의 호텔에 투숙하는 것이 불가능한 한 절대 만족할 수 없습니다. 우리는 흑인의 거주이전의 자유가 작은 빈민촌에서 보다 큰 빈민촌으로의 이동에 국한되어 있는 한 만족 할 수 없습니다. 우리는 「백인전용」이라는 팻말 앞에서 우리 아이들이 자존심이 무너지고 존엄성을 강탈당하는 한 절대 만족할 수 없습니다. 우리는 미시시피의 흑인은 투표할 권리조차 없고 뉴욕의 흑인은 투표 해 봤자 아무런 소용이 없다고 믿는 한 만족할 수 없습니다. 우리는 절대로, 절대로, 만족하지 않습니다. 그리고 정의가 물처럼 흐르고 공정이 거대한 강처럼 흘러내릴 때까지 만족하지 않을 것입니다.

저는 여러분 중에는 이곳에 오기 직전까지 크나큰 시련과 고통을 겪었다는 것을 모르지 않습니다. 비좁은 감방에서 출옥하자마자 이곳으로 직행해 온 분들도 있습니다. 그리고 어떤 분들은 자유를 원했다는 이유로 탄압의 폭풍우에 휩쓸리고 경찰 탄압의 바람에 휘청거리게 만드는 지역으로부터 왔습니다. 여러분들은 참으로 다양한 고통을 감내해 왔습니다. 잘못이 없음에도 당하는 고통은 구원으로 가는 길이라 믿고 계속해서 일합시다. 지금 상황은 어떻게든 바뀔 수 있고 바꾸

I am not unmindful that some of you have come here out of great trials and tribulations. Some of you have come fresh from narrow jail cells. And some of you have come from areas where your quest -- quest for freedom left you battered by the storms of persecution and staggered by the winds of police brutality. You have been the veterans of creative suffering. Continue to work with the faith that unearned suffering is redemptive. Go back to Mississippi, go back to Alabama, go back to South Carolina, go back to Georgia, go back to Louisiana, go back to the slums and ghettos of our northern cities, knowing that somehow this situation can and will be changed.

Let us not wallow in the valley of despair, I say to you today, my friends.

And so even though we face the difficulties of today and tomorrow, I still have a dream. It is a dream deeply rooted in the American dream.

I have a dream that one day this nation will rise up and live out the true meaning of its creed: "We hold these truths to be self-evident, that all men are created equal."

I have a dream that one day on the red hills of Georgia, the sons of former slaves and the sons of former slave owners will be able to sit down together at the table of brotherhood.

고 말 것이라는 것을 알고 앨라바마로, 사우스캐롤라이나로, 조지아로, 루이지애나로, 북부 도시들의 빈민가와 흑인가로 돌아가십시오.

나의 친구들이여, 저는 오늘 여러분께 말합니다, 절대로 절망의 계곡에서 허우적거리지 맙시다.

그리고 우리가 오늘도, 내일도 어려움을 겪을지라도, 저에게는 아직도 꿈이 있습니다. 이 꿈은 아메리칸 드림에 깊이 뿌리 내리고 있는 그런 꿈 입니다.

저에게는 꿈이 있습니다. 언젠가는, 이 나라가 떨치고 일어나서 「우리는 다음과 같은 진리들을 자명한 것으로 받아들인다. 만인은 평등하게 창조되었다고」 라는 강령의 진정한 뜻을 실현시키는 날이 올 것이라는 꿈입니다.

저에게는 꿈이 있습니다. 언젠가는, 조지아주의 붉은 언덕 위에서 노예들의 후손들과 노예소유주들의 후손들이 형제애의 식탁에 함께 앉을 수 있을 것이라는 꿈입니다.

저에게는 꿈이 있습니다. 언젠가는 부정의 열기에 허덕이고 불의의 열기에 허덕이는 미시시피 주 조차도 자유와 정의의 오아시스로 바뀔 것이라는 꿈입니다.

저에게는 꿈이 있습니다. 언젠가는 저의 네 어린 자식들이 자신들의 피부색이 아니라 자신들의 인격으로 판단 받는 나라에서 살게 될 것이라는 꿈입니다.

오늘 저에게는 꿈이 있습니다.

저에게는 꿈이 있습니다. 언젠가는 앨라배마에서도, 바로 그 사악

I have a dream that one day even the state of Mississippi, a state sweltering with the heat of injustice, sweltering with the heat of oppression, will be transformed into an oasis of freedom and justice.

I have a dream that my four little children will one day live in a nation where they will not be judged by the color of their skin but by the content of their character.

I have a *dream* today!

I have a dream that one day, down in Alabama, with its vicious racists, with its governor having his lips dripping with the words of "interposition" and "nullification" -- one day right there in Alabama little black boys and black girls will be able to join hands with little white boys and white girls as sisters and brothers.

I have a *dream* today!

I have a dream that one day every valley shall be exalted, and every hill and mountain shall be made low, the rough places will be made plain, and the crooked places will be made straight; "and the glory of the Lord shall be revealed and all flesh shall see it together."

This is our hope, and this is the faith that I go back to the South with.

With this faith, we will be able to hew out of the mountain of

한 인종차별주의자들이 있는, 「개입」과 「무효화」라는 말을 내 뱉는 주지사가 있는 바로 그 앨라배마에서도 어린 흑인 소년들과 흑인 소녀들이 어린 백인 소년들과 백인 소녀들과 형제자매로서 손을 맞잡을 수 있을 것이라는 꿈입니다.

오늘 저에게는 꿈이 있습니다.

저에게는 꿈이 있습니다. 언젠가는, 모든 골짜기들은 메워지고, 모든 언덕과 산들은 낮아지고, 거친 곳은 순탄해지고, 굽은 곳은 곧게 펴지고, 하나님의 영광이 드러나고, 모든 사람들이 다같이 그 영광을 보게 될 것이라는 꿈입니다.

이것이 우리의 희망입니다. 저는 이 믿음을 간직한 채 남부로 돌아갑니다.

이 믿음을 가지고 우리는 태산 같은 절망으로부터 희망의 반석을 깎아낼 수 있을 것입니다. 이 믿음을 가지고 우리는 귀 아픈 이 나라의 불협화음을 형제애의 아름다운 교향곡으로 변화시킬 수 있을 것입니다. 이 믿음을 가지고, 우리는 같이 일 할 수 있고, 같이 기도하고, 같이 투쟁하고, 같이 감옥에 가며, 같이 자유를 지켜낼 수 있을 것입니다. 언젠가는 자유를 누릴 수 있을 것임을 확신하면서 말입니다.

그날이 오면, 그 날이 오면 하나님의 모든 자녀가 새삼 「나의 조국, 당신의 것이요, 사랑하는 자유의 땅이여. 나의 조상님들이 묻힌 땅, 순례자들의 긍지의 땅, 모든 산에서 자유여 메아리리 쳐라.」고 노래 부를 수 있을 것입니다.

미국이 위대한 국가가 되고자 한다면 이는 반드시 이루어져야만

despair a stone of hope. With this faith, we will be able to transform the jangling discords of our nation into a beautiful symphony of brotherhood. With this faith, we will be able to work together, to pray together, to struggle together, to go to jail together, to stand up for freedom together, knowing that we will be free one day.

And this will be the day -- this will be the day when all of God's children will be able to sing with new meaning:

My country 'tis of thee, sweet land of liberty, of thee I sing. Land where my fathers died, land of the Pilgrim's pride, From every mountainside, let freedom ring!

And if America is to be a great nation, this must become true.

And so let freedom ring from the prodigious hilltops of New Hampshire.

Let freedom ring from the mighty mountains of New York.

Let freedom ring from the heightening Alleghenies of Pennsylvania.

Let freedom ring from the snow-capped Rockies of Colorado.

Let freedom ring from the curvaceous slopes of California.

But not only that:

Let freedom ring from Stone Mountain of Georgia.

Let freedom ring from Lookout Mountain of Tennessee.

Let freedom ring from every hill and molehill of Mississippi.

합니다.

그래서 뉴햄프셔의 경이로운 언덕 꼭대기에 자유가 울려 퍼지게 합시다.

뉴욕의 막강한 산들로부터 자유가 울려 퍼지게 합시다.

펜실베니아의 드높은 앨리게이니에서 자유가 울려 퍼지게 합시다.

콜로라도의 눈 덮인 록키 산맥에서 자유가 울려 퍼지게 합시다. 캘리포니아주의 굽이진 비탈에서 자유가 울려 퍼지게 합시다.

그러나 그 뿐이 아닙니다.[8]

조지아주의 스토운마운틴에서 자유가 울려 퍼지게 합시다.

테네시주의 룩아웃마운틴에서 자유가 울려 퍼지게 합시다.

미시시피주의 모든 언덕과 작은 흙더미에도 자유가 울려 퍼지게 합시다.

모든 산에서 자유가 울려 퍼지게 합시다.

그리고 이날 오면, 우리가 자유가 울려 퍼지게 한다면, 우리가 모든 마을과 촌락, 모든 주와 모든 도시에서 자유가 울려 퍼지게 한다면, 우리는 하나님의 모든 자녀들이, 흑인과 백인이, 유태인과 이방인이, 신교도와 구교도 들이 손에 손을 잡고 옛날 흑인영가를 함께 부를 수 있는 날을 앞당길 수 있을 것입니다.

「자유다! 자유다!」

「전능하신 하나님 감사합니다, 드디어 자유입니다!」

(번역: 함재봉)

From every mountainside, let freedom ring.

And when this happens, and when we allow freedom ring, when we let it ring from every village and every hamlet, from every state and every city, we will be able to speed up that day when all of God's children, black men and white men, Jews and Gentiles, Protestants and Catholics, will be able to join hands and sing in the words of the old Negro spiritual:

Free at last! Free at last!

Thank God Almighty, we are free at last!

Robert Kennedy's "Statement on Assassination of Martin Luther King, Jr." (April 4, 1968)

I have some very sad news for you and that is that Martin Luther King was shot and was killed tonight in Memphis, Tennessee.

Martin Luther King dedicated his life to love and to justice between fellow human beings, and he died in the cause of that effort.

In this difficult day, in this difficult time for the United States, it is perhaps well to ask what kind of a nation we are and what direction we want to move in. For those of you who are black--considering the evidence, evidently is that there were white people who were responsible--you can be filled with bitterness, and with hatred, and a desire for revenge. We can move in that direction as a country, in greater polarization--black people amongst blacks, white people amongst whites, filled with hatred toward one another.

Or we can make an effort, as Martin Luther King did, to understand and to comprehend, and replace that violence, that stain of bloodshed that has spread across our land, with an effort to understand with compassion and love.

For those of you who are black and are tempted to be filled with

로버트 케네디의 「마틴 루터 킹 목사 암살에 즈음하여」 (1968. 4. 4.)

여러분과, 우리 동료 시민 모두에게, 그리고 평화를 사랑하는 지구상의 모든 사람들에게 안 좋은 소식이 있습니다. 마틴 루터 킹이 오늘밤 저격 당하여 피살되었습니다.

마틴 루터 킹은 평생을 인류애와 정의에 헌신하였고 그랬기에 죽임을 당했습니다.

이 고통스러운 날, 미국에게 고통스러운 이 시기에, 우리는 어떤 나라이고 어떤 방향으로 나가길 원하는지 자문해볼 필요가 있습니다. 지금까지 드러난 증거를 보면 백인들의 소행인 것으로 보입니다. 이를 볼 때 흑인 여러분은 분노와 증오, 그리고 복수심에 가득찰 수 있습니다. 우리는 그 방향으로, 흑인들은 흑인들 끼리, 백인들은 백인들 끼리 서로에 대한 증오에 가득 차서 극심한 양극화의 길로 갈 수 있습니다.

아니면 우리는 마틴 루터 킹처럼 서로 이해하고 알아듣고자 노력하면서 우리 이 땅에 번지고 있는 폭력, 핏자국을 서로에 대한 연민과 사랑으로 대체하고자 노력할 수 있습니다.

흑인 여러분 중에는 이러한 억울한 일을 당하여 백인들에 대한 증오와 불신이 불타오르는 충동을 느낄 수 있다는 것을 압니다. 다만 제가 말씀드릴 수 있는 것은 저 또한 마음 속 깊이 같은 충동을 느낀다는 것입니다. 제 가족 중 한 명도 암살 당하였는데 그를 죽인 것도

hatred and mistrust of the injustice of such an act, against all white people, I would only say that I can also feel in my own heart the same kind of feeling. I had a member of my family killed, but he was killed by a white man. But we have to make an effort in the United States, we have to make an effort to understand, to get beyond or go beyond these rather difficult times.

My favorite poem, my favorite poet was Aeschylus. He once wrote: "Even in our sleep, pain which cannot forget falls drop by drop upon the heart until, in our own despair, against our will, comes wisdom through the awful grace of God."

What we need in the United States is not division; what we need in the United States is not hatred; what we need in the United States is not violence and lawlessness; but is love and wisdom, and compassion toward one another, feeling of justice toward those who still suffer within our country, whether they be white or whether they be black.

We can do well in this country. We will have difficult times; we've had difficult times in the past; and we will have difficult times in the future. It is not the end of violence; it is not the end of lawlessness; it is not the end of disorder.

But the vast majority of white people and the vast majority of black people in this country want to live together, want to improve

백인이었습니다. 그러나 우리 이 미합중국에서는 서로를 이해하고 이 어려운 시기를 극복할 수 있도록 노력해야 합니다.

제가 제일 좋아하는 시인은 아이스킬로스입니다. 그는 이렇게 썼습니다. 「잠 속에서도 잊지 못할 고통이 한 방울 한 방울 가슴 위에 떨어진다. 절망 속에서, 우리의 의지와는 반대로, 신의 무서운 은총으로 지혜가 찾아올 때까지.」

미국이 필요로 하는 것은 분열이 아닙니다. 미국이 필요로 하는 것은 증오가 아닙니다. 미국이 필요로 하는 것은 폭력도 불법 행위도 아닌 사랑과 지혜, 서로에 대한 연민, 그리고 백인이든 흑인이든 이 나라에서 아직도 고통 받고 있는 자들에 대한 정의감입니다.

저는 오늘밤 여러분들이 댁으로 돌아가서 마틴 루터 킹의 가족을 위하여 기도 해주시기를 부탁 드립니다. 그러나 보다 중요한 것은 우리 모두가 사랑하는 이 나라를 위해서 기도 해주십시오. 제가 말씀 드렸던 서로에 대한 이해와 연민을 간구하는 그런 기도를.

우리는 잘 할 수 있습니다. 앞으로도 어려움은 닥쳐올 것입니다. 과거에도 힘든 시절을 보냈고 앞으로도 힘든 시절들이 있을 것입니다. 폭력의 끝도 아니고, 불법행위의 끝도 아니고, 혼란의 끝도 아닙니다.

그러나 우리나라 백인의 절대 다수, 그리고 흑인의 절대 다수는 서로 같이 살기를 원하고 우리의 삶의 질이 향상되기를 원하고, 이 땅에 사는 모두에게 정의가 이루어지기를 원합니다.

그리스인들이 아주 오래 전 얘기 했듯이 「인간의 야만성을 길들이

the quality of our life, and want justice for all human beings that abide in our land.

Let us dedicate ourselves to what the Greeks wrote so many years ago: to tame the savageness of man and make gentle the life of this world.

Let us dedicate ourselves to that, and say a prayer for our country and for our people.

Thank you very much.

고 이 세상의 삶을 순화시키는 것」에 헌신합니다.

우리 모두 그러한 목표에 헌신합시다. 그리고 우리 나라와 우리 국

민을 위하여 기도합시다.

(번역: 함재봉)

본 큐알코드로 연결하시면 필자가 국어, 영어로 낭독하는 로버트 케네디의 「마틴 루터 킹 목사 암살에 즈음하여」
를 청취하실 수 있습니다.

Ronald Reagan's "Challenger Speech" (January 28, 1986)

Ladies and gentlemen, I'd planned to speak to you tonight to report on the state of the Union, but the events of earlier today have led me to change those plans. Today is a day for mourning and remembering.

Nancy and I are pained to the core by the tragedy of the shuttle Challenger. We know we share this pain with all of the people of our country. This is truly a national loss.

Nineteen years ago, almost to the day, we lost three astronauts in a terrible accident on the ground. But we've never lost an astronaut in flight; we've never had a tragedy like this. And perhaps we've forgotten the courage it took for the crew of the shuttle; but they, the Challenger Seven, were aware of the dangers, but overcame them and did their jobs brilliantly. We mourn seven heroes: Michael Smith, Dick Scobee, Judith Resnik, Ronald McNair, Ellison Onizuka, Gregory Jarvis, and Christa McAuliffe. We mourn their loss as a nation together.

For the families of the seven, we cannot bear, as you do, the full impact of this tragedy. But we feel the loss, and we're thinking about you so very much. Your loved ones were daring and brave,

레이건의 「챌린저 우주왕복선 참사 연설」(1986. 1. 28. 오후 5시)

숙녀, 신사 여러분, 저는 원래 오늘 여러분에게 연두교서를 보고할 예정이었으나 오늘 일어난 사건들로 인하여 계획을 바꿀 수 밖에 없었습니다. 오늘은 애도하고 기억하는 날입니다. 낸시와 저는 챌린저 우주왕복선의 비극으로 골수까지 비통함을 느낍니다. 전 국민이 이 고통을 함께하고 있음을 알고 있습니다. 이는 국가의 헤아릴 수 없는 손실입니다.

19년전 바로 이맘때 우리는 지상에서의 참사로 우주비행사 3명을 잃었습니다. 그러나 우리는 비행중인 우주비행사를 잃었던 적은 없습니다. 이는 전례가 없는 비극입니다. 그래서일까 우리는 어쩌면 우주왕복선의 승무원이 되는 것이 얼마나 큰 용기를 요하는 것인지 잊어버렸는지도 모르겠습니다. 그러나 챌리저의 7인은 그 위험을 잘 알고 있었고 그럼에도 불구하고 이를 극복하고 자신들에게 맡겨진 임무를 완벽하게 수행하였습니다. 우리는 7인의 영웅을 애도합니다. 마이클 스미스, 딕 스코비, 주디스 레즈닉, 로날드 맥네어, 엘리슨 오니주카, 그레고기 자비스, 그리고 크리스타 매컬리프. 우리나라는 한마음으로 이들을 애도합니다.

유가족 여러분, 우리는 당신들만큼 이 비극을 온몸으로 느낄 수는 없습니다. 그러나 우리도 슬픔가운데 여러분을 기억하고 있습니다. 여러분들의 사랑하는 분들은 대담하고 용감했으며 그분들은 「나

and they had that special grace, that special spirit that says, "Give me a challenge and I'll meet it with joy." They had a hunger to explore the universe and discover its truths. They wished to serve, and they did. They served all of us.

We've grown used to wonders in this century. It's hard to dazzle us. But for 25 years the United States space program has been doing just that. We've grown used to the idea of space, and perhaps we forget that we've only just begun. We're still pioneers. They, the members of the Challenger crew, were pioneers.

And I want to say something to the schoolchildren of America who were watching the live coverage of the shuttle's takeoff. I know it is hard to understand, but sometimes painful things like this happen. It's all part of the process of exploration and discovery. It's all part of taking a chance and expanding man's horizons. The future doesn't belong to the fainthearted; it belongs to the brave. The Challenger crew was pulling us into the future, and we'll continue to follow them.

I've always had great faith in and respect for our space program, and what happened today does nothing to diminish it. We don't hide our space program. We don't keep secrets and cover things up. We do it all up front and in public. That's the way freedom is, and we wouldn't change it for a minute.

에게 도전을 주시오, 그러면 나는 기꺼이 받아 들이겠소」라는 특별한 삶의 자세, 특별한 정신의 소유자들이었습니다. 그분들은 우주를 탐험하고 진리를 발견하고자 하는 열망에 가득 찼었습니다. 그분들은 섬기길 원했고 섬겼습니다. 그분들은 우리 모두를 섬겼습니다.

20세기를 살고 있는 우리들은 경이로움에 익숙해졌습니다. 우리로 하여금 경이로움을 느끼도록 하는 것은 어렵습니다. 그러나 지난 25년동안 미국의 우주 프로그램은 우리에게 경이로움을 선사해 주었습니다. 우리는 우주에 대하여 익숙해졌고 그래서 우리가 이 과업을 시작한지 얼마 안 되었다는 사실도 잊었는지도 모릅니다. 우리는 아직도 개척자들입니다. 그분들, 챌린저호의 승무원들은 개척자들이었습니다.

저는 오늘 챌린저 발사장면 생방송을 시청하고 있던 미국의 어린 학생들에게도 해주고 싶은 말이 있습니다. 이러한 일이 이해하기 힘들다는 것 나도 잘 알아요. 그러나 때로는 이처럼 고통스러운 일이 생깁니다. 이는 모두 탐험과 발견의 과정입니다. 이는 모두 모험의 과정, 인간의 지평을 넓혀나가는 과정입니다. 미래는 마음 약한 자들의 것이 아닙니다. 미래는 용감한 사람들의 것입니다. 챌린저 승무원들은 우리를 미래로 끌어주고 있었습니다. 그리고 우리는 계속해서 그분들을 따라갈 것입니다.

저는 항상 우리의 우주프로그램을 믿었고 존경해왔습니다. 오늘 일어난 일은 저의 믿음과 존경을 조금도 감소시키지 않습니다. 우리는 우리의 우주프로그램을 숨기지 않습니다. 우리는 비밀에 부치거

We'll continue our quest in space. There will be more shuttle flights and more shuttle crews and, yes, more volunteers, more civilians, more teachers in space. Nothing ends here; our hopes and our journeys continue.

I want to add that I wish I could talk to every man and woman who works for NASA or who worked on this mission and tell them: "Your dedication and professionalism have moved and impressed us for decades. And we know of your anguish. We share it."

There's a coincidence today. On this day 390 years ago, the great explorer Sir Francis Drake died aboard ship off the coast of Panama. In his lifetime the great frontiers were the oceans, and an historian later said, "He lived by the sea, died on it, and was buried in it." Well, today we can say of the Challenger crew: Their dedication was, like Drake's, complete.

The crew of the space shuttle Challenger honored us by the manner in which they lived their lives. We will never forget them, nor the last time we saw them, this morning, as they prepared for their journey and waved goodbye and "slipped the surly bonds of earth" to "touch the face of God."

나 사안을 덮어버리지 않습니다. 우리는 어떤 것도 감추지 않고 공개적으로 합니다. 자유란 원래 그렇게 작동합니다. 그리고 우리는 이를 한 치라도 바꾸는 일은 없을 것입니다.

우리는 우주 탐험을 계속할 것입니다. 우주 왕복선 비행은 더 많아질 것이고 우주 비행선 승무원들도 더 많아질 것입니다. 그리고 물론 더 많은 자원자, 민간인, 고사들이 우주로 나아갈 것입니다. 오늘로서 중단되는 것은 아무것도 없습니다. 우리의 희망과 우리의 여정은 계속됩니다.

한마디만 첨언하자면 저는 오늘 미항공우주국에서 일하는 모든 분들께, 또는 이번 임무에 참여했던 분 한분 한분과 직접 얘기를 나누면서 다음과 같은 말씀을 드릴 수 있었으면 좋겠습니다. 「당신의 헌신과 전문가 정신은 지난 수십 년 간 우리를 감동시키고 감명을 주었습니다. 우리는 여러분이 얼마나 비통해 하는지 압니다. 우리도 함께 합니다.」

오늘은 우연히 350년전 위대한 탐험가 프랜시스 드레이크 경이 파나마 연해의 선상에서 숨을 거둔 날입니다. 그가 살던 시대에는 대양이 개척해야 할 미지의 세계였습니다. 훗날 한 역사학자는 다음과 같이 말했습니다. 「그는 바다를 위해 살았고 바다에서 죽었으며 바다에 묻혔다.」 오늘 우리는 챌린저 승무원들에 대해 다음과 같이 말할 수 있습니다: 그분들의 헌신은 드레이크처럼 완전했습니다.

챌린저호의 승무원들은 자신들의 삶의 자세를 통하여 우리 모두를 숙연하게 합니다. 우리는 그분들을 절대 잊지 않을 것입니다. 그

리고 우리가 그분들을 마지막으로 본 그 순간, 그분들이 여정을 준비하면서 손을 흔들어 작별을 고하고 「지구의 까다로운 구속을 벗어나」 「하나님의 얼굴을 만지러」 떠나던 순간도 영원히 잊지 않을 것입니다.

(번역: 함재봉)

Obama's "Audacity of Hope Speech" (July 27, 2004)

On behalf of the great state of Illinois, crossroads of a nation, land of Lincoln, let me express my deep gratitude for the privilege of addressing this convention. Tonight is a particular honor for me because, let's face it, my presence on this stage is pretty unlikely. My father was a foreign student, born and raised in a small village in Kenya. He grew up herding goats, went to school in a tin-roof shack. His father, my grandfather, was a cook, a domestic servant.

But my grandfather had larger dreams for his son. Through hard work and perseverance my father got a scholarship to study in a magical place; America which stood as a beacon of freedom and opportunity to so many who had come before. While studying here, my father met my mother. She was born in a town on the other side of the world, in Kansas. Her father worked on oil rigs and farms through most of the Depression. The day after Pearl Harbor he signed up for duty, joined Patton's army and marched across Europe. Back home, my grandmother raised their baby and went to work on a bomber assembly line. After the war, they studied on the G.I. Bill, bought a house through FHA, and moved west in search of opportunity.

And they, too, had big dreams for their daughter, a common

오바마의 「희망의 담대함 연설」 (2004. 7. 27.)

나라의 교차로이자 링컨의 땅인 위대한 일리노이주를 대표하여 이 전당대회에서 연설 할 수 있는 특권을 주신 것에 대해 깊은 감사를 드립니다. 오늘 밤은 저에게는 특별히 영예로운 밤입니다. 왜냐하면, 우리 솔직히 얘기해서 제가 이 무대에 서 있다는 것은 사실 불가능에 가까운 일이기 때문입니다. 제 아버지는 외국인 유학생이었습니다. 케냐의 작은 마을에서 태어나 자랐습니다. 양치기를 하며 자라셨고 양철지붕을 얹은 오두막 학교를 다니셨습니다. 그의 아버지, 제 할아버지는 요리사, 즉 영국인들의 하인이었습니다.

그러나 할아버지는 당신의 아들을 위해서는 보다 큰 꿈을 갖고 계셨습니다. 아버지는 근면함과 끈기로 꿈만 같은 곳에서 공부할 수 있는 장학금을 받으셨습니다. 이전부터 그곳을 찾은 수 많은 사람들에게 자유와 기회의 등불이었던 땅, 미국 말입니다. 그곳에서 공부하는 동안 아버지는 제 어머니를 만났습니다. 어머니는 지구반대편에 있는 캔자스라는 곳의 작은 마을에서 태어났습니다. 그의 아버지는 대공황 시대 내내 석유 굴착 장에서, 농장에서 일했습니다. 진주만 폭격 다음날 군대에 자원 입대해서 패튼 군단의 병사로 유럽을 가로질러 진군했습니다. 고향에 남은 할머니는 홀로 아기를 기르면서 폭격기 조립공장에서 일했습니다. 전쟁이 끝난 후 할아버지, 할머니는 제대군인원호법(G.I. Bill)을 받아서 공부하셨고, 연방주택관리국(FHA)를 통해서 집을 사고, 더 좋은 기회를 찾아서 서부로 이

dream, born of two continents. My parents shared not only an improbable love; they shared an abiding faith in the possibilities of this nation. They would give me an African name, Barack, or "blessed," believing that in a tolerant America your name is no barrier to success. They imagined me going to the best schools in the land, even though they weren't rich, because in a generous America you don't have to be rich to achieve your potential. They are both passed away now. Yet, I know that, on this night, they look down on me with pride.

I stand here today, grateful for the diversity of my heritage, aware that my parents' dreams live on in my precious daughters. I stand here knowing that my story is part of the larger American story, that I owe a debt to all of those who came before me, and that, in no other country on earth, is my story even possible. Tonight, we gather to affirm the greatness of our nation, not because of the height of our skyscrapers, or the power of our military, or the size of our economy. Our pride is based on a very simple premise, summed up in a declaration made over two hundred years ago, "We hold these truths to be self-evident, that all men are created equal. That they are endowed by their Creator with certain inalienable rights. That among these are life, liberty and the pursuit of happiness."

사하셨습니다.

그분들도 딸을 위해서 큰 꿈을 갖고 계셨습니다. 두 대륙에서 피어난 같은 꿈이었습니다. 제 부모님은 이루어지기 어려운 사랑을 나누셨을 뿐만 아니라 이 나라의 잠재력에 대한 굳은 믿음도 공유하셨습니다. 그분들은 저에게 「버락」이라는 이름을 지어주셨습니다. 「축복」을 뜻하는 아프리카 이름입니다. 관대한 미국에서는 이름이 성공의 장애물이 되지 않는다고 믿으셨기 때문입니다. 그분들의 꿈은 제가 이 나라에서 제일 좋은 학교들에 다니는 것이었습니다. 부자가 아니었는데도 말입니다. 너그러운 미국에서는 부자가 아니더라도 누구든지 자신의 잠재력을 발휘할 수 있다고 믿으셨기 때문입니다. 이제 두 분 다 세상을 떠나셨습니다. 그렇지만 오늘 저녁 그 분들이 자랑스레 내려다 보신다는 것을 저는 압니다.

저는 오늘 저의 다양한 유산에 감사하는 동시에 제 부모님의 꿈이 제 소중한 딸들을 통해 이어지고 있음을 새삼 의식하면서 이 자리에 섰습니다. 저는 제 개인사가 미국의 더 큰 서사의 한 부분임을 알고서 이 자리에 서 있습니다. 저 보다 앞서 가신 분들에게 빚을 지고 있고 지구상의 다른 어떤 나라에서도 제 이야기는 가능조차 하지 않다는 것을 알면서 말씀입니다. 오늘밤 우리는 우리나라의 위대함을 재확인하기 위해 모였습니다. 우리의 마천루들이 높아서, 우리의 군대가 막강해서, 경제가 규모가 커서가 아닙니다. 우리의 자부심은 이백 여 년 전에 쓰여진 한 선언서에 요약되어 있는 아주 간단한 전제에 기반 합니다: 「우리는 다음의 진리들이 자명한 것이라고 믿는

That is the true genius of America, a faith in the simple dreams of its people, the insistence on small miracles. That we can tuck in our children at night and know they are fed and clothed and safe from harm. That we can say what we think, write what we think, without hearing a sudden knock on the door. That we can have an idea and start our own business without paying a bribe or hiring somebody's son. That we can participate in the political process without fear of retribution, and that our votes will be counted — or at least, most of the time.

This year, in this election, we are called to reaffirm our values and commitments, to hold them against a hard reality and see how we are measuring up, to the legacy of our forbearers, and the promise of future generations. And fellow Americans — Democrats, Republicans, Independents — I say to you tonight: we have more work to do. More to do for the workers I met in Galesburg, Illinois, who are losing their union jobs at the Maytag plant that's moving to Mexico, and now are having to compete with their own children for jobs that pay seven bucks an hour. More to do for the father I met who was losing his job and choking back tears, wondering how he would pay $4,500 a month for the drugs his son needs without the health benefits he counted on. More to do for the young woman in East St. Louis, and thousands

다. 모든 인간은 평등하게 창조되었으며 그들은 조물주로부터 그 누구도 빼앗을 수 없는 권리들을 부여 받았고 그 중에는 생명, 자유, 그리고 행복추구권이 포함되어 있다고.」

미국이 진정으로 탁월한 이유는 사람들의 소박한 꿈에 대한 믿음, 작은 기적들에 대한 강조, 바로 이런 것들 때문입니다. 우리 아이들을 밤에 재우면서 그들에게 먹일 것이 있고 입힐 것이 있고 해악으로부터 지킬 수 있음을 확신할 수 있다는 것입니다. 우리가 생각하는 것을 말할 수 있고 생각하는 것을 쓰면서 누군가 갑자기 문을 두드리는 소리를 듣지 않는다는 것을 확신할 수 있다는 것입니다. 아이디어만 있다면 누구나 사업을 시작할 수 있다는 것, 뇌물도 주지 않고 누군가의 아들을 고용하지 않아도 말입니다. 정치에 참여하면서 보복을 두려워하지 않고 우리의 표가 유효할 것을 확신할 수 있다는 것-- 어쨌든 대부분의 경우에는 -- 말입니다.[10]

올해 이 선거는 우리의 가치와 신념들이 험한 현실에 비추어 볼 때, 우리 선조들의 유산에 비추어 볼 때, 그리고 미래 세대에 대한 약속에 비추어 볼 때 여전히 유효한지 재 확인하라는 소집령입니다. 나의 동료 미국인들여, 민주당원, 공화당원, 무소속 여러분, 저는 여러분께 말합니다: 우리는 아직도 해야 할 일이 많습니다. 자신들이 일하던 메이태그[11] 공장이 멕시코로 이전하면서 직장을 잃게 된, 그래서 1 시간에 7달러 받는 직장을 이해 자식들과 경쟁해야 하는 제가 일리노이주 게일스버그에서 만난 노조원들을 위해 더 열심히 일해야 합니다. 제가 만난 아버지 한 분은 직장을 잃게 되어 한 달에

more like her, who has the grades, has the drive, has the will, but doesn't have the money to go to college.

Don't get me wrong. The people I meet in small towns and big cities, in diners and office parks, they don't expect government to solve all their problems. They know they have to work hard to get ahead and they want to. Go into the collar counties around Chicago, and people will tell you they don't want their tax money wasted by a welfare agency or the Pentagon. Go into any inner city neighborhood, and folks will tell you that government alone can't teach kids to learn. They know that parents have to parent, that children can't achieve unless we raise their expectations and turn off the television sets and eradicate the slander that says a black youth with a book is acting white. No, people don't expect government to solve all their problems. But they sense, deep in their bones, that with just a change in priorities, we can make sure that every child in America has a decent shot at life, and that the doors of opportunity remain open to all. They know we can do better. And they want that choice.

In this election, we offer that choice. Our party has chosen a man to lead us who embodies the best this country has to offer. That man is John Kerry. John Kerry understands the ideals of community, faith, and sacrifice, because they've defined his life. From his

4,500달러가 드는 아들의 약값을 이제 의존하던 건강보험 없이 어떻게 낼 수 있을지 울음을 참으려고 애썼습니다. 동부 세인트루이스의 한 젊은 여성 같이, 그리고 그와 같은 수천 명의 여성들처럼 성적도 되고, 추진력도 있고, 의지도 있지만 돈이 없어서 대학에 못 가는 여성들을 위해 할 일이 더 있습니다.

오해하지 마시기 바랍니다. 제가 작은 마을과 큰 도시에서, 식당과 사무실 단지에서 만난 사람들은 정부가 모든 문제를 해결해 줄 것을 기대하지 않습니다. 그 사람들은 자신들이 성공하기 위해서는 열심히 일해야 한다는 것을 알고 있습니다. 시카고를 둘러싸고 있는 지역에 들어가면 그곳 사람들은 자신들의 세금이 복지부처나 국방부에 의해서 낭비되는 것을 원치 않는다고 분명히 말할 것입니다. 어느 도심의 빈민가를 가도 그곳 사람들은 정부 혼자서 아이들에게 공부하는 방법을 가르칠 수 없다고 합니다. 그 사람들은 부모가 부모 노릇을 해야 하고 아이들은 기대치를 높여주고 텔레비전을 꺼버리고 흑인 아이가 책을 보는 것은 백인을 흉내 내는 것이라는 악담을 뿌리 뽑아야 한다는 것을 압니다. 그렇습니다. 사람들은 정부가 모든 문제를 해결해줄 것을 기대하지 않습니다. 그러나 그들은 뼛속 깊이 느끼고 있습니다. 우리가 우선순위를 조금 바꿈으로써 미국의 모든 어린이가 성공적인 인생을 살 수 있는 기회를 제공할 수 있다는 것을, 그리고 기회의 문은 모두에게 열려있다는 것을 알고 있습니다. 그 사람들은 우리가 이보다는 잘 할 수 있다는 것을 압니다. 그리고 그들은 자신들이 선택하기를 원합니다.

heroic service in Vietnam to his years as prosecutor and lieutenant governor, through two decades in the United States Senate, he has devoted himself to this country. Again and again, we've seen him make tough choices when easier ones were available. His values and his record affirm what is best in us.

John Kerry believes in an America where hard work is rewarded. So instead of offering tax breaks to companies shipping jobs overseas, he'll offer them to companies creating jobs here at home. John Kerry believes in an America where all Americans can afford the same health coverage our politicians in Washington have for themselves. John Kerry believes in energy independence, so we aren't held hostage to the profits of oil companies or the sabotage of foreign oil fields. John Kerry believes in the constitutional freedoms that have made our country the envy of the world, and he will never sacrifice our basic liberties nor use faith as a wedge to divide us. And John Kerry believes that in a dangerous world, war must be an option, but it should never be the first option.

A while back, I met a young man named Shamus at the VFW Hall in East Moline, Illinois. He was a good-looking kid, 6'2" or 6'3", clear eyed, with an easy smile. He told me he'd joined the Marines and was heading to Iraq the following week. As I listened to him explain why he'd enlisted, his absolute faith in our country

이번 선거에서, 우리는 바로 그러한 선택지를 제공합니다. 우리 당은 이 나라의 장점들을 체화한 분을 지도자로 뽑았습니다. 그분이 존 케리입니다. 존 케리는 공동체, 신앙, 희생의 이상들을 이해하고 있습니다. 그 이상으로 규정된 삶을 살아왔기 때문입니다. 월남에서 용맹한 임무수행과 검사로, 부지사로, 상원에서 20년에 걸쳐 이 나라를 위해 몸바쳐 일했습니다. 거듭 거듭 우리는 그 분이 보다 쉬운 길이 있음에도 불구하고 어려운 결단을 내리는 것을 보았습니다. 그의 가치관과 그의 이력은 우리의 가장 자랑스러운 장점들을 재확인해 줍니다.

존 케리는 미국에서는 근면함이 보상을 받는다는 것을 믿습니다. 그렇기에 해외로 일자리를 실어 나르는 회사들에게 세금감면 혜택을 주는 대신, 이곳 우리 고향에 자리를 만드는 회사들에게 제공할 것입니다. 존 케리는 미국인이라면 워싱턴의 정치인들이 누리는 것과 또 같은 의료보험을 살 수 있는 그런 미국을 믿습니다. 존 케리는 석유회사들의 이윤 또는 해외의 유전들에 대한 사보타주의 인질이 되지 않도록 하기 위하여 에너지 자립을 믿습니다. 존 케리는 전 세계의 부러움의 대상인 헌법적 자유들을 신봉하며 우리의 기본적인 자유들을 희생시키는 일이 결코 없을 것이며 우리의 신앙을 서로를 갈라놓는 쐐기로 악용하지 않을 것입니다. 그리고 존 케리는 위험한 세계에서는 전쟁을 선택해야 할 때가 있지만 절대로 가장 먼저 선택해서는 안 된다고 믿습니다.

얼마 전에 저는 일리노이주 이스트몰린에 있는 「해외전쟁참전용

and its leaders, his devotion to duty and service, I thought this young man was all any of us might hope for in a child. But then I asked myself: Are we serving Shamus as well as he was serving us? I thought of more than 900 service men and women, sons and daughters, husbands and wives, friends and neighbors, who will not be returning to their hometowns. I thought of families I had met who were struggling to get by without a loved one's full income, or who's loved ones had returned with a limb missing or with nerves shattered, but who still lacked long-term health benefits because they were reservists. When we send our young men and women into harm's way, we have a solemn obligation not to fudge the numbers or shade the truth about why they're going, to care for their families while they're gone, to tend to the soldiers upon their return, and to never ever go to war without enough troops to win the war, secure the peace, and earn the respect of the world.

Now let me be clear. We have real enemies in the world. These enemies must be found. They must be pursued and they must be defeated. John Kerry knows this. And just as Lieutenant Kerry did not hesitate to risk his life to protect the men who served with him in Vietnam, President Kerry will not hesitate one moment to use our military might to keep America safe and secure. John Kerry believes in America. And he knows it's not enough for just some

사(Veterans of Foreign War)회관」에서 셰이머스라는 젊은이를 만났습니다. 그는 잘생기고 키도 189, 190cm 되는 청년으로 맑은 눈을 갖고 있었고 늘 웃음을 띤 얼굴을 갖고 있었습니다. 그 청년은 해병대에 자원입대 하였다면서 몇 주 후면 이라크로 파병될 예정이라고 하였습니다. 저는 그 청년이 왜 자원입대 했는지 설명하는 것을 들으면서, 그가 이 나라와 지도자들에 대해 갖고 있는 절대적인 신뢰, 임무와 봉사에 대해 헌신하는 태도를 보면서, 이 젊은이야말로 우리 모두가 우리의 자식들에서 바랄 수 있는 모든 것을 다 갖추었다고 생각했습니다. 그러나 저는 저 자신에게 물었습니다: 셰이머스가 우리를 위해 희생하는 만큼 우리가 그를 대접하고 있는가? 저는 고향으로 돌아오지 못할 900명의 남녀장병들, 아들들과 딸들, 남편들과 부인들, 친구들과 이웃들을 생각했습니다. 저는 사랑하는 사람들의 수입이 사라져서 하루하루를 힘겹게 살아가고 있는 가족들, 아니면 팔이나 다리를 잃거나 모든 신경이 파괴된 상이군인들의 가족들, 그럼에도 불구하고 예비역이었다는 이유로 장기의료보험 혜택을 받지 못하는 가족들을 생각했습니다. 우리에게는 젊은 남녀들을 전쟁터로 보낼 때 왜 그들이 그곳에 보내지는지에 대해 숫자 갖고 장난하거나 진실을 가리는 짓을 하지 않고, 그들이 떠나 있는 동안 그들의 가족들을 챙기고, 돌아온 용사들을 보살피고, 전쟁에서 승리하여 평화를 가져오고 전세계의 존경을 받을 수 있을 충분한 병력을 갖추지 않은 채 전쟁을 시작하는 일이 절대 있지 않도록 해야 되는 신성한 의무가 있습니다.

of us to prosper. For alongside our famous individualism, there's another ingredient in the American saga.

A belief that we are connected as one people. If there's a child on the south side of Chicago who can't read, that matters to me, even if it's not my child. If there's a senior citizen somewhere who can't pay for her prescription and has to choose between medicine and the rent that makes my life poorer, even if it's not my grandmother. If there's an Arab American family being rounded up without benefit of an attorney or due process that threatens my civil liberties. It's that fundamental belief — I am my brother's keeper, I am my sisters' keeper — that makes this country work. It's what allows us to pursue our individual dreams, yet still come together as a single American family. "E pluribus unum." Out of many, one.

Yet even as we speak, there are those who are preparing to divide us, the spin masters and negative ad peddlers who embrace the politics of anything goes. Well, I say to them tonight, there's not a liberal America and a conservative America — there's the United States of America. There's not a black America and white America and Latino America and Asian America; there's the United States of America. The pundits like to slice-and-dice our country into Red States and Blue States; Red States for

절대로 오해하지 않으시기 바랍니다. 이 세계에는 우리의 적들이 실재로 존재합니다. 이 적들은 색출해 내야만 합니다. 그들은 끝까지 추적해야 하고 그리고 격퇴해야만 합니다. 존 케리는 이것을 알고 있습니다. 케리 중위가 자신과 함께 월남전에 참전한 동료들을 목숨을 걸고 지키고자 하는데 조금도 주저함이 없었듯이 케리 대통령은 우리의 군사력을 이용하여 미국을 안전하고 든든하게 지키는데 한 순간도 주저하지 않을 것입니다. 존 케리는 미국이라는 이상을 믿습니다. 그리고 그는 우리 중 몇몇만 잘 살게 되는 것으로는 부족하다는 것을 압니다. 왜냐하면 미국이라는 서사에는 우리의 유명한 개인주의와 외에 또 한 측면이 있습니다.

우리는 모두 연결되어 있다는 믿음입니다. 만일 시카고 남부의 흑인빈민촌에 글을 읽지 못하는 아이가 있다면 비록 내 아이가 아니더라도 그것은 문제라고 우리는 생각합니다. 만일 어딘가에 약값을 낼 돈이 없어서 약이나 월세 중 택일해야 되는 어르신이 계시다면 그분이 내 할머니가 아니더라도 내 삶도 그만큼 피폐해진다고 생각합니다. 만일 아랍계 미국인 가족이 변호사도 없이, 절차적 정의도 없이 끌려간다면 그것은 곧 나의 민권을 위협하는 일이라고 생각합니다. 바로 이 원초적인 신념, 즉 「내 형제를 지키는 것은 나다, 내 자매를 지키는 것은 나다」라는 신념이야말로 이 나라가 작동하도록 만들어줍니다. 이것이 있어서 우리는 개인의 꿈을 추구하면서도 동시에 단합된 한 미국가족으로 뭉칠 수 있도록 해줍니다. 「에 플루리부스 우눔, 여럿으로 시작하여 하나.」

Republicans, Blue States for Democrats. But I've got news for them, too. We worship an awesome God in the Blue States, and we don't like federal agents poking around our libraries in the Red States. We coach Little League in the Blue States and have gay friends in the Red States. There are patriots who opposed the war in Iraq and patriots who supported it. We are one people, all of us pledging allegiance to the stars and stripes, all of us defending the United States of America.

In the end, that's what this election is about. Do we participate in a politics of cynicism or a politics of hope? John Kerry calls on us to hope. John Edwards calls on us to hope. I'm not talking about blind optimism here — the almost willful ignorance that thinks unemployment will go away if we just don't talk about it, or the health care crisis will solve itself if we just ignore it. No, I'm talking about something more substantial. It's the hope of slaves sitting around a fire singing freedom songs; the hope of immigrants setting out for distant shores; the hope of a young naval lieutenant bravely patrolling the Mekong Delta; the hope of a mill worker's son who dares to defy the odds; the hope of a skinny kid with a funny name who believes that America has a place for him, too. The audacity of hope!

In the end, that is God's greatest gift to us, the bedrock of this

그러나 제가 이 말을 하고 있는 바로 이때도 우리를 분열시키려고 획책하고 있는 사람들, 정치에서는 무슨 짓이든 해도 된다고 생각하는 스핀마스터들, 네거티브 광고 퍼뜨리는 사람들이 있습니다. 저는 오늘 밤 이 사람들한테 말해주고자 합니다. 진보주의 미국 따로 있고 보수주의 미국이 따로 있는 것이 아니라 오직 미합중국만 있을 뿐입니다. 흑인의 미국과 백인의 미국, 라틴계의 미국과 아시아계의 미국이 따로 있는 것이 아닙니다. 미합중국만 있을 뿐입니다. 평론가들은 우리나라를 붉은 주, 파란 주로 자르고 나누는 것을 즐깁니다.[12] 붉은 주는 공화당, 파란 주는 민주당으로 말입니다. 그러나 이분들이 아는지 모르겠지만 파란 주에서도 위대한 하나님을 믿고 붉은 주에서도 연방정부요원들이 우리 도서관들을 뒤지고 다니는 것을 싫어합니다. 파란 주에서도 리틀리그를 즐기고 붉은 주에도 동성연애자 친구들이 있습니다. 이라크전을 반대한 애국자들도 있고 지지한 애국자들도 있습니다. 모두가 성조기에 충성을 맹세하고 미합중국을 지키는 우리는 하나입니다.

이번 선거는 종국에 바로 이런 것에 대한 것입니다. 우리는 냉소적인 정치에 참여 할 것인가 희망의 정치에 참여할 것인가? 존 케리는 우리에게 희망을 가질 것을 종용합니다. 존 에드워즈(당시 민주당 부통령 후보)는 우리에게 희망을 가질 것을 종용합니다. 저는 근거 없는 낙관론, 즉 우리가 거론하지 않으면 실업이 저절로 사라져버리고 우리가 무시하면 의료체제의 위기가 저절로 해결될 것이라는 무지막지한 사고방식을 말씀 드리는 것이 아닙니다. 아니요, 저

nation; the belief in things not seen; the belief that there are better days ahead. I believe we can give our middle class relief and provide working families with a road to opportunity. I believe we can provide jobs to the jobless, homes to the homeless, and reclaim young people in cities across America from violence and despair. I believe that as we stand on the crossroads of history, we can make the right choices, and meet the challenges that face us.

America!

Tonight, if you feel the same energy I do, the same urgency I do, the same passion I do, the same hopefulness I do — if we do what we must do, then I have no doubt that all across the country, from Florida to Oregon, from Washington to Maine, the people will rise up in November, and John Kerry will be sworn in as president, and John Edwards will be sworn in as vice president, and this country will reclaim its promise, and out of this long political darkness a brighter day will come. Thank you and God bless you.[9]

는 보다 실속 있는 것을 말씀 드립니다. 그것은 장작불을 주위에 둘러 앉아 자유의 노래를 부르던 노예들의 희망입니다. 망망대해를 건너기 시작하는 이민들의 희망입니다. 메콩 델타를 용감하게 순찰하는 젊은 해군 중위의 희망입니다. 희망이 없어 보이는데도 감히 희망을 가져보는 노동자의 아들의 희망입니다. 미국에는 자신의 자리도 있다고 믿는 삐쩍 마르고 웃기는 이름을 가진 아이의 희망입니다. 희망의 담대함!

종국적으로 바로 그것이 신이 우리에게 내린 가장 큰 선물, 이 나라의 기반입니다. 보이지 않는 것에 대한 믿음, 미래는 오늘보다 나을 것이라는 믿음입니다. 저는 우리가 중산층에게 숨쉴 틈을 주고 노동자 가족들에게는 기회의 길을 열어줄 수 있다고 믿습니다. 저는 우리가 실직자들에게 직장을 주고, 노숙자들에게 집을 주고, 미국의 도시들에 사는 젊은이들을 폭력과 절망으로부터 구할 수 있다고 믿습니다. 저는 우리가 역사의 갈림길에 서 있는 지금 올바른 선택을 하고 우리가 직면한 도전들을 극복할 수 있다고 믿습니다.

미국이여!

오늘밤 제가 느끼는 에너지를 여러분도 느끼신다면, 제가 느끼는 긴박함을 느끼신다면, 제가 느끼는 열정을 느끼신다면, 제가 느끼는 희망을 느끼신다면, 우리가 해야만 할 일을 하고자 한다면, 그렇다면 저는 이 나라 방방곡곡에서, 플로리다에서 오레곤까지, 워싱턴에서 메인까지, 11월이 되면 사람들이 떨치고 일어날 것이고 존 케리는 대통령으로 취임하게 되고 존 에드워즈는 부통령으로 취임하게

되고, 그렇게 되면 이 나라는 가능성을 되찾고, 그렇게 되면 이 긴 정치적 어두움으로부터 보다 밝은 날이 도래할 것입니다. 감사합니다. 하나님의 축복이 함께하시길 바랍니다.

(번역: 함재봉)

◆

주(註)

주(註)

머리말

1. "Education is … the invitation to disentangle oneself, for a time, from the urgencies of the here and now and to listen to the conversation in which human beings forever seek to understand themselves." Michael Oakeshott *The Voice of Liberal Learning* (Indianapolis: Liberty Fund, 2001), p. 34.

서문 · 「정치」 낯설게 하기

1. Thomas Aquinas, *Summa theologiæ I—II*, Question 95, Fourth Article. 「…..since man is by nature a social animal, as is proved in Politics I, 1.」 Hannah Arendt, *The Human Condition* (Chicago: University of Chicago Press, 1958,) p. 27에서 재인용.
2. (정치학, 1, II)

3. (니코마쿠스 윤리학, 1, 2)

4. "But if all communities aim at some good, the state of political community, which is the highest of all, and which embraces all the rest, aims at good in a greater degree than any other, and at the highest good." Aristotle, *Politics*, tr. Benjamin Jowett (Batoche Books, 1999.) p. 3.

5. 독일의 철학자 카를 야스퍼스(Karl Jaspers, 1883.2.23.−1969.2. 026.)가 1949년 출간한 『역사의 기원과 목표(*Vom Ursprung und Ziel der Geschichte*)』에서 제시한 개념이다. 야스퍼스는 기원전 8세기에서 3세기 사이에 페르시아, 인도, 중국, 팔레스타인, 그리고 그리스−로마 등 인류문명의 축을 이룬 문명들이 동시다발적으로 출현하였으며 상호간에 교류가 거의 전무한 상태에서 각기 고도의 문명을 발전시켰다는 사실에 주목하였다. 특히 공자, 석가모니, 소크라테스, 짜라쑤스트라, 이사야 등 대표적인 문명의 기틀을 마련한 사상가들은 모두 이 시대에 출현하였음을 지적하였다.

제 1 장 · 경제란 무엇인가?

1. 가족은 산업사회가 도래하면서 해체된다. 산업화로 경제활동의 단위가 가족에서 공장, 회사 등으로 옮겨가면서 가족의 중요성과 결속력은 급격히 떨어진다.

2. 중국 송대의 강남농법과 경제혁명에 대한 자세한 논의는 함재봉, 『한

국 사람 만들기 1, 개정판』(경기도 광주: H프레스, 2020,) pp. 85-108.

3. "And he said, Abba, Father, all things are possible unto thee; take away this cup from me: nevertheless not what I will, but what thou wilt." (Mark 14:36, KJV)

4. "For that some should rule and others be ruled is a thing not only necessary, but expedient; from the hour of their birth, some are marked out for subjection, others for rule." (Aristotle, *Politics*, Book 1, Part 5.)

5. https://www.etymonline.com/word/leisure

제 2 장 · 정치란 무엇인가?

1. Courage became the political value par excellence. Hannah Arendt, *The Human Condition* (Chicago: University of Chicago Press, 1958,), p. 36.

2. Arendt, *The Human Condition*, p. 37.

3. Stephen G. Miller, *Ancient Greek Athletics* (New Haven: Yale University Press, 2004) pp. 31.

4. Dick Howard, *The Primacy of the Political:* A History of Political Thought from the Greeks to the French & American Revolutions(New York: Columbia University Press, 2010) p. 25.

5. 함재봉, 『한국 사람 만들기 III: 친미기독교파 1』 (경기도 광주: H프

레스, 2021), p. 575.

6. https://en.wikipedia.org/wiki/Salaries_of_members_of_the_United_States_Congress

7. https://www.senate.gov/artandhistory/history/common/briefing/senate_salaries.htm

8. "But the rule of the multitude has in the first place the loveliest name of all, equality, and does in the second place none of the things that a monarch does. It determines offices by lot, and holds power accountable, and conducts all deliberating publicly. Therefore I give my opinion that we make an end of monarchy and exalt the multitude, for all things are possible for the majority." Herodotus, *The Histories*, with an English translation by A. D. Godley. (Cambridge, MA: Harvard University Press, 1920), 3:80−82. http://www.perseus.tufts.edu/hopper/text?doc=Hdt.%203.80&lang=original

9. Hannah Arendt, *On Revolution* (London: Penguin Books, 1963), p. 30.

10. Arendt, *The Human Condition*, p. 26.

11. "⋯man alone of the animals possesses speech." Aristotle, *Politics*, 1.1253a.

12. Arendt, *The Human Condition*, p. 26.

13. "He mobilized the English language and sent it into war." 이 유명한 말은 후에 케네디 대통령도 인용한다. 영화 "더 다키스트 아

워(The Darkest Hour)"에서는 처칠의 정적이었던 핼리팩스경이 이 말을 하는 것으로 설정되었지만 실제로는 머로우의 말이었다. 머로우는 미국 언론계의 전설적인 인물로 라디오와 TV를 통한 뉴스 전달 방식을 개척한 인물이다. 「매카시즘(McArthyism)」 광풍을 일으킨 매카시 상원의원(Joseph Raymond McCarthy, 1908.11.15.−1957.5.2.) 상원의원을 대상으로 하는 비난 결의안(censure)가 상원을 통과하는 데 결정적인 역할을 함으로써 언론의 자유와 격조 있는 언론의 표상이 되었다. 조지 클루니(George Clooney)가 감독한 「굿 나인 앤 굿 럭」은 머로우에 대한 영화다.

14. https://www.washingtonpost.com/news/morning−mix/wp/2016/01/28/how−ronald−reagan−explained−the−challenger−disaster−to−the−world−its−all−part−of−taking−a−chance/

15. Howard, *The Primacy of the Political*, p. 25.

16. Christian Meir, *Athens: A Portrait of the City in Its Golden Age*, tr. Robert and Rita Kimber (New York: Metropolitan Books, 1999.)

17. Alasdaire MacIntyre, *After Virtue* (Notre Dame: Notre Dame University Press, 1981.)

18. https://alumni.princeton.edu/stories/princeton−annual−giving−campaign−2021

19. "to be both a speaker of words and a doer of deeds." Iliad 9.438-443.

제 3 장 · 정치사상이란 무엇인가?

1. 이는 셰익스피어의 비극들도 마찬가지다. 햄릿은 덴마크의 왕자, 리어는 브리튼인(Britons)의 왕, 오텔로는 장군, 맥베스는 스코틀랜드의 장군이자 왕, 로미오와 줄리엣은 귀족 집안의 아들과 딸이다.

2. Christian Meier, "The Greeks: The Political Revolution in World History", p. 67.

3. Jacob Burckhardt, *griechische Kulturgeschichte*, vol 1 (Munchen 1977), p.206. Meier, "The Greeks: The Political Revolution in World History", p. 67에서 재인용.

4. Meier, "The Greeks: The Political Revolution in World History", p. 67.

5. Meier, "The Greeks: The Political Revolution in World History", p. 64.

6. 명말청초(明末清初)의 대유 황종희(黃宗羲, 1610–1695)의 『명이대방록(明夷待訪錄)』은 군주제 폐지를 논한 것으로 유명하다. 그러나 이는 중국 사상사에서 거의 유일한 경우다.

7. Meier, "The Greeks: The Political Revolution in World History", p. 65.

8. Meier, "The Greeks: The Political Revolution in World History", p. 66.

9. 페리클레스의 추도사 중에서. 전문은 부록 참조.

10. https://en.wikipedia.org/wiki/Aristotle#/media/File:Aristot-

le's_constitutions.svg

제 4 장 · 비극과 정치

1. Martha Nussbaum, *The Fragility of Goodness: Luck and Ethics in Greek Tragedy and Philosophy, 2nd Edition* (Cambridge: Cambridge University Press, 2001,) p. 25.

2. 소포클레스, 안티고네, 김종환 옮김 (서울: 지만지드라마, 2019,) pp. 66-67.

3. 소포클레스, 안티고네, pp. 73.

4. 소포클레스, 안티고네, p. 10.

5. 소포클레스, 안티고네, pp. 7-8.

6. 소포클레스, 안티고네, p. 41.

7. 소포클레스, 안티고네, pp. 119-120.

8. 소포클레스, 안티고네, p. 131.

제 5 장 · 복수 대 정치

1. https://ko.wikipedia.org/wiki/함무라비_법전

2. 『출애굽기』 21:23-24.

3. Marc Bloch, trans. L. A. Manyon, *Feudal Society*, Vol. I, 1965,

p. 125-126.

4. 〈예기, 곡례편〉

5. 고대 아테네에서는 매년 9명의 「아르콘(archon)」들을 뽑았다. 「아르콘」은 원래 「통치자」, 「주군」을 뜻했지만 실제로는 아테네의 최 고위 선출직 집정관들이었다. 「에포니모스 아르콘(eponymous archon)」은 행정, 「폴레마크(polemarch)」는 군사, 「아르콘바실레우서(archon basileus)」는 종교를 각각 담당하였다. 「테스모테타이(thesmothe-tai)」라 불린 나머지 6명은 법을 집행했다. 「에포니모스」란 「명조(名祖)」라는 뜻으로 「정관」, 「만력」, 「숭정」 등 중국 황제의 「연호(年號)」와 같이 특정 연도의 이름을 당시 「에포니모스 아르콘」을 담당했던 사람의 이름을 따서 불렀다는 데서 기원한 명칭이다. 대표적인 것이 「페리클레스의 시대」다.

6. Christian Meier, *The Greek Discovery of Politics* (Cambridge, MA: Harvard University Press, 1990,) p. 88.

7. Plutarch, *Life of Pericles*, 9.1

8. Meier, *The Greek Discovery of Politics*, p. 84.

9. Meier, *The Greek Discovery of Politics*, p. 85.

10. Meier, *The Greek Discovery of Politics*, p. 85.

11. Meier, *The Greek Discovery of Politics*, p. 84.

12. 아이스킬로스, 『에우메니데스』, 김종환 옮김 (서울: 지만지드라마, 2019), pp. 18-20.

13. 아이스킬로스, 『에우메니데스』, p. 21.

14. Meier, *Athens*, p. 318.

15. 아이스킬로스, 『에우메니데스』, p. 57.

16. 아이스킬로스, 『에우메니데스』, pp. 57-58.

17. 아이스킬로스, 『에우메니데스』, p. 58.

18. Meier, *Athens*, p. 318.

19. 아이스킬로스, p. 65.

20. Meier, *Athens*, p. 319.

21. 아이스킬로스, 『에우메니데스』 김종환 옮김 (서울: 지만지드라마, 2019), pp. 80-81.

22. 아이스킬로스, 『에우메니데스』, p. 81.

23. 아이스킬로스, 『에우메니데스』, pp. 82-83.

24. 아이스킬로스, 『에우메니데스』, p. 83.

25. 아이스킬로스, 『에우메니데스』, p. 87.

26. 아이스킬로스, 『에우메니데스』, p. 87.

27. 아이스킬로스, 『에우메니데스』, pp. 91-92.

28. 아이스킬로스, 『에우메니데스』, p. 16.

29. 아이스킬로스, 『에우메니데스』, p. 16.

30. 아이스킬로스, 『에우메니데스』, p. 92.

31. 아이스킬로스, 『에우메니데스』, p. 100.

32. Christian Meier, *Athens*, p. 320.

33. Christian Meier, *Athens*, p. 324.

34. Christian Meier, *Athens*, p. 322.

1. 플라톤, 『고르기아스』, 455a.

2. "The art of contradiction making, descended from an insincere kind of conceited mimicry, of the semblance—making breed, derived from image making, distinguished as portion, not divine but human, of production, that presents, a shadow play of words—such are the blood and the lineage which can, with perfect truth, be assigned to the authentic sophist." Plato, Sophist, 459b—c.

3. Plato, *Sophist*, 268cd.

4. Plato, *Sophist*, 268cd.

5. 플라톤, 『에우튀프론』, 8A.

6. https://ko.wikipedia.org/wiki/점_(기하학)

7. "The science [geometry] is pursued for the sake of the knowledge of what eternally exists, and not of what comes for a moment into existence, and then perishes." *The Republic* of *Plato* Book VII, trans. by John Llewelyn Favies and David James Vaughan (1908), 251.

8. 「Let no—one ignorant of geometry enter.」

9. "All those in the city who happen to be older than ten they will 541 a send out to the country; and taking over their children, they will rear them—^far away from those dispositions they now

have from their parents—in their own manners and laws that are such as we described before. (Allan Bloom, tr.) Plato, *Republic*, Book VII, 541a.

10. "none are closer to us [Christians] than the Platonists" Augustine, *City of God* 304 (Christianity (Augustine, Basic Writings Bk. VII)

11. "And to the Athenians Thou saidst by Thy Apostle [Plato], that in Thee we live, move, and have our being, as one of their own poets had said. And verily these books came from thence." Augustine, "On Plato", *Confessions*, Book VII.

12. *Confessions*, 7.9.13.

13. *Confessions*, 7.18.24.

제 7 장 · 정치 대 철학

1. "The safest general characterization of the European philosophical tradition is that it consists of a series of footnotes to Plato."

2. Epictetus, *The Enchiridion*, trans. George Long (Chicago: University of Chicago Press, 1954,) I, XXIX. Michael Walzer, *The Revolution of the Saints: A Study in the Origins of Radical Politics* (Cambridge, MA: Harvard University Press, 1965,) pp. 4–5

에서 재인용.

3. Walzer, *The Revolution of the Saints*, p. 5.

4. Walzer, *The Revolution of the Saints*, p. 5.

5. Walzer, *The Revolution of the Saints*, p. 5.

6. Walzer, *The Revolution of the Saints*, p. 6.

7. 영어로 'dismember'한다는 것은 「사지를 절단하다」를 뜻한다.

8. Walzer, *The Revolution of the Saints*, p. 6.

9. Walzer, *The Revolution of the Saints*, p. 7.

10. Walzer, *The Revolution of the Saints*, p. 8.

11. 르네상스와 인문주의 태동 배경에 대해서는 함재봉, 『한국 사람 만들기 III: 친미기독교파 1』 (경기도 광주: 에이치(H)프레스, 2020), 「제 4장: 종교개혁과 칼뱅: 1. 중세 말의 생지옥, 2. 인문주의와 종교개혁」 참조.

12. Jacob Burckhardt, *The Civilization of the Renaissance Italy*, tr. S.G.C. Middlemore, (New York: Mentor Books, 1961,) p. 29.

13. Nikola Regent, "A 'Wondrous Echo': Burckhardt, Renaissance and Nietzsche's Political Thought," in Herman W. Siemens and Vasti Roodt, eds., *Nietzsche, Power and Politics: Rethinking Nietzsche's Legacy for Political Thought* (Berlin and New York: Walter de Gruyter, 2008,) pp. 629−66, p. 634−35.

14. Niccolò Machiavelli, *The Discourses on Livy*, Book One, Discourse 1−10, "The Best Form of Government", "4. That Discord between the Plebs and the Senate of Rome made this Republic

both Free and Powerful."

15. Machiavelli, *Discourses on Livy*.

16. Machiavelli, *Discourses on Livy*.

17. Machiavelli, *Discourses on Livy*.

18. https://en.wikipedia.org/wiki/Niccol%C3%B2_Machiavelli

19. Karl Marx, "The Difference Between the Democritean and Ep-
    icurean Philosophy of Nature." https://www.marxists.org/ar-
    chive/marx/works/1841/dr-theses/index.htm

20. S.S. Prawer, *Karl Marx and World Literature* (New York: Verso,
    2011,)에서 재인용.

21. G.E.M. de Ste. Croix, *The Class Struggle in the Ancient Greek
    World* (Ithac: Cornell University Press, 1981).

22. Karl Marx (2012). "Economic and Philosophic Manuscripts of
    1844"

23. Karl Marx (1913). "Value, Price and Profit"

24. Karl Marx, *Capital*, Vol. 1: A Critical Analysis of Capitalist
    Production

25. Karl Marx, A Contribution to the Critique of Political Economy

26. Frederick Engels, *Anti-Dühring*, 1877, "Part III: Socialism, II. The-
    oretical." https://www.marxists.org/archive/marx/works/1877/
    anti-duhring/ch24.htm

27. Arendt, *The Human Condition*, p. 2.

28. Friedrich Nietzsche, "European Nihilism." KSA 12:2 [200]

29. Friedrich Nietzsche, KSA 12:2 [127]

30. Robert R. Williams, *Tragedy, Recognition, and the Death of God: Studies in Hegel & Nietzsche* (Oxford: Oxford University Press, 2012,) p. 143.

31. Friedrich Nietzsche, "The World as Will and Representation, II", p. 495

32. Friedrich Nietzsche: The Birth of Tragedy and Other Writings, p. 10.

33. Friedrich Nietzsche, *Birth of Tragedy*, 23 135.

34. Sophocles, *Oedipus at Colonus*, cited in Birth of Tragedy, 3 42.

35. Nietzsche, *Birth of Tragedy*, 3 43.

36. Nietzsche, *Birth of Tragedy*, 3 42-3.

37. Robert R. Williams, *Tragedy, Recognition, and the Death of God: Studies in Hegel & Nietzsche* (Oxford: Oxford University Press, 2012,) p. 145.

38. Nietzsche, *Birth of Tragedy*, 3, BW 43.

39. Nietzsche, *Birth of Tragedy*, 4 45.

40. *Birth of Tragedy*, 4 46.

41. *Birth of Tragedy*, 4 46.

42. Williams, *Tragedy, Recognition, and the Death of God*, p. 146.

43. Williams, *Tragedy, Recognition, and the Death of God*, p. 146.

44. *Birth of Tragedy*, 5 52.

45. *Birth of Tragedy*, 4 46.

46. *Birth of Tragedy*, 4 46-7.

47. *Birth of Tragedy*, 7 59.

48. Williams, *Tragedy, Recognition, and the Death of God*, p. 146.

49. *Birth of Tragedy*, 22 131.

50. Walter Kaufman, *The Birth of Tragedy and The Case of Wagner* (New York: Vintage, 2010,) pp. 103-104.

51. Walter Kaufman, *The Birth of Tragedy and The Case of Wagner*, p. 104.

결론 · 한국의 정치

1. "Politics is the art of the possible, the attainable, - the art of the next best."

2. "Politics is not the art of the possible. It consists in choosing between the disastrous and the unpalatable."

3. "If you are truly convinced that there is some solution to all human problems, that one can conceive an ideal society which men can reach if only they do what is necessary to attain it, then you and your followers must believe that no price can be too high to pay in order to open the gates of such a paradise. Only the stupid and malevolent will resist once certain simple truths are put to them. Those who resist must be persuaded;

if they cannot be persuaded, laws must be passed to restrain them; if that does not work, then coercion, if need be violence, will inevitably have to be used—if necessary, terror, slaughter. Lenin believed this after reading Das Kapital, and consistently taught that if a just, peaceful, happy, free, virtuous society could be created by the means he advocated, then the end justified any methods that needed to be used, literally any." Isaiah Berlin, "A Message to the 21st Century," New York Review of Books, October 23, 2014 Issue.

4. Isaiah Berlin, "A Message to the 21st Century"

5. "Many forms of Government have been tried, and will be tried in this world of sin and woe. No one pretends that democracy is perfect or all-wise. Indeed it has been said that democracy is the worst form of Government except for all those other forms that have been tried from time to time."

6. "We the People of the United States, in Order to form a more perfect Union······"

7. "All legislation, all government, all society is founded upon the principle of mutual concession, politeness, comity, courtesy; upon these everything is based…Let him who elevates himself above humanity, above its weaknesses, its infirmities, its wants, its necessities, say, if he pleases, I will never compromise; but let no one who is not above the frailties of our common nature

disdain compromises."

8. "No America without democracy, no democracy without politics, no politics without parties, no parties without compromise and moderation."

9. "In political activity . . . men sail a boundless and bottomless sea; there is neither harbour for shelter nor floor for anchorage, neither starting−place nor appointed destination. The enter− prise is to keep afloat on an even keel; the sea is both friend and enemy, and the seamanship consists in using the resources of a traditional manner of behaviour in order to make a friend of every hostile occasion." Michael Oakeshott, *Rationalism in Politics and Other Essays* (Indianapolis: Liberty Fund, 1991.)

부록 · 연설

1. https://sourcebooks.fordham.edu/ancient/pericles−funeral− speech.asp
2. 『신약성서』, 「마태복음」 18장 7절.
3. https://winstonchurchill.org/resources/speeches/1940− the−finest−hour/blood−toil−tears−and−sweat−2/
4. https://www.ourdocuments.gov/print_friendly.php?flash=− false&page=transcript&doc=91&title=Transcript+of+Presi−

dent+John+F.+Kennedys+Inaugural+Address+%281961%29

5. 『구약 성서』, 「이사야서」 58:6

6. 『신약성서』, 「로마서」 12장 12절.

7. 킹 목사는 워싱턴 링컨 기념관 앞의 계단에서 이 연설을 했다. 「상징적 그림자(symbolic shadow)」는 링컨 기념관의 그림자가 드리워진 그 아래서 연설을 하고 있다는 뜻.

8. 앞에서 열거한 뉴햄프셔, 뉴욕, 펜실베니아, 콜로라도, 캘리포니아 등은 미국의 북부와 서부의 주들로서 흑인에 대한 차별이 상대적으로 덜한 주들인 반면 여기서부터 열거하는 주들은 모두 흑인에 대한 차별이 가장 심한 남부의 주 들이다.

9. https://www.pbs.org/newshour/show/barack-obamas-key-note-address-at-the-2004-democratic-national-convention
https://blog.naver.com/jhongban/222163540043

10. 2000년 미국 대선 당시 플로리다주의 개표 과정에 문제가 있었음에도 앨 고어(Al Gore) 민주당 대통령 후보가 조지 부시 공화당 후보에게 선거를 양보했던 사실을 지적하는 말.

11. 한때 미국을 대표하던 가전브랜드.

12. 미국에서는 공화당이 다수 당인 주를 붉은 색으로, 민주당이 다수 당인 주를 푸른 색으로 표시한다.

사진 출처

「일월오봉도」(국립중앙박물관 소장) 43면

※ 본문에 별도로 저작권 및 출처를 표기하지 않은 사진은 모두 위키피디아(wikipedia) 퍼블릭 도메인 사진이다.

◆

참고문헌

참고문헌

Alasdaire MacIntyre, *After Virtue* (Notre Dame: Notre Dame University Press, 1981.)

Arendt, Hannah, *On Revolution* (London: Penguin Books, 1963.)

_____, *The Human Condition* (Chicago: University of Chicago Press, 1958)

Aristotle, *Ethics (Nicomachean Ethics)* tr. J.A.K. Thomson (London: Penguin Classics, 1966.)

_____, *Politics*, tr. Benjamin Jowett (Ontario: Batoche Books, 1999.)

Augustine, *City of God* (Melbourne: Image, 1958.)

Bloch, Marc, *Feudal Society*, Vol. I, trans. L. A. Manyon, (Chicago: University of Chicago Press, 1965.)

Burckhardt, Jacob, *The Civilization of the Renaissance Italy*, tr. S.G.C. Middlemore, (New York: Mentor Books, 1961.)

Churchill, "Winston, Blood, Toil, Tears and Sweat" Speech.

https://winstonchurchill.org/resources/speeches/1940−
the−finest−hour/blood−toil−tears−sweat/

De Ste. Croix, G.E.M., *The Class Struggle in the Ancient Greek World* (Ithaca: Cornell University Press, 1981.).

Engels, Frederick, *Anti-Dühring,* 1877, "Part III: Socialism, II. Theoretical."https://www.marxists.org/archive/marx/works/1877/anti−duhring/ch24.htm

Epictetus, *The Enchiridion,* trans. George Long (Chicago: University of Chicago Press, 1954.) Harvard University Press, 1965.)

Herodotus, *The Histories,* tr. A. D. Godley (Cambridge, MA: Harvard University Press, 1920.)

Homer, *Iliad,* tr. Robert Fagels & Bernard Knox (London: Penguin Classics, 1998.)

Howard, Dick, *The Primacy of the Political: A History of Political Thought from the Greeks to the French & American Revolutions* (New York: Columbia University Press, 2010.)

Jaspers, Karl, *The Origin and Goal of History* (London: Routledge, 2011)

King Jr., Martin Luther, "I Have a Dream" Speech https://www.americanrhetoric.com/speeches/mlkihaveadream.htm

Lincoln, Abraham, "Gettysburg Address"
https://www.nationalgeographic.org/encyclopedia/

gettysburg—address/

Lincoln, Abraham, "The Second Inaugural Address"

https://www.ourdocuments.gov/doc.
php?flash=false&doc=38&page=transcript

Machiavelli, Niccolò Machiavelli, *The Discourses on Livy* (Oxford:
Oxford University Press, 2009.)

Martha Nussbaum, The Fragility of Goodness: Luck and Ethics
in Greek Tragedy and Philosophy, 2nd Edition (Cambridge:
Cambridge University Press, 2001.)

Marx, Karl, "Economic and Philosophic Manuscripts of 1844."

_____, "Value, Price and Profit"

_____, *A Contribution to the Critique of Political Economy*

_____, *Capital, Vol. 1.*

_____, "The Difference Between the Democritean and
Epicurean Philosophy of Nature."

Meir, Christian, *Athens: A Portrait of the City in Its Golden Age*,
tr. Robert and Rita Kimber (New York: Metropolitan Books,
1999.)

_____, *The Greek Discovery of Politics* (Cambridge, MA:
Harvard University Press, 1990.)

Miller, Stephen G., *Ancient Greek Athletics* (New Haven: Yale
University Press, 2004.)

Moyer, Justin Wm., "Exactly the right words, exactly the right way:

Reagan's amazing Challenger disaster speech," *Washington Post*, January 28, 2016 https://www.washingtonpost.com/news/morning-mix/wp/2016/01/28/how-ronald-reagan-explained-the-challenger-disaster-to-the-world-its-all-part-of-taking-a-chance/

Nietzsche, Friedrich, "European Nihilism."

_____, *The Birth of Tragedy and Other Writings* (Cambridge: Cambridge University Press, 1999.)

Oakeshott, Michael, *Rationalism in Politics and Other Essays* (Indianapolis: Liberty Fund, 1991.) *The Voice of Liberal Learning* (Indianapolis: Liberty Fund, 2001.)

Pericles, *The Peloponnesian War*, tr. M. I. Finley (London: Penguin Classics, 1972.)

Plato, *Sophist* (Focus, 1996.)

_____, *The Republic*, tr. F. M. Cornford (Oxford: Oxford University Press, 1951.)

Plutarch, *Plutarch: Lives, Vol. III, Pericles and Fabius Maximus. Nicias and Crassus* (Cambridge, MA: Harvard University Press, 1916.)

Prawer, S.S., *Karl Marx and World Literature* (New York: Verso, 2011.)

Regent, Nikola, "A 'Wondrous Echo': Burckhardt, Renaissance and Nietzsche's Political Thought," in Herman W. Siemens and Vasti Roodt, eds., *Nietzsche, Power and Politics: Rethinking Nietzsche's Legacy for Political Thought* (Berlin and New York: Walter de Gruyter, 2008,) pp. 629-66.

Walzer, Michael, *The Revolution of the Saints: A Study in the Origins of Radical Politics* (Cambridge, MA:

Williams, Robert R., *Tragedy, Recognition, and the Death of God: Studies in Hegel & Nietzsche* (Oxford: Oxford University Press, 2012.)

『구약 성서』, 「이사야서」

『구약 성서』, 「출애굽기」

소포클레스, 『안티고네』, 김종환 옮김 (서울: 지만지드라마, 2019,)

소포클레스, 『오이디푸스 왕』, 김종환 옮김 (서울: 지만지드라마, 2019,) pp. 10.

『신약성서』, 「로마서」

『신약성서』, 「마태복음」

아우구스티누스, 『고백록』

아이스킬로스, 『에우메니데스』, 김종환 옮김 (서울: 지만지드라마, 2019.)

플라톤, 『에우튀프론』

함재봉, 『한국 사람 만들기 1, 개정판』(경기도 광주: H프레스, 2020.)

함재봉, 『한국 사람 만들기 II: 친일개화파, 개정판』(경기도 광주: H프레스, 2021.)

함재봉, 『한국 사람 만들기 III: 친미기독교파 1』 (경기도 광주: 에이치 (H)프레스, 2020.)

◆

색인

정치란 무엇인가?

초판 1쇄 발행 2021년 9월 17일
초판 2쇄 발행 2021년 10월 19일
초판 3쇄 발행 2023년 9월 15일

지은이   함재봉
펴낸곳   H 프레스
펴낸이   함재봉
신고   2019년 12월 30일
신고번호   제 2019-24호
주소   경기도 광주시 천진암로 995-57
전화   010-2671-2949
이메일   cehahm@gmail.com

ISBN   979-11-971035-7-5 03300

값 20,000 원

※ 이 도서의 국립중앙도서관 출판예정도서목록(CIP)은 서지정보유통지원시스템 홈페이지
   (http://seoji.nl.go.kr)와 국가자료공동목록시스템(http://www.nl.go.kr/kollsnet)에서
   이용하실 수 있습니다.(CIP제어번호:CIP2020028450)